社会信任与正式制度交融下的企业经营决策行为：基于利益相关者的视角

罗劲博　著

中国财经出版传媒集团
中国财政经济出版社

图书在版编目（CIP）数据

社会信任与正式制度交融下的企业经营决策行为：基于利益相关者的视角 / 罗劲博著．—北京：中国财政经济出版社，2017.11

ISBN 978－7－5095－7900－8

Ⅰ.①社…　Ⅱ.①罗…　Ⅲ.①企业管理－经营决策－研究　Ⅳ.①F272.3

中国版本图书馆 CIP 数据核字（2017）第 275637 号

责任编辑：彭　波　段　钢　　　　责任印制：杨　军
封面设计：孙俪铭　　　　　　　　责任校对：徐艳丽

中国财政经济出版社 出版

URL：http：//www.cfeph.cn

E－mail：cfeph@cfeph.cn

社址：北京市海淀区阜成路甲 28 号　邮政编码：100142

营销中心电话：88190406　北京财经书店电话：64033436　84041336

北京财经印刷厂印装　各地新华书店经销

710×1000 毫米　16 开　14.75 印张　260 000 字

2017 年 11 月第 1 版　2017 年 11 月北京第 1 次印刷

定价：58.00 元

ISBN 978－7－5095－7900－8

（图书出现印装问题，本社负责调换）

本社质量投诉电话：010－88190744

打击盗版举报热线：010－88190492、QQ：634579818

前　言

1937年，科斯在《企业的性质》一文中，首次打开了企业内部的“黑匣子”，并将企业理论研究引入到关注企业内部利益相关者关系的新层面，开创了企业理论研究的新篇章。因此学界也兴起了新制度经济学研究的热潮，很多学者相继跟进研究，如阿尔钦、德姆塞茨、詹森、麦克林、张五常等。但也有很多学者对该理论的内部利益相关者仅包括股东和经理的关系提出了批评。例如，法玛和米勒指出，股东的决策不能完全保护债权人的利益，这表明企业内部利益关系除了经理人员和股东之间的利益关系外，债权人与他们之间的利益关系也是企业内部利益关系的组成部分。20世纪80年代初，以Freeman为代表的一些经济学家和管理学家从公司战略管理、企业伦理等角度，对企业治理结构的主体作了较详细的分析，并且研究了利益相关者现象。其后的其他学者认为，公司应是一个社会责任的组织，公司的存在是为社会创造财富。公司治理改革的要点在于不应把更多的权利和控制权交给股东，而“公司管理层应从股东的压力中分离出来，将更多的权利交给其他的利益相关者”。同时，英国的《Hampel报告》、经济合作与发展组织（Organization for Economic Cooperationand Development，OECD）于1999年6月推出的《OECD公司治理原则》（OECD Principles of Corporate Governance）、美国商业圆桌会议（The Business Roundtable）公司治理声明等重要的公司治理原则都把利益相关者放在相当重要的位置；在德国、荷兰、瑞士等欧洲国家，典型的利益相关者如员工等，对公司治理的参与是相当普遍的。2002年年初，中国证监会与当时的国家经贸委制定的《上市公司治理准则》专门规定了利益相关者问题，其规定所谓利益相关者主要包括银行的主要债权人、职工、消费者、供应商和社区等，并且利益相关者拥有求偿权、知情权和参与权，他们在公司治理中起作用的主要方式是公司与主要债权人的信息沟通，职工与董事会、监事会与经理人员的直接沟通与交流等，可以说，《上市公司治理准则》对利益相关者的范围、利益相关者在公司治理中的地位、作用和权利等方面作了框架性的规范，并在制度层面为中国上市公司利益相关者参与公司治理和利益相关者权益保护奠定了基础。国内外诸多实证研究都表明，基于利益相关者治理的企业长期绩效要好于单纯股东至上治理的企业，同时利益相关者的企业治理模式已经成为越来越多企业的首要选择。

在现实中，企业经济属性的实现离不开股东、管理人员、员工、消费者、分销商、供应商、政府、社区以及公众的合作与支持，企业与其利益相关者之间有着各种各样的联系，因此需要使企业经济目标与社会目标相协调，以及使企业与利益相关者的要求相协调。正如美国管理大师彼得·德鲁克（Peter F. Drucker，1973）所言，企业的目标必须在社会之中，因为企业是社会的器官。企业是社会的组成部分，任何企业都是在一定的社会环境中生存与发展的，企业的发展有赖于社会的稳定与繁荣，企业需要利益相关者提供货币资本、空间资源、人力资源、生产要素、顾客资源、公共资源等，同样利益相关者也需要企业提供资本保值增值、社会财富、就业机会、工作岗位和收入、产品和服务、税收等，因此企业与利益相关者之间是一种相互对待的关系，以及双边互求的关系。虽然在公司治理实践中，利益相关者理论及实践的重要性已经被大家所认可，不同的利益相关者所追求的利益要求不仅会有差异，而且很可能会有冲突，历史上大量的工人罢工，劳资冲突就是证明，这是因为各个利益相关者往往都是站在自己利益需求的角度来对企业提出要求，希望企业尽量履行更多的显性契约和隐性契约，一般来说“这种利益冲突在企业变革或者经营遇到困难时往往表现得非常激烈”，各方为了避免损失而争相向企业提出各种利益要求，“企业此时却又更加无力加以满足”，从而使矛盾进一步激化，但是这种利益冲突也有可能发生在企业平稳经营时期，因为在平稳经营的背后，企业也许已经对某些利益相关者的利益要求长期忽视了。因此理论与实践都要求我们深入了解不同特征企业的利益相关者的利益要求并识别差异，通过甄别这些差异、探讨差异背后的形成原因，有助于各类型企业更清楚地认识利益相关者的利益要求识别的影响因素，并有针对性地改善企业利益相关者的管理模式，以便更好地回应企业利益相关者的利益要求，而对企业利益相关者群体而言，则可以加深对企业在利益相关者的利益要求识别的认识，进而影响以促使企业更好地回应利益相关者的利益要求。

为了解决利益相关者之间的利益冲突关系，首先，需要明确利益相关者理论的假设背景，即在正式制度安排明晰的前提下，不同的利益相关者通过可辨别的，边界清晰的行为来进行博弈。在正式制度健全的欧美国家，这种分析思路在大多数情况下是有解释力的，但我国的公司治理实践和西方形成了鲜明的对比，我国处于经济转型中，企业所面对的制度环境还在发展过程中，企业和利益相关者互动过程中的正式制度安排不足的情况更为明显；其次，保障利益相关者的正式制度安排存在明显缺陷，由于地理、历史、政策、交通等不同因素的影响，我国各地区在市场化进程方面存在着较为明显的差异。具体来说，市场化进程较低的地区与市场化进程较高的地区；至少存在以下几方面的不同：第一，市场化进程程度越高的地区，政府质量较高，政府“干预型”角色减弱，“服务型”角色增强，而公司受到来自政府的干预也会减少；第二，市场化进程程度越高地区，其中介组织发展所需的正式制度较为完善，而非正式制度作用往往较弱；第三，市场化进程程度越高的地区，其市场化制度建设更加健全。因此，在企业与利益相关者的互动行为中，如果正式制度发育不完善，将会导致广泛存在的契约，如劳动合同、服务合同、合作合同、企业战略联盟等因为人类的有限理性和行为动机的复杂性而不可能完备。而利益相关者理论提倡企业与利益相关者之间应建立起良好的信任关系，它能弥补因不对称的信息和不完全的契约带来的不确定性，并降低由此引发的交易费用，除此之外，作为非正式制度，社会信任能在法律执行缺失的情况下发挥作用，减少环境不确定性为组织提供稳定的制度环境。所以，正式制度与非正式制度相互依存、相互补充，正式制度与非正式制度交融、二者的共同作用决定了内部制度环境和外部制度环境的正式化程度，从而决定了企业制度环境的正式化程度，以上分析说明：在企业与利益相关者的关系系统，以及在企业的经营决策中，考虑社会信任及其与各类正式制度的交融会有很强的学术价值和实践意义。

基于以上分析和启示，本书将基于公司的利益相关者的理论和实践，分析在公司的经营决策行为中，社会信任是如何与相关的正式制度进行较好的融合，从而实现在保证股东与公司价值最大化的同时，也能满足和保证其他利益相关者的需求，具体而言，本书的利益相关者包括了股东、企业高管、证券监管者、中小股东、机构投资者、注册会计师、会计师事务所等主体，并结合中国企业制度背景的现实，研究了以下问题：

第一，研究在增强公司内部控制的背景中，如何有效协调管理者和股东的利益来实现公司全要素生产率的提高，并发挥社会信任与正式制度在其中的协调作用；第二，分析在公司高管追求自身利益最大化的背景下，社会信任是否能够减少和抑制高管隐藏或推迟坏消息的披露，从而减少股价崩盘风险，以有助于保护中小股东的投资利益和减少证券监管机构的工作压力；第三，研究公司捐赠行为的经济后果，具体分析公司的捐赠是否对重要的利益相关者——证券投资基金的持股行为的影响，从而揭示公司的捐赠是否具有明显的社会信任信号，从而更好地管理企业与利益相关者间的关系；

第四，从注册会计师的审计意见确定视角，分析机构投资者尤其是基金持股公司对注册会计师审计意见的影响机制，并进一步分析在正式制度的背后，社会信任在二者之间的关系中体现了何种作用；第五，基于对会计师事务所的实地调查，并结合诸多正式制度要素，研究了社会信任对会计师事务所整个运营环节的影响，从而发现社会信任对会计师事务所的影响机制和路径的有关经验证据。

具体而言，本书对以上五个问题将进行如下具体的分析：

第三章为内部控制、社会信任与生产效率。本章利用我国主板市场2007～2015年上市公司的数据，研究了企业的内部控制对生产效率的影响，并分析企业所在地的社会信任水平对二者关系的调节机制，进一步检验该调节机制是否与企业的产权、市场化水平有关？研究发现：内部控制与公司的生产效率正相关，并且社会信任水平能够增强二者之间的关系，并发挥一定的调节作用，然而该调节作用只在国有企业与市场化水平较低的企业中显著。

第四章为社会信任的市场稳定效应研究。基于公司股价崩盘风险视角的证据。本章利用我国主板市场2003～2014年的数据，检验了社会信任水平与公司股价崩盘风险间的关系，并分析了不同产权性质、经营状况、市场态势、政府质量等市场关联因素影响的异质性。研究发现：社会信任能够降低公司股价的崩盘风险，而且该效应在国有企业中以及业绩变差、牛市行情时表现得更为明显。同时还发现，政府质量有利于强化社会信任对股价崩盘风险的抑制作用。

第五章为公司的慈善性捐赠与机构投资者的投资决策：社会信任视角的新解释。本章基于2008～2014年我国沪深A股市场的数据，研究了公司的慈善性行为是否能够得到了证券投资基金的认可，并挖掘了相关原因和机制，进一步考虑了企业的产权性质和公司的治理水平差异对二者关系的影响。研究发现：公司的慈善性捐赠行为会导致基金的增持，而该效应仅在民营企业显著，而且公司的慈善性捐赠行为能够增加公司未来的业绩，并进一步发现基金的持股行为能够增强该效应，并发现只有在代理成本较低组，公司慈善性捐赠才对公司未来业绩的影响更加明显。

第六章为基金持股、社会信任环境与审计意见的确定。本章基于我国沪深上市公司2006~2013年的数据，研究了基金持股对公司审计意见的影响，并分析在基金不同持股比例和不同产权性质的条件下，社会信任对二者关系的中介作用机制。结果发现，基金持股会会增加公司获得“清洁”的无保留意见的可能性，而且在基金高持股公司和国有企业中更加显著，进一步发现社会信任环境弱化了基金持股对公司获得“清洁”审计意见的正面作用，但该效应仅在基金底持股公司和民营企业中较为显著。

第七章为转型期会计师事务所的社会信任研究：基于田野调查的证据。本章以社会学的场域理论和嵌入理论为研究视角，并以西部某著名二线城市所有的会计师事务所为研究对象，通过对研究对象实施问卷调查，以及对部分会计师事务所的所长、主任会计师及个别注册会计师进行深度访谈，同时对影响和制约会计师事务所的社会信任中的国家信任、企业信任、注册会计师信任、合伙人信任进行了分析，并针对影响社会信任的因素，运用统计学的交互分析，明确了需要从改善社会信任的场域环境入手，从而揭示西部某市会计师事务所的社会信任现状，进而对如何治理影响会计师事务所的社会信任的法律、制度、社会关系等”，以及提高会计事务所的社会信任质量，丰富和扩大其内涵提出建议。

第八章为研究的结论及启示。本章主要基于利益相关者的研究框架，总结本书的所有相关内容在该框架中的作用和价值，并评价社会信任在与正式制度交融中的作用和功能，适当总结本研究所存在的缺陷和不足，进一步提出了未来深入研究的方向和路径。

通过本书的分析和研究，试图想在以下方面获得突破和创新。

首先，基于跨学科的视角，将社会学的社会信任理论与战略管理领域的利益相关者理论结合，来深入挖掘公司金融领域中的决策行为的机制，并以经典的公司治理和决策理论为基础，但并不囿于其传统的分析路径，而是结合了社会信任等非正式制度因素，来进一步研究和探讨公司经营决策行为的新动向和发展路径，为探索研究公司金融领域的研究思路和方向提供必要的借鉴和启示，同时也为从不同视角分析与评价公司的决策行为提供了经验证据。

其次，丰富了利益相关者理论的文献。本书加入了非正式制度中的社会信任因素，并且融合了企业的产权、市场化水平、注册会计师及会计师事务所的管制、证券监管制度等正式制度要素，探讨社会信任在与这些要素融合中的机制和作用，以期为全面使用开放系统观来看待企业组织和其有关环境的关系，为建立具有中国特色制度环境下的利益相关者理论体系提供的借鉴和帮助。

最后，本研究为企业的经营决策实务和公司监管者提供参考。由于利益相关者的利益平衡和考虑是公司决策中无法回避的现实问题，本书的研究意味着实现多方的共赢，不仅需要考虑物质利益和价值的分配，而且需要建立具有社会信任伦理的价值共享思维，而非追求一方的利益最大化，同时也表明公司只有与利益相关者建立平等、交流的信任机制，才是解决现有利益相关者冲突的主要方法。因此，公司的监管者一定要注意考虑公司利益相关者的需求，在监管工作中，注意公司的经营决策行为中是否考虑了利益相关者的利益平衡，并适时评价公司的社会信任在其中的作用，为减少监管压力和提高监管效率，从而为维护市场的稳定发展，提供一些必要的参考意见与帮助。

作者

2017 年 11 月

目　　录

第一章

绪　论

第一节

研究的背景和意义

20 世纪 60 年代以后全球企业普遍遇到了一系列的现实问题，如企业伦理问题、员工纠纷问题、企业环境管理问题等，从而催生了利益相关者理论的迅速成长（Clarkson，1995），与传统的股东至上主义企业理论的主要区别在于，利益相关者理论认为任何一个企业的发展都离不开各种利益相关者的投入或参与，企业追求的是利益相关者的整体利益，而不仅仅是某个主体的利益，经典公司财务理论以股东价值最大化为唯一目标，事实上，股东是公司最重要但并不是唯一的利益相关者，债权人、员工、供应商、客户、政府乃至整个社会每时每刻都在与公司发生着千丝万缕的联系。利益相关者理论（Stakeholder Theory）强调，包括股东在内的所有利益相关者都对企业的生存和发展注入了一定的专用性投资，同时也分担了企业一定的经营风险，或是为企业的经营活动付出了一定的代价，因而都是企业的利益相关者。从这个角度看，公司不仅要满足股东的利益需求，也应考虑到非股东利益相关者的期望和诉求。利益相关者被看作是企业重要的资源提供者，良好的利益相关者关系有利于保证资源提供的数量、质量和稳定程度，从而降低企业经营风险，获得有竞争力的优势资源，进而有利于企业绩效提高。遵循这一逻辑，已有研究直接分析利益相关者治理与企业绩效之间的关系，证实了利益相关者治理能够提高企业绩效和市场表现（Berman et al.，1999；Bridges et al.，2003），以及增强企业盈利能力和成长发展潜力（唐跃军和李维安，2006）等。随着专业化的深入和科学技术的迅速发展，公司价值更加依赖公司的人力资本，员工有能力追求更大的话语权；而市场的不确定性引起企业绩效的波动，从而激发了与企业经营状况有紧密关系的债权人的强烈关切；同时在全球化的市场关系中，消费者日益获得主导权（Hammer and Champy，2009），激发了消费者自身利益的觉醒，而且消费者和社区群体越来越重视对自身利益的保护（赵晶、王明，2016）。

虽然在公司治理实践中，利益相关者理论及实践的重要性已经被大家所认可，不同的利益相关者所追求的利益要求之间不仅会有差异，而且很可能会有冲突，历史上大量的工人罢工、劳资冲突就是明证，这是因为各个利益相关者往往都是站在自身利益需求的角度来对企业提出要求，希望企业尽量履行更多的显性契约和隐性契约。一般来说，这种利益冲突在企业变革或者企业经营遇到困难时往往表现得非常激烈，各方为了避免损失而争相向企业提出各种利益要求，企业此时却又更加无力加以满足，从而导致矛盾进一步激化，但是这种利益冲突也有可能发生在企业平稳经营的时期，因为在平稳经营的背后企业也许已经对某些利益相关者的利益要求长期忽视了，利益相关者理论的最新进展和公司实践表明：我们在讨论企业剩余权分布方式的问题上，应该跳出这种简单的物质资本与人力资本两种分类方法，企业剩余权的合理安排应该是将剩余索取权和剩余控制权非均衡地分散对称分布于企业的多种利益相关者之中，“一个有效的公司治理安排必须保证这种企业剩余权分布方式的平衡（陈宏辉、贾生华，2005）”。

虽然目前的研究文献都认同利益相关者已经深入渗透和参与到公司治理中，但其直接指出或间接隐含的假设都认为利益相关者参与公司治理的途径是由明确的制度所安排的，然而在正式制度健全的欧美国家公司治理结构中，这种分析思路在大多数情况下是有解释力的，但我国的公司治理实践和西方形成了鲜明的对比。我国处于经济转型中，企业所面对的制度环境还在发展过程中（Sauerwald and Peng，2013），企业和利益相关者互动过程中的正式制度安排不足的情况更为明显，而人的行为更多的是非正式制度约束下的行为。“正式制度分析范式”的一个共同缺陷是主要关注企业的任务环境而忽视了企业的制度环境，制度是一个社会的博弈规则，包括正式制度和非正式制度两部分，正式制度是指成文的正式规则系统，如法律、管制、契约等，它们由国家来强制推行；非正式制度是指不成文的非正式规则系统，如习惯、规则、文化，它们由国家之外的力量创造、传播、维持和保证执行（North，1990；Scott，1987；Peng，2003）。由于我国制度环境不成熟，同时面对较少的约束，利益相关者的行为空间远大于西方成熟的制度环境下的利益相关者的行为空间（Peng，2003），因此盲目默认西方制度环境下发展出的“正式制度分析范式”，将造成利益相关者理论同现实情况的不匹配，从而会导致其在指导公司的财务决策行为时发生较大的“偏误”。就非正式制度而言，社会信任是其重要的因素，龚天平（2011）认为企业与利益相关者之间是一种相互对待、双边互求的平等的伦理关系，并且利益相关者理论体现了企业与利益相关者之间的信任伦理，企业与利益相关者要建立良好的信任关系的原因在于，市场经济条件下存在各种风险，此类风险是由以下因素导致的：首先是信息不对称；其次与信息不对称密切相关的契约的不完全性。事实证明，现实市场经济中信息是不对称的，而广泛存在的契约如劳动合同、服务合同、合作合同、企业战略联盟等也因为人类的有限理性和行为动机的复杂性而不可能完备，正因为信息不对称性和契约不完全性，所以需要企业和利益相关者采取有道德的行为来加以弥补。信任是道德的重要内容之一，它能弥补因不对称的信息和不完全的契约带来的不确定性，并降低由此产生的费用。所以，利益相关者理论的信任之伦理维度实质上是促进企业发展的因素，它提倡企业与利益相关者之间的信任，进而解决信息不对称和契约不完全给公司财务决策带来的问题。

基于以上分析和启示，本书基于公司的利益相关者的理论和实践，分析在公司经营决策行为中，社会信任是如何与相关的正式制度进行较好的融合，从而实现在保证股东与公司价值最大化的同时，也能满足和保证其他利益相关者的利益需求。具体而言，本书的利益相关者包括了股东、企业高管、证券监管者、中小股东、机构投资者、注册会计师、会计师事务所等主体，并结合中国企业制度背景的现实，研究了以下问题：第一，研究在增强公司内部控制的背景中，如何有效协调管理者和股东的利益来实现公司全要素生产率的提高，并发挥社会信任与正式制度之间在其中的协调作用；第二，分析在公司高管追求自身利益最大化的背景下，社会信任是否能够减少和抑制高管隐藏或推迟坏消息的披露，从而减少股价崩盘风险，从而有助于保护中小股东的投资利益和减少证券监管机构的工作压力；第三，从注册会计师的审计意见确定视角，分析机构投资者尤其是基金持股公司后，研究其对注册会计师审计意见的影响机制，并进一步分析在相关正式制度的背后，社会信任在二者之间的关系中体现了何种作用；第四，研究公司的捐赠行为的经济后果，具体分析公司的捐赠是否对重要的利益相关者——证券投资基金的持股行为有影响，以揭示公司的捐赠是否具有明显的社会信任信号，从而更好地管理企业的利益相关者的关系；第五，基于对会计师事务所的实地调查，并结合诸多正式制度要素，研究社会信任对会计师事务所的整个运营环节的影响，从而获得社会信任对会计师事务所的影响机制和路径的有关经验证据。

第二节 研究的逻辑结构、主要内容、技术路线与研究方法

一、研究的逻辑结构

图1－1是本书的逻辑结构，从图中可以看出，整个研究过程与环节围绕企业的经营决策这个核心任务，以经典的股东价值最大化的理念为基础，并紧密结合利益相关者的研究理论和观点，分析在正式制度不完善的宏观环境，以及企业的信息不对称和契约不完备的微观经营环境中，如何调动和利用社会信任这一重要的非正式制度要素，从而保证企业价值最大化的同时，更好地满足和服务利益相关者。具体而言，本书从股东、公司高管、机构投资者、中小股东、监管机构、注册会计师和会计师事务所等不同利益相关者的差异化利益需求出发，分析了在企业的全要素生产率、股价崩盘风险、审计意见的确定、机构投资者的投资，以及会计师事务所的执业等重要的经营决策的实施中，社会信任单独或者融合其他正式制度时，是如何影响以上经营决策行为的实施。

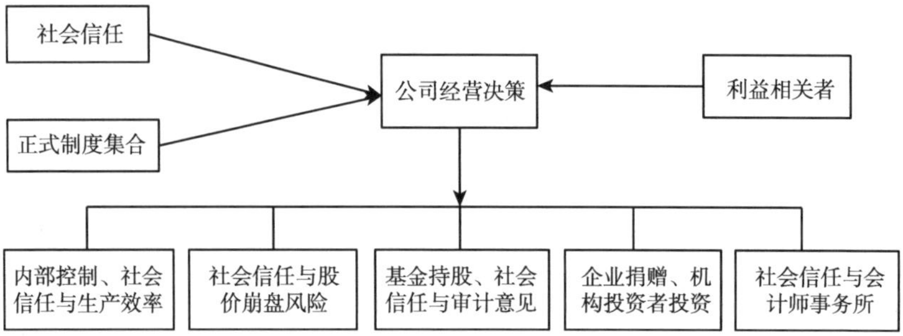

图1－1　本书的逻辑结构

二、本书的主要研究内容

除以上内容外，以下是本书的主要的安排。

第二章，国内外文献回顾。从社会信任概念的发展出发回顾了会计师事务所、企业的宏观与微观经营环境、机构投资者、企业利益相关者、内部控制等六个方面研究，进行了相关文献的梳理和归纳，为本研究的深入研究打下了厚实的基础。

第三章，内部控制、社会信任与企业生产效率。本章利用我国主板市场2007~2015年上市公司的数据，研究了企业的内部控制对生产效率的影响，并分析企业所在地的社会信任水平对二者关系的调节机制，进一步检验该调节机制是否与企业的产权、市场化水平有关？研究发现：内部控制与公司的生产效率正相关，并且社会信任水平能够增强二者之间的关系，并发挥一定的调节作用，然而该调节作用只在国有企业与市场化水平较低的企业中显著。

第四章，社会信任的市场稳定效应研究：基于公司股价崩盘风险视角的证据。本章利用我国主板市场2003~2014年的数据，检验了社会信任水平与公司股价崩盘风险间的影响关系，并分析了不同产权性质、经营状况、市场态势、政府质量等市场关联因素影响的异质性。研究发现：社会信任能够降低公司股价的崩盘风险，而且该效应在国有企业中以及业绩变差、牛市行情时表现得更为明显。同时还发现，政府监管质量有利于强化社会信任对股价崩盘风险的抑制作用。

第五章，公司的慈善性捐赠与机构投资者的投资决策：社会信任视角的新解释。本章基于2008~2014年我国沪深A股市场的数据，研究了公司的慈善性行为是否得到证券投资基金的认可，并挖掘了背后的原因和机制，同时考虑了企业的产权性质和公司的治理水平的差异对二者关系的影响。研究发现：公司的慈善性捐赠行为会导致基金的增持，而该效应在民营企业显著，同时公司的慈善性捐赠行为能够增加公司未来的业绩，进一步发现基金的持股行为能够增强该效应，并发现只有在代理成本较低组，公司慈善捐赠才对公司未来业绩的影响更加明显。

第六章，基金持股、社会信任环境与审计意见。本章基于我国沪深上市公司2006~2013年的数据，分析了基金持股对公司审计意见的影响，并分析在基金不同持股比例和不同产权性质的条件下，社会信任环境对二者关系的中介作用机制，结果表明：基金持股会增加公司获得“清洁”的无保留意见的可能性，该效应在基金高持股公司和国有企业中更加显著。进一步的研究发现社会信任环境弱化了基金持股对公司获得“清洁”审计意见的正面作用，而且该效应在基金低持股公司和民营企业中较为显著。

第七章，转型期会计师事务所的社会信任研究：基于田野调查的证据。本研究以社会学的场域理论和嵌入理论为研究视角，同时以西部某著名二线城市所有的会计师事务所为研究对象，通过对该研究对象实施问卷调查，并对部分事务所的所长、主任会计师及个别注册会计师进行深度访谈，进一步对影响和制约会计师事务所的社会信任中的国家信任、企业信任、注册会计师信任、合伙人信任进行了分析，进一步选取了影响社会信任的因素进行了统计学的交互分析，进而从社会信任的场域环境入手，揭示了西部某市会计事务所的社会信任现状，最后提出对目前影响其社会信任的法律、制度、社会关系等因素要进行有效的治理，才能提高会计师事务所的社会信任质量。

第八章，结论及其启示。本章主要基于利益相关者的研究框架，总结本书的所有相关内容在该框架中的作用和价值，并评价社会信任在与正式制度交融中的作用和功能，适当总结研究中所存在的缺陷和不足，进一步提出未来深入研究的方向和路径。

第三节

研究创新与贡献

第一，在研究范式方面，本书首次基于跨学科的视角，将社会学的社会信任理论与战略管理领域的利益相关者理论结合，来深入挖掘公司金融领域中的决策行为的具体表现，并以经典的公司治理和决策理论为基础，但并不囿于其传统的分析路径，而是结合了社会信任等非正式制度因素，来进一步研究和探讨公司经营决策行为的新的动向和发展路径，为获得研究公司金融领域的研究思路和方向提供必要的借鉴和启示，同时也为从不同视角分析与评价公司的决策行为提供了经验证据。

第二，丰富了利益相关者理论的文献。对于利益相关者理论而言，既有文献缺乏对制度环境本身的讨论，尤其是在中国的典型制度环境下，企业在面临正式制度的发育不完善和配套制度措施不给力的环境下，在本研究加入了非正式制度中的社会信任这一重要因素，并进一步融合了企业的产权、市场化水平、注册会计师及会计师事务所的管制、证券监管制度等正式制度要素后，社会信任在与这些要素融合中的机制和作用是什么，从而为全面地使用开放系统观来看待企业组织和其有关环境的关系，有助于弥补与现有西方主导的利益相关者理论研究的不足和缺陷，为建立具有中国特色制度环境下的利益相关者理论体系提供了可能的借鉴和帮助。

第三，为企业的经营决策实务和公司监管者提供参考。其一，利益相关者的利益平衡和考虑是公司决策中无法回避的现实问题，本书的研究意味着实现多方的共赢，不仅需要考虑物质利益和价值的分配，而且要建立具有社会信任伦理的价值共享思维，而非追求一方的利益最大化，同时也表明公司只有与利益相关者建立平等、交流的信任机制，才是解决现有的利益相关者冲突的主要方法；其二，公司的监管者一定要注意考虑公司利益相关者的需求，在监管工作中，注意公司的经营决策行为中是否考虑了利益相关者的利益平衡，并适时评价公司的社会信任在其中的作用，为减少监管压力和提高监管效率，从而为维护市场的稳定发展，提供一些必要的参考与帮助。

第二章

国内外文献回顾

虽然与本书相关的文献非常多，但本书的文献回归部分主要围绕利益相关者，这一企业的主体互动对象，并结合企业的制度理论，同时也对社会信任的研究及进展进行回顾，共分四个部分，第一部分是社会信任研究文献的回顾；第二部分是利益相关者理论的研究进展的回顾与分析，其中分析了利益相关者的概念、理论特征及其应用等方面的文献；第三部分是对制度理论及其发展做了分析，基本从制度的发展、宏观与微观制度以及正式与非正式制度等视角做了分析；第四部分回顾了企业经营决策的重要影响因素——内部控制的研究，由于内部控制可能会涉及股东、高管、债权人、供应商等多个利益主体，从此角度进行分析会更加符合本书的主旨，也为后面的研究提供必要的基础。

第一节 社会信任的文献

一、社会信任的概念及内涵

（一）管理学与经济学的解释

社会信任不仅是一国文化传统的产物，而且代表着传统的信仰和价值观，作为非正式制度，通过民族、宗教和社会群体逐代衍传（Guiso et al.，2006，2008；Sapienza et al.，2014）。社会信任通过促进陌生参与者之间的有效合作，成为契约关系建立与履行的重要保障。签订契约时，由于参与者对未来的认知有限，且对事后对方不当行为的惩罚能力有限，契约参与者彼此之间的互信，就显得尤为重要。在宏观经济领域，社会信任可以促进经济增长与社会效率

（La Porta et al. 1997；Knack and Keefer，1997；Zak and Knack，2001）、国际贸易与投资（Guiso et al. 2009）、金融市场发展（Guiso et al. 2004，2008），而在微观企业中，社会信任还可以改善公司融资与并购（Bottazi et al. 2011；Duarte et al. 2012）、提升企业信息透明度及其市场反应（Mikhail et al. 2013；Pevzner et al. 2015；罗劲博、罗进辉，2015）、改善财务报告质量（Garrett et al. 2015；雷宇，2015；姜付秀、石贝贝、李行，2015）、影响审计质量（雷光勇、邱保印、王文忠，2014；罗劲博，2015）、增强公司的融资效率（张敦力、李四海，2012；翟胜宝、李行天、徐亚琴，2015）。然而社会信任也可能存在负面效应，陆瑶与胡江燕（2014）发现 CEO 与董事之间的“老乡”关系越强时，彼此的信任水平会越高，导致公司的风险水平会增加。然而社会信任能否对税收规避发挥独特的治理功能，已有研究尚未给出答案，虽然 Torgler（2007）通过构建经济学的理论模型，研究证明社会信任水平可以提高“税收道德”，并且能够减少和降低企业和公民规避税收的概率，但没有给出更加可靠的经验证据。

在我国，儒家思想是中国传统文化的重要组成部分。古志辉（2015）研究结果表明，儒家伦理可以降低代理成本，提高代理效率。儒家向代理人灌输“君子以义为利”的价值观和“忠信”的职业伦理，儒家要求代理人遵守“忠信”的职业伦理和“义利”观，最终达到减少代理人保证支出和事后剩余损失的目的。与该观点相呼应，胡安宁、周怡（2007）发现儒家文化和一般信任之间的确存在某种联系，但这种联系取决于儒家文化中的某些特定的维度。当人们更多地重视儒家文化中强化差序格局的那些实践和主张时，我们发现儒家文化和一般信任之间存在负相关关系。但是如果人们将儒家文化看成是一种身份认同，那么中国人便因为共享着同一种价值观念而成为一个共同体，这时认同儒家文化的人就表现出了对他人的高度信任。陆瑶与胡江燕（2014）通过研究董事会中与 CEO 同为“老乡”的人数比例，来探讨这种基于“老乡”关系形成的在公司内部的社会裙带关系对公司经营风险水平的影响，发现 CEO 与董事之间的“老乡”关系越强时，公司的风险水平会越高，进一步发现。当公司含有国有股份比例越高时，董事会与 CEO 之间的“老乡”关系对公司风险水平的影响越弱。当公司位于东北地区时，相比其他地区，“老乡”关系对公司风险的影响更强，上述研究虽未直接分析其对税收规避的影响，但是表达了儒家伦理和“老乡”间的信任可能间接影响代理成本概念框架下的税收规避行为。

不但法律制度、公司治理制度等正式制度会对企业的避税行为有直接影响，文化、社会责任等非正式制度也会发挥同样的作用，遗憾的是，非正式制度中的重要部分——社会信任是如何影响企业的税收规避，影响的机制是什么，以及经济后果又是如何？现有研究未曾做过深入研究。但令人欣慰的是，由于社会信任这一概念的重要性，有关社会科学的分支学科的研究者均在社会信任的概念及应用等层面进行了有益的探索。

“信任像我们呼吸的空气一样，当它存在时，无人注意它，但是当它消失时，每一个人都惊慌失措”（Sandlund，2002）。国外学者已经基于管理学、社会学、心理学、经济学等不同学科分别给出了自己的解释。首先，Gideens（1984）基于社会学的视角，认为信任是对一个人或一个系统可信赖所持有的信心，在一系列规定或实践中，该信心表达了诚实和对他人爱的信念，或者对抽象原则的正确性的信念；其次，在心理学上，Rotterdam（1967）认为信任是个体认为另一个人言辞、承诺以及口头或书面的陈述可靠的一种概括化的期望；再次，在经济学层面，Rotterdam（1967）与 Sabel（1993）都认为信任就是一方确信另一方不会利用自己的弱点来获取利益；最后，Dodgson（1993）从管理学视角指出信任是交易一方对另一方将付诸意料之中的、相互可接受的行为的预期，同样 Rousseau（1998）认为信任是建立在另一方意图和行为的正向估计基础之上的不设防的心理状态。

社会信任和委托代理框架具有内在的一致性。为了有效地降低管理层的代理行为，可以设计一系列的监督、考核和奖惩机制，从而保障委托人即股东的利益。不过上述措施属于事后的治理机制，最终的结果可能是“免且无耻”。

首先，儒家伦理提出“忠信”是管理者职业伦理的核心内容，根据“为人谋而不忠乎”的观点，“忠”应解释为“尽己”；而依据“与朋友交而不信乎”的阐述，应将“信”解释为“守约”①；因而可将“忠信”合并解释为“真实而无虚伪也”②，换言之，“忠”为“尽己”，“信”为“守约”。所以，传统儒家思想要求代理人在从事管理工作的过程中，兢兢业业为委托人工作，并且信守承诺（古志辉，2015）。其次，在现代管理情境中，李琳（2010）对

---

① 见《四书集注》中《论语·学而》的注释。

② 见《朱子语类·性理三》。

社会信任做了较为完整的解释：①信任是对另一方可信赖的主观性的信念或期望，另一方之所以被信赖是因为他采取一种对对方无害行动的概率很高，足以使对方考虑与他进行某种形式的合作；②信任的标准是对方能否执行自己所期望的行为，给予信任的一方确信另一方不会利用自己的弱点来获取利益，并认为另一方的言辞、承诺以及口头或书面的陈述可靠，或者另一方以一种相互可接受的方式行事；③一方对另一方的信任具有风险，能否给予信任是风险与收益权衡的结果；④信任无法脱离社会文化而独立存在。

与西方国家社会信任不同的是，我国的社会信任概念及内涵有其特殊性。我国儒家思想是中国传统文化的重要组成部分，儒家伦理提出“忠信”是管理者职业伦理的核心内容，要求代理人在从事管理工作的过程中，兢兢业业为委托人工作，并且信守承诺（古志辉，2015）。因此我们认为儒家文化是我国社会信任的内在“基因”，儒家文化和一般信任之间的确存在某种联系，如果将儒家文化看成是一种身份认同，那么中国人便因为共享着同一种价值观念而成为一个共同体，这时认同儒家文化的人就表现出了对他人的高度信任（胡安宁，周怡，2007）。但是，中国的社会信任不仅具有西方契约精神的所有特征，同时又具有两个特殊的个体性，即“面子”与“声誉担保”机制（Jack Barbalet. 2014），换言之，我国的社会信任部分等价于“面子”和“声誉”，但是西方的社会信任概念中缺少“面子”机制的元素。除此之外，我国的信任市场是一个是分割的，或说是一个内外有别的“差序结构”，即对有血缘、亲缘关联的人最为信任，而随着“关系”半径的远离，信任就会下降。尽管随着全球化的深入，我国的文化已经部分融入了外来的元素，但是，社会信任作为一个重要的社会特征在地区之间存在差异，具有内在的、固有的和变化缓慢的特质（Fukuyama，1995）。基于此背景，研究我国社会信任对微观企业的经济行为有重要影响。基于以上研究，我们倾向于认为，“忠信”观是我国现代企业中的管理者、股东的社会信任的理论基础。另外，李新春（2002）对社会信任的内容做了分类，他认为社会信任是建立在法律、正式契约之上的，而私人信任是个人或组织之间基于信任管理和协调博弈演进的过程。相比于西方国家，中国的社会信任缺乏，而私人信任较发达，而且私人信任的市场是分割的，或说是一个内外有别的“差序结构”。

（二）社会学的解释

Shin-Kap Han（韩欣甲）（1994）在《模仿趋同性及其对审计服务市场的影响》一文中，应用组织社会学新制度主义学派的观点，研究客户在选择会计中介机构时，表现出高水平的趋同性这一现象，虽然在他的文章里并未提出具体而明确的会计中介的社会信任问题，但也间接涉及了，他说："客户和审计公司的关系往往是长期的，长达几十年。这种稳定性作为一种常态信号，被破坏时就要被惩罚。……在这种状况下，买了什么不是完全清楚的。值得注意的是，最重要的不是声明的内容，而是末端的签名。公司法人所需要的也正是CPA公司的声望。这是一个标记市场，在这里声望变成了一种资源和交换中介。声望反过来又是建立在CPA公司的客户身上的，在CPA公司之中生产出不断扩大的不对等。"事实上，在这篇研究文章中，美国八大审计公司占据着70%的市场份额，一个公司在选择自己的会计中介公司时，往往要了解别的公司选择的是哪家，而其依据就是会计中介过去的社会信任和评价。

科尔曼（1999）认为最简单的信任关系有两个行动者：委托人与受托人，其目的都是个人利益得到满足；信任关系是指委托人将自己的资源委托给受托人使用，以使得到比不存在委托关系时更大的利益。建立信任关系时要考虑三种因素：委托人缺失可信的概率（P）、如果受托人不可靠所造成的损失（L）、受托人缺失可信的收益（G）。科尔曼指出："为了保护受托人的利益，还应该创造某种社会结构，在这种社会结构中，受托人只有恪守诺言才能得到好处。同时，科尔曼还对信任系统做了研究，他认为，社会信任系统是由简单的信任关系发展起来的，其结构有三种角色构成：委托人、中介人、受托人，组成了一条信任链，委托人信任中介人，中介人信任受托人，中介人应具备担保受托人的履约能力。中介人共分三种类型：顾问、保证人、承办人，在市场、金融、教育、文化、科技、政治、社会生活等许多领域都存在这一类的信任系统。与此相关，吉登斯（1998）认为，信任是在高度现代性的社会里体现出的一种持续的状态，是在面对象征符号和专家系统（以及在具体互动情境中代表这些抽象系统的个人）时，对自己无所知晓的运作规则有充分的信心，确信这些规则本身是正确的，是可以依赖的，所需确定的只是运作过程是否合乎规则。他引入了"当面承诺"（facework commitment）与"匿名承诺"（faceless commitment）一对概念，前者是指在共同在场的社会关系中体现出并维持的信任关系；后者指当面对包括象征符号和专家系统在内的抽象系统发展起来的信任。“当面承诺”与“匿名承诺”是密切关联的，“匿名承诺”有利于“当面承诺”的实现，而“当面承诺”的顺利完成又会反过来进一步增强“匿名承诺”。

此外，卡尔兹（I. Kawachi）（2009）等运用美国社会调查数据，以州为分析单位，发现不信任程度与死亡率以及许多主要死因（心脏病、夭折、自杀、暴力死亡）等呈现高度相关，报告显示普遍信任能解释 60% 的州际变异量，在俄罗斯所做的分析也显示出详尽的结果；在另一研究中，卡尔兹等使用美国疾病控制中心的调查数据，发现社会不信任（分为高等、中等和低等三级）和自我评定的健康状况呈高度相关，这种相关在控制了许多其他因素（如健康保险范围、个人收入、教育程度、种族、吸烟及肥胖等）后，也依然显著。

我国对社会信任进行过系统研究的当推郑也夫（2006）的《信任论》，该著作是他 17 年时间内信任思想的研究结晶。在这部著作里他首先对信任的定义从中国传统思想、《论语》《古兰经》等不同角度进行了解释，然后从传统哲学、伦理学、经济学、进化论等角度提出：信任与合作有不解之缘。并提出信任与合作是产生于习俗还是理性的问题，他认为信任在人类心理上的功能就是简化机制，信任为社会提供秩序。结合中西民间组织在早期城市化和秘密社会两个例子提出了人格信任的观点：即对某个人物的信任，亲族、领地、同乡会、行会中的信任都是这一类信任，另外，他结合学历、科举制度对系统信任进行了研究，提出：“科学是‘双刃剑’，它似乎建立了俗人对它的信任，但是它与生俱来的怀疑主义在深层瓦解着人们对诸多事物的信任。特别是作者对中国社会的‘杀熟’现象的解释很有理论上的力度”，“在信任的进化模式中存在着两端：其中一端不仅在熟人中建立了信任，而且靠着系统信任在陌生的环境中建立了信任；另一端则在陌生人中建立了信任，但在熟人中的信任却日益丧失”。他从生物学角度对“杀熟”做了解释：两个动物在阶级次序中愈接近，紧张度愈高，同种资源的争夺决定了“杀熟”比“杀生”更为残酷。尽管如此，最后他提出：“同发达社会相比，我们社会中的系统信任还远不完善，我们在更大程度上还必须依赖人格信任，熟人间的信任仍是我们社会赖以立足的基石”。同样的，罗家德、叶勇助（2007）对中国人之间的信任做了富有新意的研究，他们将信任称作“游戏”，他们认为：“中国人的关系是很复杂的，生意人一手吃饭喝酒博感情，一手又审势度形布战略，也就是生意人之间的关系总是一手在玩信任游戏，一手在玩权力游戏。真实的信任多多少少都是有一些冒险性的。然而要以西方社会网理论以及信任理论判定这种关系是不理性的，确有大谬不然。这种关系当然带有赌下去的不理性成分，但中国人却会做生意前先看人，做生意之时随时注意权力位阶间的高低。其中仍是充满了算计，有其十分理性的一面”。两位学者选取了高科技产业的外包为研究标的，因为这个领域技术理性极高，行为风险较低，国际竞争又强，管理也十分规范，如果这样的产业中人际信任依旧扮演了重要的角色，其他产业更不待言。他们探索性地将交易成本理论、嵌入性理论与中国特殊的“关系”结合在一起，来回答“同类产品的厂商，在同一零件的供货商管理上会采用不同的方式管理”的原因，最后提出自己几方面的观点：①信任在交易的初始扮演关键角色；②即使有权力仍需信任；③权力均等时更需要信任；④中国社会强调多用人情少用权力；⑤中国人建立人脉才好做生意。从而对交易成本理论与有限理性理论和格兰诺维特的嵌入式理论进行了“中国化”的诠释。

（三）会计事务所社会信任的研究

在会计师事务所的社会信任研究领域，田国双、刘晓光（2005）二人对会计师事务所的监管进行过富有价值的研究，虽然该研究未具体涉及会计师事务所的社会信任问题，但通过他们的研究，使笔者了解了事务所的社会信任在其内部运作的机制和管理的模式，为了保证高质量的会计师事务所的社会信任，会计师事务所要强化内部治理结构，探索有效的治理机制方案，同时提出会计师事务所良性运行的保障措施：第一，优化中介机构的执业环境；第二，加强对人力资源的管理；第三，加强诚信制度建设，提高行业道德水平；第四，鼓励规模化经营；第五，推进法治环境建设；第六，成立专家鉴定委员会；第七，增大舆论监督力度；第八，完善监管手段。为了使其具有可行性和操作性，最后提出了一个会计中介机构执业质量监管的评价指标体系，为了使不同事务所的社会信任水平有一个比较标准，设计出了会计中介机构信用评级制度。与此相关，常志安（2004）对威胁和降低会计师事务所社会信任的具体因素着手做了有益的探索，他从社会信任产生的环境、实施的主体、作用的客体以及法律责任四个方面进行了分析，并提出了相应的政策建议。他在社会信任的环境方面提出三个观点：首先，资本市场的不成熟导致对真实会计信息和高质量审计报告的有效需求不足；其次，社会公众对注册会计师审计的期望值过高；最后，政策干预、政府干预与地方保护主义。在某种意义上讲，会计师事务所的社会信任水平并不完全取决于会计师事务所本身。常志安在他的研究中，提出了其独特的观点：会计师事务所的社会信任与独立审计准则的科学合理性有很大关系，造成了许多审计准则的“水土不服”；而且，很多条款直接翻译西方国家，在我国很难应用于实践；另外，审计的标准化导致了机械化而使既定程序失去了效率，审计程序的墨守成规，也使会计师事务所跳进了某些客户公司设计的“陷阱”里，由此可见，这些都是制度的问题，社会信任与制度信用和政府信用有密切的关系。在研究的最后，关于影响我国会计师事务所的社会信任的几个原因，他归纳出了五个方面：①我国会计师事务所主要采用有限责任制，合伙制事务所发展缓慢，不利于培养注册会计师的职业风险意识，更不利于社会公众的广泛信任；②我国独立审计准则贯彻体系要进一步完善和加强监管；③注册会计师的职业道德建设缓慢，因而提高这种道德环境的质量迫在眉睫；④事务所质量控制缺乏有效的指导，人员素质差，质量意识不高，事务所内部制度建设和风险防范机制有待加强；⑤单纯的制度基础审计方法已经不能适应防范审计风险的需要，风险导向的审计方法有待加强，注册会计师需要进一步提高风险意识在审计工作中的应用。

在会计师事务所的社会信任研究中，张俊民、韩传模（2005）对“会计师事务所诚信评价”做了研究，他们提出，会计师事务所文化、环境、职业道德和执业质量等因素是决定会计师事务所诚信监管状况的性质标志；并且分析了各因素之间的内在关联度，建立了相应的评价指标体系，通过实证研究拟定了各项指标权重的参考值，构建出了综合评价模型，以及对会计师事务所的诚信监管提出四项内容的评价模型，可以为评估和诊断诚信状况提供有效工具，而且还可作为诚信档案建立及诚信评价的依据，该研究提出会计师事务所社会信任水平的提升依赖于同行乃至整个行业社会公信力的塑造，并提出“诚信联保责任制”的具体措施。

（四）社会信用的研究

国内对企业信用做过详细研究的刘光明（2003）指出：“诚信也是企业核心竞争力，对于任何一个企业而言，跻身世界一流公司的行列十分困难，而保持世界领先地位并百年不衰更非易事”。他在《企业信用》一书中，对其成果进行了阐述。他将纵向角度的企业信用、政府信用、信用担保、个人信用、金融信用等方面结合起来，在横向角度，他将企业信用放在经济秩序、竞争力、制度安排、企业形象、企业伦理等视野下进行创新性的研究。最后将企业信用与互信联系起来，包括了四个内容：①企业业绩，在现代市场经济条件下，员工之间、员工与管理者之间、代理人和所有者之间、企业和消费者之间的互信是提高企业效益的基础；②团队合作，企业内部建立在团队基础上的互信是具有决定性的因素，没有互信，就没有默契，就没有众志成城的乘数效应；③精密分工，现代企业是一个分工高度发达的系统整体，企业组织之间的合作空间与合作程度，取决于以互信为支撑的信息共享与风险分摊机制；④个人信用、企业信用不仅要通过企业的产品、服务和社会形象表现出来，而且还具体体现为各级代理人和员工的个人信用，为了保证个人尤其是代理人即职业经理人的信用，企业必须维护每位员工和经理人员实实在在的利益，从而保证他们具有维护企业信用的积极性。

赵文龙（2006）在《社会信用——一种经济社会学的初步分析》中，对社会信用从社会学角度做了很好的探索性研究。他对社会信用这一概念，从其历史源头做了分析，对社会信用的含义、结构及构成做了辨析，他认为社会信用的结构由三部分组成：信用意识、信用规范和信用制度，另外，对于社会信用的时空结构，他指出："社会行动者的信用形成既要受制于社会结构，同时又会融入社会结构之中并且有可能改变既有的结构。正是行动者的信用与社会结构之间的相互影响，才使得社会信用得以在时空中扩展"。他在对社会行动者选择失信还是守信进行成本收益分析时，将经济学分析方法与社会学分析方法做了有机结合，应用博弈分析方法初步探讨了社会行动者信用关系的形成机理，并得出结论："因此，行动者在追求利益的过程中，学会了与其他行动者的合作，在合作中，一方面，形成了社会信用的社会规范和法律制度；另一方面，通过内化而变成了行动者诚实守信的美德。在他的研究中，他还对中国转型社会信用治理提出了自己的基本思路，他认为，"在现实社会经济生活中，看似社会信用的缺失，在本质上是社会制度安排上的不合理，是制度的缺失导致了社会信用的缺失，在一个充满陌生人的市场经济社会里，由于行动者都具有趋利性的冲动，如果没有规范的制度和严格的法律规范加以监督和制约，要想使所有的行动者都自觉地依据诚信的道德规范来从事各种社会活动是不现实的。"所以，对社会信用的治理，第一个措施就是"建立完善的社会信用制度"；第二，"规范政府行为、提高政府公信力”；第三，“增强社会行动者的信用意识”。在研究的最后，他提出了自己所认为的理想的社会信用状态，即“善意诚信的主观心理，社会行动者在追求自身利益最大化的时候，会充分考虑其他行动者的利益；守信不欺的客观行动，行动者在追求利益的过程中，应当遵循一定的行为规范和接受制度约束；普遍主义的道德规范，开放社会的特征决定了社会行动者之间必然需要普遍的诚实守信的道德规范；公平合理的利益结果，行动者追求和达到的利益应该符合帕累托最优。”

总之，以上对于国内社会信用的研究状况，可以归纳为三个方面：

第一，直接对诚信（社会信任）的研究，基本上站在事务所内部看问题，高度不够，其研究价值和结论的局限性较大，只能在会计中介机构使用，其结论的推广价值不大，因为“会计师事务所的社会信任是一种“社会事实”，它不能脱离它所处的社会空间。第二，从理论上对社会信任进行研究，所站的角度较高，在一种普遍意义上，提出了社会信任的某方面观点，对于会计师事务所的社会信任的研究，有一定的指导与借鉴意义，但针对性略显不强。第三，对特定行业的社会（信任）的研究，用应用社会学、经济学等观点，也提出了很有参考价值的结论，丰富了社会信任研究的理论，但是会计师事务所是一个特殊的组织，因为，它有更强的社会责任性，所以，也不能用这些研究的思路、结论去研究和解释事务所的社会信任。

（五）社会信任的实证研究

境外学者从社会信任与税收道德、政府效率、公司财务行为及资本市场反应等层面做了较好的分析。首先，Alm 和 Torler（2006）与 Torgler（2003）认为逃税和避税是一个税收道德问题，税收道德水平越高，逃税程度就越轻，进一步发现社会信任会影响逃税与避税的程度，美国的税收道德高就是因为企业和公民对法律制度和国会有一定的信任感；同样 Martinez-Vazquez 与 Torgler（2007）分析了西班牙“后佛朗哥时代”避税的演化，研究发现对政府机构的信任可以提高“税收道德”，从而减少和降低企业和公民规避税收的概率；其次，Knack（2000）应用市民对政府的信任水平和政府机构的工作效率的调查数据，发现在高信任水平的社会，政府的运行质量也会更好；最后，基于资本市场的视角，Pevzner 等（2015）发现在高信任水平国家，投资者会对公司的盈余公告进行正面回应，而且在投资者保护程度较弱的市场，该效应更为明显，从而说明社会信任可以作为正式制度的替代机制，其背后的原因和机制可能是社会信任与较好的应计质量、较低的财务重述概率和较小的内部控制缺陷披露概率有密切的关系（Garrett et al.，2015）。

国内学者主要从社会信任对公司治理、审计意见、会计信息质量、投融资等视角做了研究。

第一，雷光勇、邱保印、姜彭（2105）的研究表明：较弱的股权制衡机制实际上是中小股东对控股股东给予一定程度信任的结果，在信任度较高的社会中，中小股东可减弱对股权制衡的内在需求。较好的信任环境可以降低民营企业经理人代理问题，使民营企业对投资——现金流敏感性更低，而且好的信任环境降低的主要是内部监督治理较差和经理人薪酬激励较弱的公司的投资，因此信任环境在公司治理较弱时发挥了替代效应（曹春方、周大伟、吴澄澄，2015），进一步高凤莲和王志强（2015）从董事会秘书视角发现了董秘的社会资本与企业所在地的社会信任存在明显的互相替代效应。

第二，在会计信息质量层面，雷宇（2015）认为社会信任可以降低公司的盈余管理。姜付秀、石贝贝、李行（2015）的研究表明那些以“诚信”作为企业文化的企业，其盈余管理水平更低；同时，无论是对于正向盈余管理还是负向盈余管理，“诚信”都能发挥一定程度的抑制作用。此外，在审计层面，雷光勇、邱保印、王文忠（2014）考察了社会信任、审计师选择与投资效率之间的关系，从社会信任角度解释了审计师选择的非正式制度影响因素，找到社会信任影响企业投资效率的机制及其后果。研究发现：社会信任与审计质量均呈显著正相关，较高社会信任地区的企业更愿意聘请高质量审计师，而且社会信任可以强化审计质量对非国企投资效率的影响。而罗劲博（2015）认为社会信任环境弱化了基金持股对公司获得“清洁”审计意见的正面作用，而且该效应在基金持股低的公司和民营企业更为显著。

第三，在社会信任的投融资方面，翟胜宝、李行天、徐亚琴（2015）发现“诚信”导向的企业文化有效地增加了其所获得的商业信用，在法律环境较差地区以及企业的正式金融融资能力较差时，“诚信”发挥的作用更大。张敦力和李四海（2012）研究发现社会信任会影响民营企业的银行贷款，其与企业的政治关系之间存在替代机制。最后，罗劲博和罗进辉（2015）从资本市场效率视角研究发现社会信任能够降低公司的股价崩盘风险，而且该效应在国有企业更为显著，并发现：相对于“牛市”，社会信任水平会降低“熊市”

期间股价崩盘风险，而且在公司业绩变差时，社会信任水平对减少股价崩盘风险的效果会更明显。

第二节

利益相关者理论的研究文献

一、利益相关者理论的基础、概念

利益相关者理论是在对股东至上主义理念的挑战与质疑基础上发展起来的，但是支持利益相关者理论的学者们一直在试图“嫁接”主流企业理论的分析框架来论证利益相关者理论，以使之与主流经济学更好地契合。

（1）契约理论对利益相关者理论的解释。

Freeman 和 Evan（1990）从“企业是一组契约”这一契约理论基本论断出发，将企业理解成“所有相关利益者之间一系列多边契约”。从现有文献来看，学者们在这方面的努力成效是卓著的，利益相关者理论已逐渐形成了两大理论基础：契约理论与产权理论（陈宏辉，2003）。契约理论与产权理论一直以来被认为是股东主权至上理论赖以立足的基础，但支持利益相关者理论的学者们则通过扩展其观点，成功将之为己所用，为利益相关者理论找到了立足基础。他们认为，企业契约的主体并非仅仅局限于股东，还包括管理者、雇员、顾客、供应商、分销商、债权人、政府及社区等与企业有着相互影响的各类利益相关者；为了保证契约的公正与公平，契约各方都应该有平等谈判的权利，以确保各当事人的利益都能得到照顾。伊凡和弗里曼（Evan & Freeman，1993）进而从私有权利及其对他人权利影响的视角指出，诸利益相关者基于自身利益，应享受与股东相同的参与公司决策的权利，因此建议在公司董事会中增派利益相关者代表。这种主张利益相关者直接参与公司内部治理结构组成的观点，也被称之为利益相关者合作逻辑下的共同治理观，国内学者杨瑞龙和周业安（2001）也持有相近观点并对共同治理进行过详尽的分析。

多纳德逊和邓非（1994，1995）所提出的综合性社会契约（integrative social contracts）理论，也是利益相关者理论研究中一个颇具影响力的分析框架。

该理论将企业与其利益相关者之间所遵循的所有契约形式总称为综合性社会契约，认为企业必须对利益相关者利益要求做出反应，因为企业是社会系统不可分割的一部分，也是利益相关者所缔结的显性契约与隐性契约的载体；企业必须要履行其综合性社会契约，并对利益相关者利益要求做出慎重回应并且尽量满足，否则企业难以长久生存与持续发展。

（2）产权理论基础上的对利益相关者理论的解释。

在利益相关者理论看来，主流企业理论对于产权的理解过于狭隘了，正是基于狭隘的产权定义，才会得出股东至上的结论（陈宏辉，2003）。利益相关者理论支持者们认为，产权概念本身是十分复杂的，因此坚持从多元理论角度来重新定义产权概念（Blair & Lyrnn，1999），他们认为“只要一种多元的产权理论能够被接受，那么产权理论与利益相关者理论之间的联系也就显而易见了”（Donaldson & Preston，1995）。多元产权理论认为股东并非公司唯一的所有者，公司的出资不但来自于股东，而且来自公司的雇员、供应商、顾客等利益相关者，利益相关者提供的是一种特殊的关系投资，因此公司并非简单的实物资产的集合，而是一种治理与管理专业化投资的制度安排，而企业这种产权关系则赋予不同群体以不同的利益。Blair（1995，1996）批判地借鉴了威廉姆森的资产专用性观点，其认为股东在企业中投入的是专用性物质资产，而其他利益相关者投入的是专用性关系资产；专用性关系资产的特点在于其价值依赖于公司价值，如改作他用，价值就会降低，因此那些向公司投入了专用性关系资产并承担利益相关者理论是在对“股东至上”主义理念的挑战与质疑基础上发展起来的，但是支持利益相关者理论的学者们一直在试图“嫁接”主流企业理论的分析框架来论证利益相关者理论，以使之与主流经济学能有更好的契合。从现有文献来看，学者们在这方面的努力成效是卓著的，利益相关者理论已逐渐形成了两大理论基础：契约理论与产权理论（陈宏辉，2003）。契约理论与产权理论一直以来被认为是股东主权至上理论赖以立足的基础，但支持利益相关者理论的学者们则通过扩展其论断，成功将之为己所用。

（3）契约理论对利益相关者理论的解释。

Freeman 和 Evan（1990）从“企业是一组契约”这一契约理论基本论断出发，将企业理解成“所有相关利益者之间一系列多边契约”，认为利益相关资产失效风险的利益相关者们应拥有剩余控制权，即参与公司治理。利益相关者理论的支持者们主张剩余索取权与剩余控制权应分散，并对称分布于企业利益相关者之间，这与股东至上理论所主张的剩余索取权与剩余控制权应集中对称分布于非人力资本所有者的理论有很大不同（陈宏辉，2003），总之，支持利益相关者理论的学者们认为企业行为实际上是一组复杂契约系统的均衡行为，该契约系统的主体就是一系列目标不同且可能相互冲突的利益相关者。而通过对产权理论进行多元扩展，产权理论也堂而皇之地成为利益相关者理论的理论基础（沈艺峰、林志扬，2001），通过这样的演绎，利益相关者理论成功地实现了与主流企业理论的契合。

“利益相关者”一词在 1963 年由斯坦福研究所首次提出，其给出的定义是指那些没有其支持，组织就无法生存的群体。Ansoff（1965）则是最早使用“利益相关者”一词的管理学家（贾生华、陈宏辉，2002），他认为，要制定理想的企业目标，必须综合平衡考虑企业的诸多利益相关者之间相互冲突的索取权，他们可能包括管理人员、工人、股东、供应商以及顾客。回顾利益相关者理论产生与发展的历史，对于利益相关者概念的含义，西方学者给予了各式各样的界定（陈宏辉、贾生华，2004），Mitehell 和 wood（1997）曾经详细总结了自 1963 年开始到 20 世纪 90 年代中期西方学者关于利益相关者概念的各种主要的代表性定义，发现有近 30 种之多。但至今为止，关于利益相关者概念的含义，学术界仍未取得共识，而“没有一个定义得到普遍的赞同”（Donaldson & Dunfee，2001）。但总体来说，各类利益相关者定义可以按照广义与狭义两大标准进行划分（吴玲，2006）。

第一，广义的利益相关者定义。广义的利益相关者定义是从“是否影响企业或受企业影响”角度来界定利益相关者，Freeman（1984）认为，一个组织的利益相关者是能影响或被组织达成目标所影响的任何群体或个人，该定义成为后来研究者引用频率最高的一种定义。广义的利益相关者概念大为扩展了利益相关者概念的内涵，为企业提供了一个全面的利益相关者分析框架。

第二，狭义的利益相关者定义。狭义的利益相关者定义则将利益相关者界定为与企业有一定关系，并在企业中进行了一定的专用性投资的群体（Carroll，1994；Clarkson，1995；Starik，1995），狭义的概念指出了哪些利益相关者对企业具有最直接的影响从而必须加以考虑。根据该界定，Clakson（1995）认为，利益相关者在企业中投入了实物资本、人力资本、财务资本或其他一些有价值的东西，并因此承担了某些形式的风险，从而对一个企业及其活动拥有索取权、所有权和利益要求；利益相关者承担的风险越大，其与企业的关系就越紧密。基于利益相关者狭义定义，利益相关者理论成功地在形式上契合了主流企业理论中的资产专用性概念，使其与主流经济学产生较深刻关联，使自己显得理论基础深厚。作为在中国大陆进行利益相关者理论早期开拓性研究的学者杨瑞龙、周业安（2000），他们也是以狭义定义来界定利益相关者概念，因为与主流企业理论有着良好契合，以致摆脱了单纯的思辨色彩而富于学术性，从而引起学术界的关注与重视。

利益相关者广义定义虽然能为企业提供一个全面的利益相关者分析框架，并与企业社会责任的观点相契合，但其缺陷在于过于宽泛，缺乏操作性且难以建立统一的理论解释。而利益相关者狭义定义虽然与主流企业理论有着良好契合，显得更具有学术性，但又过于狭窄，在企业社会责任观念日益被强调的今天，解释实践的能力明显较弱。可见，将所有利益相关者做为一个整体来进行研究很难得出令人信服的结论，有鉴于此，对利益相关者概念的研究，应该从多个角度来进行细分，在科学界定基础上进行分类研究（贾生华、陈宏辉，2002）。

二、利益相关者理论主要包括的内容

本书认为企业利益相关者的分类应该简明并兼顾实践性。本书将企业利益相关者划分为三类，即内部人、外部商业伙伴以及公共利益所代表的利益相关者。股东、管理人员与员工属于内部人利益相关者，消费者、供应商、分销商与债权人属于外部商业伙伴利益相关者，政府与社区则属于公共利益相关者。实际上，本书关于企业利益相关者的分类可追溯回 Freeman（1984）的关于企业利益相关者的分类。

（1）利益相关者的利益要求。

国外对利益相关者利益要求的描述与分析大多散见于各文章的字里行间，专门主题的聚焦式研究很少。Berman 等（1999）的研究是以利益相关者利益要求为专门主题的少数研究之一，并发现平衡利益相关者利益要求要处理好五种关系，而利益相关者利益要求的平衡对企业战略与企业财务绩效间的关系可以起到调节作用，而 ReynoldS 等（2006）则研究了企业管理者管理决策中对利益相关者利益要求的考量。

（2）国内对利益相关者利益要求的研究也是近年来的事，相关研究虽然不多，但却成果斐然。

周鹏和张宏志（2002）对企业各利益相关者的具体利益要求的内容进行了一般性描述。陈宏辉（2003）、邓汉慧（2005）对简单列举企业利益相关者利益要求的做法提出批评，认为要把握企业利益相关者利益要求，分析过程必须基于实证调研的数据。陈宏辉（2003）根据实证调查的数据，对各利益相关者各具体利益要求的重要程度进行了排序研究，其结果表明，每一类利益相关者对企业都有特定的利益要求，并且企业对各利益相关者各利益要求的重视程度是存在差异；进一步，其对企业利益相关者利益要求的实现方式与实现程度进行了实证研究，并发现，各利益相关者实现其利益要求的方式也存在差异，并且企业对同一利益相关者不同实现方式的重视程度也存在差异，企业中不同利益相关者利益要求实现程度也是有差异的。在此基础上，进一步对员工这个利益相关者群体的利益要求、利益要求实现方式及其对企业绩效的影响进行了实证研究。邓汉慧（2005）、邓汉慧和赵曼（2007）基于陈宏辉（2003）研究的基础，重点研究了股东、管理者、员工这三种企业核心利益相关者各具体利益要求重要性的排序及其利益要求实现程度，并以一家矿业集团为例，对基层管理者利益要求进行了细化因子分析。另外，姜文杰（2007）研究了四个类型产业集群企业对外部利益相关者利益要求重视程度的排序差异。刘利（2008）对陈宏辉（2003）的测量题项稍加改良后沿用同样方法在另一样本中再次研究了企业利益相关者各种具体利益要求在重要程度上的排序，得到与陈宏辉（2003）近似的结果。

（3）利益相关者的管理。

首先，在利益相关者理论的研究中，国外学者就利益相关者管理策略提出了若干理论模型。Grantetal 等（1999）提出了分类管理模型，其将利益相关者分为支持型、边缘型、混合型与反对型四类，企业相对应的利益相关者管理策略分别是参与策略（involve）、监控策略（monitor）、合作策略（collaborate）与防御策略（defend）。支持型利益相关者与企业的合作性高而威胁性低，企业采取参与策略，即与之分享决策权；边缘型利益相关者与企业的合作性、威胁性都低，企业采取监督参与策略，确保境况不会发生改变；混合型利益相关者与企业的合作性、威胁性都高，企业采取合作策略，与之展开合作以提高其保持支持的可能性；反对型利益相关者与企业的合作性低而威胁性高，企业采取防御策略，以尽量减少对其依赖。类似地，Clarson（1995）借鉴 Carroll（1979）的研究，认为企业对不同利益相关者群体可以采用四种不同的管理策略（Vdap）、预见型策略（proactive）、适应型策略（aeconrnodative）、防御型策略（defensive）与对抗型策略（reactive）。预见型策略是指预测责任并承担责任，比要求做得更多；适应型策略是指接受责任但同时希望获得让步，仅做到所要求的事；防御型策略是指接受责任但拒绝承担，尽量少履行；对抗型策略则是指否认责任，比要求做得少。

除以上之外，Bermanetal（1999）则提出两种不同的利益相关者管理模型：战略性利益相关者管理模型（strategic stakeholder management model）与内生性利益相关者承诺模型（inrinsic stakeholder commitmentient model），前者是工具性的，强调对企业财务绩效贡献大的利益相关者应给予更多关注、分配更多企业资源；而后者是规范性的，强调企业在道义上对利益相关者负有责任，企业利益相关者管理策略的制定仅仅需要考虑企业的道德责任；其实证结果表明企业在实践中更多考虑的是战略性利益相关者管理模型。Jawahar 和 MeLaughiin（2001）根据 Mille 和 Friesen（1980）所提出的企业生命周期阶段（创业、成长、成熟、衰退、再生，基于资源依赖理论与期望理论对 Clakson（1995）的 RDAP 模型加以发展），提出基于企业生命周期的利益相关者动态管理模型。该模型指出，企业不但对不同的利益相关者应采取不同的管理策略，而且在企业不同生命周期即使对相同利益相关者也应采取不同的管理策略，该模型还在理论分析基础上给出了企业在不同生命周期阶段针对不同利益相关者应采取的具体 RDAP 匹配管理策略；该模型虽然只是建立在理论分析的基础上，缺乏实证研究的支持，但该研究将企业情境因素引入利益相关者研究中则具有重要意义。

国内学者对利益相关者管理策略也提出了自己的看法。万建华、戴志望和陈建（1998）、李心合（2001）将 Grantetal（1991）的分类管理模型进行了详细介绍并表示支持；陈宏辉（2003）则认为，利益相关者管理就是对利益相关者利益要求进行协调与平衡治理；吴玲（2006）则提出了权变的利益相关者管理策略模型，其将利益相关者管理策略分为三种：全面满足型策略、适应性策略与基本保证型策略，其实证研究结果表明，企业会根据不同情境因素针对不同利益相关者采取不同利益相关者管理策略。

总而言之，有效的利益相关者管理要求对利益相关者的利益要求进行协调与平衡，以实现企业与利益相关者的和谐共赢，因此必须以了解与分析利益相关者利益要求为基础。企业在处理与利益相关者关系之前，最好就制定出相应的战略（Mac Millan & Jones，1986）。利益相关者给企业带来的可能是机会也可能是挑战，具体战略的构建应建立在对利益相关者及其利益要求加以分析的基础上（Grant et al. 1991）。由此可见，加强利益相关者利益要求的研究，不但具有理论意义，而且还具有重要的实践意义。

三、机构投资者的研究文献

（1）机构投资者对资本市场的影响。

Bhattacharyya 和 Nanda（2009）通过应用理论模型的研究方法，发现以基金净值为业绩评价标准的基金经理会充分挖掘自己的私有信息，并且在每个季度的季末，大量重复购买基金组合中的现有股票，以实现拉升股票价格而提高基金的价值。Bernhardt 和 Davies（1989）认为机构投资者具有粉饰账面（painting the tape）的策略型交易行为，用提高现在持有的股票价格的方法，而增加基金的回报率，并且期末机构投资者会进行价格操纵，从而达到“战胜”市场的目的。Bekaert 和 Harvey（2000）在分析了新兴市场经济国家在引进外国机构投资者后，考察股权资本成本是否变化。他们将资产集中度、股票市场的发展、个体经济的影响、总体经济的影响和政治风险作为控制变量，以确定股利与利率的比值是否因引进国外机构投资者而受到影响，实证结果发现：当 ADR 或是国家基金设立之后，股利与利率的比值下降了 72 个百分点；而引进外国机构投资者后，则下降了 31 个百分点。但是美国基金进入之后，该比值只下降了 17 个百分点且不显著，再加入控制变量后进一步发现，只有在引进外国机构投资者的政策宣告之后，股利与利率的比值才呈现显著的下降现象。Liu、Bredin、Wang 和 Yi（2011）研究 QFII 和中国国内基金在持股偏好上的差异，发现 QFII 更倾向于选择运输、金属与非金属以及机械板块等增值潜力较大的股票。Chen、Wang 和 Lin（2008）以测度羊群行为的模型为工具，发现 QFII 在选股时有明显的互相模仿和同质化趋势，并且其选股策略偏重于过去的较高回报和高市值。

（2）机构投资者对公司治理的影响。

Shleifer 和 Vishny（1986）使用理论模型，分析证明由于拥有大量的股权就能够获得更多的收益，与个人投资者相比，由于机构投资者拥有持股公司的相当数量的股权，导致他们会有更强的动机来监督管理者的行为和公司的业绩，而且与个体投资者相比，其拥有大量的股权就会获得更多的收益，从而实现其监督的目的。Ferreira 和 Matos（2008）通过研究 27 个国家机构投资者的持股偏好，发现选择规模大约公司和治理好的公司是所有机构投资者共同的偏好，而 QFII 等外国机构投资者则更偏好在美国交叉上市和摩根士丹利世界指数的公司。Leuz 等（2009）研究了 29 个国家大约 4409 家公司的国外机构投资者与公司治理的关系，发现股权结构越不合理则越有可能产生治理问题，从而降低了国外机构投资者的持股需求。Bae 和 Goyal（2010）研究了韩国的资本市场在向国外机构投资者开放后，发现那些公司治理越好的公司，外国机构投资者会增加对其所持股份。Clasessen 和 Fan（2002）通过对亚洲各国的公司治理现状进行了必要的回归，提出类似于中国的这类国家，法律体系对小股东保护的制度比较匮乏，因而通过在这些国家发展机构投资者，并形成使其积极参与公司治理的机制必将促进整个市场的高质量发展。

（3）机构投资者持股对公司投资决策的影响。

由于西方国家的机构投资者制度的发展已经相当完善，机构投资者对公司决策的影响已经成为大家普遍认可的一种常态化行为，所以这方面的研究不太多。Bushee（1998）认为如果机构持股比例较高时，公司的高管不可能通过减少 R&D 投入来扭转公司业绩的下降，从而说明那些精明的机构投资者能够对管理层的短视行为起到必要的监督作用，进一步发现只有偏好动量交易的机构投资者会鼓励管理层以减少 R&D 投入来提升公司的业绩。Wahal 和 McConnell（2000）发现了公司的机构投资者持股比例与公司的厂房设备、研发支出的规模正相关，并且通过了多种稳健性检验也进一步支持了此结论，由此说明机构投资者在一定程度能够抑制管理层的短视行为，机构投资者的存在也增加了公司研发投入。

国内学者吴卫华、万迪昉和蔡地（2012）通过收集 2006 ~ 2009 年 A 股上市公司年报和半年报中十大股东和十大流通股东的数据，并基于治理特征公司治理特征，研究 QFII 在 A 股市场中所起的作用，研究发现，第一大股东持股比例和独立董事比例对于 QFII 持股和未持股公司的影响具有一定的差异，说明 QFII 偏好于那些股权集中度高和独立董事制度健全的公司。周泽将和余中华（2007）与周泽将和王清（2013）发现管理层持股比例、第一大股东持股比例、审计委员会的设立、公司规模、发行外资股、地区制度环境、公司经营业绩、除 QFII 以外的机构投资者持股等因素都会正向影响 QFII 的持股。江向才（2004）研究了公司治理对包括 QFII 在内的机构投资者持股的影响，发现董事和监事持股比例、样本公司的产权的透明度与投资者关系的透明度等因素在一定程度上也会对机构投资者持股产生积极的影响。事实上监管层也期望 QFII 能够在公司董事选任、经营者激励与监督、重大事项决策等方面发挥作用。与此同时，在政策上通过推进分类表决制度和上市公司 IPO 询价制度，进而赋予了 QFII 参与上市公司治理的更多话语权（李超、蔡庆丰、陈娇，2012）。换言之，监管层试图通过 QFII 深度参与公司治理，提高公司的治理水平从而降低公司的代理成本。然而，也有研究表明 QFII 不能有效参与公司治理，对公司的具体运营不能发挥应有的作用（宋渊洋、唐跃军，2009；赵洪江、夏晖，2009）。而饶育蕾和许军林（2013）利用 2003～2011 年 A 股市场数据，发现 QFII 投资对股价同步性有显著的影响。

（4）机构投资者对盈余管理及公司治理的影响。

高雷和张杰（2008）发现机构投资者持股比例与公司治理水平之间正相关，能够有效地抑制和减少管理层的各类盈余管理行为。袁春生（2012）利用被中国证监会处罚的舞弊公司和未舞弊公司为样本，通过分析二者的持股行为来考察机构投资者是扮演监督者还是跟随者的角色？结果表明：机构投资者并不能有效识别公司的舞弊行为，也不能发挥其监督的职能，而且机构投资者由于采用了跟随分析师的投资策略，因而机构投资者容易被舞弊公司误导而增加对舞弊公司股份的持有。刘颖和王育宝（2009）认为美国的机构投资者参与公司治理而显示出积极的正面作用，而捷克的机构投资者参与公司治理则产生了“捷克病”的副作用，因而说明机构投资者在参与公司治理时，必须要从健全市场机制，增强市场的透明度，并需要完善相关的政治、法律制度等方面做更多的工作。尽管上述研究都从不同的角度分析机构投资者对公司治理的影响，但还是鲜有研究具体分析机构投资者持股对公司代理成本影响的研究，因为代理成本能够更加综合性地反映出一个公司的治理水平和质量。杨海燕、孙健和韦德洪（2012）发现独立机构投资者持股比例越高，公司的各类代理成本则会越低，而非独立机构持股对代理成本影响有限。而程树强（2006）发现机构投资者的持股比例与公司盈余管理之间负相关。高雷和张杰（2008）

和申景奇（2011）认为随着机构投资者持股比例的提高，机构投资者会更加主动积极地参与公司治理行为，有利于抑制公司的盈余管理。进一步，刘永泽、唐大鹏和丛中岳（2011）发现社保基金在公司治理中发挥了积极的监督作用，社保基金持股比例越高，被持股的公司盈余管理会大大下降。以上研究都肯定了机构投资者发挥必要的监督作用会在一定程度降低盈余管理发生的概率。

但俞震、冯巧根和朱晓怀（2010）发现机构投资者无法对公司管理层采用线上项目进行的盈余管理的行为进行监督，而对采用线下项目并且在机构增持组具有监督效果。薄仙慧和吴联生（2009）认为随着机构投资者持股比例的增加，只有非国有公司的正向盈余管理水平显著降低，而国有控股和机构投资者对公司负向盈余管理水平影响均不显著。而李延喜，杜瑞和高锐（2009）也发现只有机构投资者的持股比例达到13.07%以上时，才会去监督公司的盈余管理。

上述研究文献从许多角度对机构投资者持股对资本市场、上市公司及其治理等方面进行了比较完整的论述和分析，并得出比较有价值的结论。笔者发现尽管机构投资者持股作为一种治理机制和资本市场更有效率的一种制度上的创新，理论上机构投资者的持股会对公司各类信息的生成施加一定的作用和影响，但是现有研究鲜有直接涉及机构投资者对会计盈余信息及会计盈余质量的影响机制，这为本书研究的进行提供了一定的空间。

第三节

正式制度及非正式制度与公司经营决策研究文献

一、制度理论的研究进展

制度是影响人们日常行为的各种规范的集合体。正如诺斯（1994）指出：“制度是一个社会的游戏规则，更规范地说，它们是决定人们的相互关系的系列约束。制度是由非正式约束（道德的约束、禁忌、习惯、传统和行为准则）和正式的法规（宪法、法令、产权）组成的”。因而，本文认为制度环境就是一系列的规则所赖以存在的周围的条件和状况的总称，现有研究中，对于制度环境的具体内涵及测度并没有一致认可的标准，例如，马连福和曹春芳

(2011) 将我国各级政府所普遍存在的预算软约束和我国中央与地方政府的分税制作为企业所面临的制度环境，并从市场规律、产权保护和制度的历史依赖三个维度来度量制度环境；也有学者认为制度环境就是与政府有关的强制性管制，并可以从企业家对制度环境所感知的程度，以及客观上的商品市场、劳动力市场与资本市场等角度的市场化水平来测度制度环境（冯天丽、井润田，2008）。而卢洪友、卢盛峰和陈思霞（2011）把我国政府在实施财政转移支付过程中所存在的更为普遍的“关系资本”对其效果的影响作为制度环境的测度；还有学者把一个国家的法制情况作为其制度环境的主要评价维度①，并以世界银行公布的世界治理指标中的“法制情况”来度量一个国家的制度环境(宗芳宇、路江涌、武常岐，2012)。

基于诺斯的观点，制度主要包括正式制度与非正式制度两类。因而，本文认为评价和测度制度环境应该同时从这两个维度入手，换言之，中国的制度环境就是在市场经济条件下，在中国传统的人情社会和关系社会背景下，各种影响人们之间互动行为的公开的规章、制度、条例与习俗、惯例、潜规则等的总称。因此，我国的制度环境具有“市场 + 关系 + 规则”的三位一体的特征。三十多年的改革开放，使得市场经济的精神和理念已经固化在人们的思维和行动中，同时市场经济的有效运行必须要在非常完善的规则和制度的保障下，才能发挥应有的作用。有效的制度安排能够通过形成人们之间稳定的行为结构来降低不确定性，减少经济行为选择的信息成本和风险成本；同样，有效的制度安排还能通过约束人们的经济行为来降低机会主义倾向，减少监督成本和违约成本等，从而使个人收益（成本）和社会收益（成本）达到一致，以及变为没有外部性或将外部性减少到最小，从而促进经济的发展（李雪灵、张惺、刘钊、陈丹，2012）。当然，传统的人情社会的影响依然“扎根”于人们的各类行为和思想中，因为人情关系的存在，在市场交易行为和政府的治理过程中，正式的规则和制度的发挥空间及作用效果大打折扣。尽管已经有许多学者的研究给出了中国式的“制度环境”的定义和度量方法，但是这些方法和手段都不能综合性地反映出“市场 + 关系 + 规则”的特征，或者维度单一；或者数据时效性不强；或者从国外那些未能真正了解中国国情的机构获得。因

① 这些学者通过在国际投资和贸易行为中，通过评价贸易中东道国的对世界贸易规则和协议的遵从程度，并利用一个国家的的法律对于契约履行、产权保护和司法治理的质量来测度制度环境。

而，笔者认为评价和测度中国制度环境，应该从市场化水平、政府对企业的干预、法制化水平三个维度来看，[①] 例如，市场化水平可以反映出契约、规则在人际关系博弈过程中的影响程度；而政府对企业的干预程度能够有效体现正式的制度对市场交易的保护和治理水平，并间接测度出人际关系在此过程中对正式制度的影响；进一步法制化水平则可以评价法律在裁决市场交易行为中正式制度的利用质量和水平，同时反映正式规则与非正式规则（人际关系）的博弈过程中，法律对各方的制约和激励效果。

二、宏观政策与制度

近年来，各地方政府在地区的经济增长中扮演了一个非常重要的角色，他们那种寻求一切可能的来源进行投资、推动地方经济发展的热情在世界范围内也是罕见的（周黎安，2007）。一方面，我国中央政府自20世纪80年代就开始给予地方政府在发展经济时的许多权力，从而使得地方政府在决定本地经济的发展模式、发展路径、产业类型等方面具备很大的自由发挥空间，即所谓的“事权下放”；另一方面，中央政府同时将许多涉及预算收入等相关财权给予地方政府，并且给予一定的财政包干而限制地方政府的浪费和偷懒行为，这种激励机制的结果使得一个地方的经济、社会发展的各项支出与自己的财税收入挂钩。如果有必要的财政结余时，地方政府官员可以做一些社会公益事务，甚至从事一些形象工程而积累自己升迁的资本，因而，为了地方GDP的提高，也为了地方官员的个人的升迁而使得官员之间的“晋升锦标赛”开始走向中国的历史舞台。周黎安（2007）认为“晋升锦标赛”是由上级政府直至中央政府推行和实施，其行政和人事方面的集权是其实施的基本前提之一，而“晋升锦标赛”本身可以将关心仕途的地方政府官员置于强力的激励之下，因此“晋升锦标赛”是将行政权力集中与强激励兼容在一起的一种治理政府官员的模式，它的运行不依赖于政治体制的巨大变化。要在这场竞标赛中中获胜，官员必须使自己所属区域的GDP在同级官员之间处于相对较高的水平，

---

① 樊纲、王小鲁和朱恒鹏（2011）中的中国各地区市场化进程的数据是包含有这三个制度环境的测度维度的数据，尽管该数据还有许多缺陷，三位学者在其著作中也认可其数据的有关问题，但该数据依然是较为理想的制度环境的测度数据。

由此造成地方官员必须深度介入地方经济的发展，才能在竞标赛中击败对手而获胜。这些客观现状进而导致了地方政府对企业和证券市场的过度干预和介入，我国目前的经济体制尚未全面过渡到真正的市场经济模式，因而政府干预和市场机制的不完善是我国上市公司所面临的最基本的制度环境。政府对国有企业进行干预是转轨经济国家的最基本特征，在政府与国有企业的契约关系中，政府同时充当“教练员”和“裁判员”的双重角色；但在与私有企业的契约关系中，却只作为“裁判员”，因此政府对国有企业的承诺要比对私有企业更容易失约（Hart et al. 1997），从而政府对企业的干预导致了预算软约束（soft budget constraint）和棘轮效应（ratch effect）（李增泉，2009）。

由于“晋升锦标赛”所带来的GDP的盲目追逐而使得地方政府必须干预经济发展的速度、规模。在中国由于第一、第二、第三产业之间存在的巨大剪刀差，使得地方政府官员希望通过发展大型项目、龙头企业的短平快方式而增加自己的GDP。地方政府干预企业的发展就成为必然的选择，当地的大中型企业和上市公司成为政府干预的首选对象，因为这些企业对增加地方的政绩效果很明显。同时，尽管我国整体经济运营模式是市场经济，但在一些微观机制方面呈现出典型的计划经济色彩，地方政府手里掌握许多隐形的资源和权力，比如项目的审批、优惠政策的实施、财税补助及大量信贷资源，这使得作为“理性经济人”的各类企业必然要和官员及地方政府建立密切的关系和联系。由于地方官员和企业彼此的供给和需求很容易找到契合点，从而使得政企纽带自然而然建立起来。政企纽带的建立使得地方保护主义行为、地方经济发展的彼此割裂，以及由此而产生的超越《宪法》和相关法律的扭曲政企关系会大量出现，其结果是违背了市场自由竞争的原则和法制化规则，最终使得政府对企业的干预成为一种必然而然的行为。这些行为进一步增强了大股东和控股股东在公司的地位和话语权，从而使得他们损害机构投资者等中小投资者的利益的行为更加“合法化”。

三、制度与微观企业的决策行为

无论是正式制度抑或是非正式制度，对微观企业的决策行为影响最频繁的是企业的税收决策，由于税务部门是企业另一个重要的利益相关者，因而企业与税务征管机构的互动会受到制度特征的深刻影响。由于我国新兴市场经济国家的特殊性，国内学者在这方面做了更为有价值的研究，曹书军、刘星和张婉君（2009）发现由于财政分权制度的影响使得各公司间所得税的实际有效税率（effective tax rate，ETR）差异反映了公司所享受的税收优惠政策的差异，这种优惠政策通常被认为是对税收公平原则的扭曲，其背后是公司与政府的博弈，在某种程度上反映了地方政府税收竞争微观效应。张玲和朱婷婷（2014）认为税收征管作为政府强制征税权的具体行为，有助于抑制企业避税活动，更为具体的是：由于金融欠发展是我国企业税收规避现象普遍的重要原因；而金融发展可通过缓解企业的融资约束，从而抑制企业的税收规避动机（刘行、叶康涛，2014）。在宏观制度层面范子英和田彬彬（2013）发现我国地方政府间的税收竞争会降低地方税务局的税收执法力度，从而导致企业的避税行为更为普遍。而马光荣和李力行（2012）从地方政府治理视角研究发现我国县级政府扩大规模后，由于把财政压力转嫁到企业身上，从而导致了企业更多避税行为的发生。仅有毛程连和吉黎（2014）利用双重差分法发现了2008年两税合并政策对在中国的外资企业逃避纳税的影响，两税合并使外资企业面临的实际税率提高，外资企业与内资企业相比，资产报酬率显著降低，出现了更多的企业逃避税现象，进一步发现，盈利越多的外资企业逃避税越多，规模越大的外资企业，逃避税越少。

公司治理理论认为公司治理环节的很多因素，比如高管特征、公司内部机构的设置等会对税收规避产生影响。Dyreng等（2010）认为高管个体特征和行为会显著影响企业的避税行为，高管的变动会影响名义税率11%的上下波动。Armstrong等（2010）发现负责税务业务高管的薪酬激励与名义有效税率之间负相关，高管的业绩薪酬性与较低的税收有关（Minnick et al. 2010）；较高程度的股权激励会造成较为严重的税收规避行为（Rego et al. 2012）；长期机构投资者水平越高，公司的税收规避程度越低（Khurana et al. 2012）。而Richardson等（2013）则发现独立董事的比例越高，以及设有独立的内部审计委员会等都会显著降低企业的避税程度。Annuar等（2014）通过对马来西亚的上市公司研究发现，国有股权、外资股权和家族企业都有避税行为，强化必要的公司治理机制可以缓解此问题。然而与以上结论有所不同的是，Armstrong等（2015）的研究又表明很多公司治理机制与避税之间无明显关系，仅在分位数回归中发现董事的独立性与避税之间负相关。Desai和Dharmapala（2006）、Desai和Dharmapala（2007）将企业的薪酬激励与治理结构集合到税收规避中研究发现，管理者的股权激励与税收规避之间负相关，从而说明企业的薪酬激励模式会影响避税的方向与路径。Chen 等（2013）基于中国上市公司的数据，发现民营企业有更明显的税收规避，特别是 CEO 与董事会主席兼任时的避税更为严重，而在政府控制的企业，董事会成员持股会影响企业的避税，而且在地方与央企之间没有差异，同时在经济落后地区的地方国企，无效的治理环境会导致其从事税收规避。

国内学者在此方向也做了很多研究，杜兴强和谭雪（2015）发现国际化董事会与企业避税显著负相关，能够降低企业的避税程度。陈冬和唐建新（2013）认为机构投资者可以约束企业的避税。陈骏和徐玉德（2015）的研究表明高质量的内部控制能有效抑制企业激进的避税行为，并且在税收征管执法更严格的环境中，内部控制对企业激进避税行为的约束效应更强。王静、张天西和郝东洋（2014）认为企业避税的价值效应在一定程度上取决于公司治理机制，综合治理水平高的公司实施避税能够促进其价值提升，而治理较差的公司则体现为避税活动降低了公司价值。蔡地和罗进辉（2015）发现由家族成员担任 CEO 而非外来职业经理人的家族企业会有更加激进的税收规避，与此相关的结论是 CEO 的权力越大，会导致税收规避更为严重（谢盛纹、田莉，2014）。任广乾（2013）的研究表明当管理者持股越多，其选择避税的可能性越高，而股权集中度越高，大股东越容易选择避税行为。李维安和徐业坤（2013）认为政企关系影响企业的税收行为，也是导致避税行为严重的一个重要原因，政治身份能够产生避税效应，那些拥有政治身份的企业实施了更多的税收规避行为，而且当地方政府面临较大的经济增长和财政压力时，政治身份所产生的避税效应更为明显。具体而言，企业的政治身份层级较高、拥有本地政治身份的民营企业，其政治身份的避税效应更为明显。与此类似，罗党论和魏翥（2012）发现政治关联程度越高的企业会有更大程度的避税行为，因而在中国，地方官员在经济发展中所扮演的重要角色毋庸置疑。

四、正式制度与非正式制度的融合研究

以上研究说明包括法律和公司治理在内的正式制度会影响企业的税收规避行为。然而，一方面，相对于西方成熟资本市场，我国公司治理的法律与法规还未完善，企业法律意识不强，企业管理风格一直深受东方文化等非正式制度

的影响。企业的制度环境可以分为正式制度环境和非正式制度环境（North，1990）。正式制度可以为企业活动提供秩序，但正式制度的约束只是制度环境约束的一部分，其影响范围较为恒定，而非正式性制度约束却是普遍存在的（Peng and Luo，2000），同时中国社会转型过程中，正式制度仍然不健全（Pengand Zhou，2005）。雷光勇、邱保印和姜彭（2015）发现作为非正式制度的社会信任能在法律执行缺失的情况下发挥作用，减少环境不确定性为组织提供稳定的制度环境。所以，正式制度与非正式制度相互依存、相互补充，两者的共同作用决定了内部制度环境和外部制度环境的正式化程度，从而决定了企业制度环境的正式化程度（赵晶、郭海，2014）。另一方面，虽然通过加强税收监管和提高管制制度等有效性措施，正式制度可以给企业避税行为产生威慑，但仅有税收征管对企业避税的监督与治理是很不够的，因为高密度与大规模的税收检查需要大量的人力成本，但税务机关的人力资源有限，因而要完全制止企业的避税活动有很大难度，同时企业的避税手段与方式更为复杂，无疑也加大了税务机关调查取证的时间成本与技术难题（蔡宏标、饶品贵，2015），由此可以看出，正式制度在治理企业经营决策方面存在很大的不确定性和机会成本。所以，本书想通过分析社会信任这一非正式制度对企业经营决策的影响，来明确在转型经济国家并且在利益相关者的背景下，社会信任是如何影响企业的经营决策以及影响的机制和经济后果。

第四节

内部控制的研究文献

内部控制内生于公司治理系统，并嵌套于其财务会计报告体系中，不仅会对公司的财务绩效指标产生影响，而且带有独特的公司治理与制度完善职能，对公司的创新与研发等有重要影响。

第一，在财务绩效方面，Altamuro 和 Beatty（2010）发现内部控制质量较低或者有重大缺陷的公司的盈余质量会更差，及面临较大的融资约束（Ashbaugh-Skaife et al. 2008）、更高的企业外部融资成本（Kim et al. 2011），进而导致公司支付更高的审计费（Hoitash et al. 2008）。相反，企业内部控制质量越好，其银行债务融资的成本会越低；其权益资本成本也会更低（陈汉文、周中胜，2014；陈汉文、程智荣，2014），也有助于公司持有相对较多的现金以预防未来经营中的不确定性（张会丽、吴有红，2014）。进一步基于企业的投资视角，方红星和金玉娜（2013）也发现内部控制能够有效抑制企业操控性非效率投资，因此，当公司可能面临投资过度等非效率投资时，较低的内部控制质量会加剧该现象的发生；而当公司面临投资不足时，更低的内部控制质量同样也会导致投资不足现象的发生（李万福等，2011）。在此基础上，李万福等（2012）则从企业的经营风险视角发现，存在重大内部控制缺陷的公司很有可能陷入财务困境；而重大内部控制缺陷越多的公司，其陷入财务困境的概率会更大。

第二，企业的内部控制在公司治理与制度建设中也具有重要的作用。周美华等（2016）认为内部控制可以通过约束高管的权力滥用而有助于减少公司的腐败，在依法治国和反腐败等国家治理方面具有不可忽视的影响。与此类似，牟韶红等（2016）发现内部控制对于上市公司超额在职消费存在显著抑制作用。张洪辉等（2016）的研究亦表明：高质量的内部控制制度能够抑制异常关联交易的发生。

第三，一些新近文献如钟凯等（2016）的研究表明：内部控制信息强制披露之后，企业创新投资显著增加。张娟和黄志忠（2016）发现整体上我国内部控制对创新投入和创新绩效存在促进作用，进而促进了实体经济技术创新和向新兴制造业转型，高质量内部控制对于企业创新投资及其效率具有促进作用，换言之，内部控制质量更好的公司，其市场绩效也会更好，进而提高企业的盈余持续性和公司价值（肖华和张国清，2013）。此外，Petrovits 等（2011）使用 1999～2007 年共 27495 个公共慈善团体作为研究样本，探讨非营利部门内部控制缺陷的原因与后果，发现那些财务状况差、处于发展期、业务更复杂和（或）规模更小的非营利组织存在内部控制问题的可能性增加。捐助者捐赠和政府机构补助作为非营利组织重要的资金来源，与财务报告内部控制缺陷披露负相关。

第四，内部控制对审计行为的影响。Goh 等（2013）研究结果表明，重大缺陷的存在加重了审计师对公司持续经营能力不确定程度的反应，内部控制重大缺陷意见（MWO）会导致审计师出具持续经营意见（GCO）时更加稳健。而未能改进重大缺陷的公司，随着重大缺陷数量的增加，表现为审计费用大幅度攀升和审计师更高的辞职可能性（Hammersle et al.，2012）。Hoag 等（2011）运用大样本研究 2004～2007 年 4 年间按照 404 条款出具的审计意见与审计费用之间关系，发现改进重大缺陷的公司审计费用下降，而相应的费用下降情况却不立即发生。Chan 等（2012）专门研究了为针对企业高管处理会计信息不得当，而实行高管薪酬追回条款的公司的内部控制审计后发现，审计人员较少报告内部控制重大缺陷，而且收取的审计费用较低，亦较少发生审计报告延迟的现象。进一步公司的信息技术（IT）能力对实现审计职能和审计过程的效率有作用，IT 能力直接缓解审计费用增加，但不会导致审计拖延增加（Chen 等，2014）。Hsu 和 Liao（2012）发现，薪酬委员会根据 SOX404 条款审计意见去调整 CEO/CFO 赔偿力度，从而约束 CEO/CFO 机会主义行为并激励他们改善内部控制质量，这与薪酬委员会致力于缓解盈余管理问题，增加财务报告可信性的初衷一致。研究结论还发现，薪酬委员会中高水平财务专家越多，这种关系越明显，进一步证实了薪酬委员会设置财务专家的重要性，SOX 法案颁布后，CFO 更需要对他们的行为负责。因此，CFO 赔偿结果可能部分取决于内部控制报告质量。Hoitash 等（2012）研究表明，CFO 总赔偿额、奖金赔偿额和股权赔偿额（不包含基本工资），均与企业披露的内部控制重大缺陷显著负相关。在公司治理结构有效的企业里，CFO 面临着更高的奖金赔偿，这突出了 CFO 职业的特殊性，即 CFO 责任大小与赔偿金额息息相关

总之，在已有研究中，内部控制无论是对公司的财务指标，还是对公司运营过程相关因素的影响，大都聚焦于财务绩效和评价指标，但忽视了其更容易受到市场波动与盈余管理等人为操控的干扰因素的影响，进而可能会导致对内部控制实际作用认识存在“偏差”，甚至不准确的现象，另外，虽然内部控制可以促进企业的创新，但对与之相关的企业生产效率是如何影响的却缺乏可靠的经验证据，尤其是在基于利益相关者理论框架下的研究就更加少了。

第三章

内部控制、社会信任与企业生产效率

第一节 引　言

2015年12月7日，李克强总理在“十三五”规划编制工作国内外专家座谈会上指出，“企业要通过提高生产率提升效益，中国经济也要通过提升全要素生产率，提高发展质量和效益”。而对生产效率较为经典的解读是基于新经济增长理论，其强调研发投入、技术引进等在企业生产效率分布及其演进中的作用。然而管理学大师钱德勒认为：管理结构为核心的组织体系对企业发展具有根本意义，再高明和有市场前景的技术，只有通过企业内部组织过程才能转化成现实生产力，内部组织过程的核心是能够有效进行计划和行政协调的管理结构，当以结构为基础的组织能力一旦创造出来，将成为公司赢得领先优势的源泉（南京大学会计与财务研究院内部控制课题组，2011），因此，内部控制作为企业的重要制度，可能会对公司生产效率的发挥起着不可忽视的作用，遗憾的是管理学、组织学和财务与会计等学科研究中缺乏相关的证据。

内部控制是世界很多国家防范公司风险、提升企业经营效率的重要利器。2013年美国反虚假财务报告委员会所属的发起组织委员会（COSO）更新了内部控制框架，并正式发布《2013年内部控制—整合框架》（2013 Internal Control-Integrated Framework），其意味着美国企业的内部控制的实施要求将会更加严格。我国从2008～2012年，陆续实施了《企业内部控制基本规范》和《企业内部控制配套指引》，尤其是2012年监管部门要求所有主板上市的国有控股公司必须实施内部控制规范体系，同时，我国的证监会、财政部也出台了很多与内部控制有关的政策与法规，加大了对上市公司的监管及对违规违纪行为的处罚力度。但即使如此，我国资本市场中的上市公司财务丑闻仍接二连三的出现。我国内部控制规范体系建设是在中国会计行业国际化的大背景下展开的，其与美国 SOX 法案立足于解决国内问题有着明显不同（李翔等，2015），所以研究中国企业的内部控制的有效性不能脱离中国情境，特别是要考虑我国转型加新兴市场的制度背景、企业信息化环境和传统文化特征（李万福等，2012）。尤其是现阶段我国企业的经济受到了产权性质及市场化进程等外在制度环境因素的影响，使得上市公司所处的外部制度环境在各省区市间存在较大的差异（樊纲和王小鲁，2011），这就造成了企业内部控制实施的正式制度具有明显的缺陷和不足。制度经济学理论表明：非正式制度可以作为正式制度的补充来对经济活动和社会生活起着重要作用，林钟高和陈曦（2016）发现，在市场发育不充分的发展阶段，高水平的社会信任可以显著降低内部控制缺陷引起的财务风险，与此研究相关而又有所差异，本书则是进一步回答如果企业的内部控制会显著影响企业的生产效率，那在面对正式制度的不完善和内部控制本身存在缺陷时，作为非正式制度的社会信任是否具有必要的调节和补充作用？

本章利用我国 A 股上市公司 2007 ~ 2015 年的财务数据，研究了企业的内部控制对生产效率的影响，分析了企业所在地的社会信任对二者关系的调节机制，进一步检验该机制作用的发挥是否与企业的产权、市场化水平有关？研究发现：内部控制会显著正向影响公司的生产效率，并且企业所在地社会信任水平能够增强二者之间的关系，从而在其中发挥显著的调节作用，进一步的研究表明，此作用在国有企业与市场化水平较低的企业中更为显著。

基于上述分析，本章可能的创新与研究贡献如下：第一，本章不是基于单纯的财务绩效指标，而是将内部控制与管理学、经济学中的生产效率进行结合，丰富和增加了有关内部控制的经济领域的文献；第二，研究内容的丰富性和综合性，与已有研究不同的是，本章分析了社会信任这一非正式制度性因素如何在内部控制实施过程中发挥必要的调节作用，以弥补内部控制制度的“刚性”缺陷，从而增加了非正式制度对企业内部控制实施效果影响的理论和经验证据；第三，为内部控制的改进和完善提供了借鉴和思路，现有内部控制的实施中面临着很多缺陷，本章的研究表明，内部控制的有效实施必须要考虑其制度环境，并需要完善和克服其局限性，本章则为此提供了证据；第四，为微观经济领域的供给侧改革的实施提供必要的借鉴背景，本章研究了内部控制对企业生产效率的影响，进而为提高我国企业的生产率提供可能的思路和借鉴。

第二节

文献回归与假设的提出

一、文献回顾

内部控制是内生于公司治理系统，并嵌套于其财务会计报告体系中，不仅会对公司的财务绩效指标产生影响，而且会带有独特的公司治理与制度完善职能，对公司的创新与研发等有重要影响。

第一，在财务绩效方面，Altamuro 和 Beatty（2010）发现内部控制质量较低或者有重大缺陷的公司的盈余质量会更差，及面临较大的融资约束（Ashbaugh-Skaife et al.，2008）、更高的企业外部融资成本（Kim et al.，2011），进而导致公司支付更高的审计费（Hoitash et al.，2008）。相反，企业内部控制质量越好，其银行债务融资的成本会越低；而且其权益资本成本也会更低（陈汉文、周中胜，2014；陈汉文、程智荣，2014），有助于公司更高效地持有相对较多的现金以预防未来经营中的不确定性（张会丽、吴有红，2014）。基于企业的投资视角，方红星和金玉娜（2013）也发现内部控制能够有效抑制企业操作性非效率投资，因此，当公司可能面临投资过度等非效率投资时，较低的内部控制质量会加剧该现象的发生；而当公司面临投资不足时，更低的内部控制质量同样也会导致投资不足现象的发生（李万福等，2011）。在此基础上，李万福等（2012）则从企业的经营风险视角发现，存在重大内部控制缺陷的公司很有可能陷入财务困境；而重大内部控制缺陷越多的公司，其陷入财务困境的概率会更大。

第二，企业的内部控制在公司的治理与制度建设中也具有重要的作用，周美华等（2016）认为内部控制可以通过约束高管的权力滥用而有助于减少公司的腐败，从而在依法治国和反腐败等国家治理方面具有不可忽视的影响；与此类似，牟韶红等（2016）发现内部控制对于上市公司超额在职消费存在显著抑制作用；而张洪辉等（2016）的研究亦表明：高质量的内部控制制度能够抑制异常关联交易的发生。

第三，一些新近文献发现，在我国倡导的“双创”大背景下，企业的内部控制对于技术创新等也有显著的影响。钟凯等（2016）的研究表明：内部控制信息强制披露之后，企业创新投资显著增加；张娟和黄志忠（2016）发现整体上我国内部控制对创新投入和创新绩效存在促进作用，进而促进了实体经济技术创新和向新兴制造业转型，高质量内部控制对于企业创新投资及其效率提升具有促进作用，换言之，内部控制质量更佳的公司，其市场绩效也会更好，进而提高企业的盈余持续性和公司价值（肖华和张国清，2013）。

总之，在已有研究中，内部控制无论是对公司的财务指标，还是对公司运营过程相关因素的影响，大都聚焦于财务绩效和评价指标，忽视了其更容易受到市场波动与盈余管理等人为操控的干扰因素的影响，进而可能会导致对内部控制实际作用认识存在偏差，甚至不准确的现象。另外，虽然内部控制可以促进企业的创新，但对与之相关的企业生产效率是如何影响的却缺乏可靠的经验证据。

二、假设的提出

（一）内部控制与生产效率

内部控制是为了弥补公司契约的不完备性、降低代理成本而设置的一种控制机制，同时也是一种价值创造活动，因此，内部控制的核心功能不是“控制”，而是公司价值的“增值”（杨忠智，2007）。

一方面，就内部控制的内部环境、风险评估、控制活动、信息沟通和内部监督五大要素而言，第一，内部环境要求公司依法建立股东大会、董事会和监事会，明确“三会”的议事规则，从而有利于公司各环节的权力和责任的清晰，因为只有公司组织体系中各相关的平等利益主体之间的相互制衡，以及各个管理单元权力的依上而下均受到监督，才能保证经营决策战略的执行力。第二，高质量的内部控制会有完善的公司风险评估程序，可以从投资论证、原材料的采购、员工的招聘到产品的销售，以及危机的处理等很多环节建立一套应对预案和处理办法，并尽可能限制各级经理人过度的冒险行为，从而降低公司风险（张国清等，2015）。第三，一系列的控制活动，如规范的授权审批控制、复核控制、会计系统控制、预算控制等，能够及时发现公司内部契约各方发生的不具主观故意性的随机错误（Ashbaugh-Skaife et al.，2008；Doyle et al.，2007），从而对公司的诉讼风险产生明显的抑制作用（毛新述、孟杰，2013）。第四，良好的内部控制使得该公司的信息不对称性会显著降低，并减弱财务报告的信息不确定性，进而使得股东、债权人及供应商、客户等利益相关者获得真实的公司盈利和经营状况等信息，减少由于错误的定价或决策带来的损失；并且还能约束内部人的机会主义行为，限制经理人和大股东对剩余控制权的滥用，保护利益相关者的利益不受侵占（徐虹等，2015）；第五，当公司的内部控制监督体系完善时，企业的财务报告控制、采购业务控制、销售业务控制、资金活动控制、资产管理控制、研究与开发控制和工程项目控制等的运行将处于高质量状态，从而保证资金筹措、采购、生产、销售、货币资金管理及投资支出等方面对企业经营的实质性作用，有效地提高企业的经营效率和公司价值（Alexander，2013）。

另一方面，企业生产效率的提升更多依赖于创新，而创新对于提高制造业企业的生产效率和促进国家产业优化升级意义重大（张娟、黄志忠，2016）。Simons（1995）、Kaplan 和 Norton（1996）一致认为内部控制可以弥补企业契约的不完备性，进而对企业的技术创新产生重要影响，具体而言，高质量内部控制通过组织规划、分工、授权审批、独立负责制度等来明确各部门、岗位与员工的责任，进而实现技术创新投入的规范化和制度化。除此之外，我国《内部控制应用配套指引》中也专门提到了对公司研发项目的立项、研发机构的配备、研发过程管理、研发成果转化等的控制手段，使得整个组织的内部控制系统能有效监督和控制各层级的代理人，从而降低技术创新中的道德风险，以及提高企业创新的绩效。然而，当内部控制有重大缺陷时，公司做出错误的影响生产效率的决策的概率也会加大，当内部控制失效时，因为没有正式的政策和程序的限制，高管对会计估计和方法的选择会有更多的自由裁量权。这进一步降低了公司整体风险控制水平，导致公司的优质资产流失，并削弱了其进行再投入与再生产的能力，最终使得公司的全要素生产率的下降（邹怿等，2009）。基于以上分析，提出如下假设：

假设 H3－1：其他条件不变，公司的内部控制与其生产效率正相关。

（二）内部控制、社会信任与生产效率

与假设 H3－1 相关的是，现有文献研究中内部控制对企业可能存在“双

刃剑”效应，一方面内部控制可能存在高昂的实施成本导致负向的市场反应，并降低公司 IPO 的意愿（Zhang，2007），而且额外披露内控风险并不会带来融资成本的较低的优势（Ogneva et al.，2007）。另一方面，Kaplan 和 Norton（1996）的“内部控制悖论”认为内部控制可能会抑制创新投入，Ribstein（2002）从员工行为的角度指出，严密的内部控制会使员工有被束缚压迫的感觉，抑制员工的工作激情和创新精神；同样 Zhang（2007）则基于企业高管的视角，发现内部控制提高了高管的风险暴露概率。另外，尽管实施内部控制规范有利于提高企业的经营管理水平、风险防范能力和财务报告可靠性，但同时不可避免地要以牺牲部分经营效率为代价，同时在财务上产生了制度执行成本，具体包括内部控制咨询和审计费用等直接成本以及效率损失等间接成本，其导致短期内可能降低企业利润（李翔等，2015）。在我国企业的内部控制实施的实务中，近年来的华锐风电、紫光古汉、绿大地、万福生科等案例的接连出现，实际上表明企业内部控制依然存在很多亟待解决的制度性问题，总之，以上分析说明作为正式制度的内部控制在实施过程中面临诸多挑战和困难，由此可能会使其对企业生产效率的提升作用受到抑制。

事实上，内部控制是一个由正式制度、非正式制度和实施机制组成的制度体系，其中的非正式制度包括了文化观念、传统和习俗等隐性规则，其中的信任水平是民族文化的一个部分（郑石桥、郑卓如，2013）。一方面，过度的正式控制，由于其刚性会导致较高的契约成本，1992 年 COSO 委员会发布的《内部控制—整合框架》指出：所有企业的核心都是人——他们的个人品性、诚信、道德价值观和胜任能力等是内部环境中最重要的因素。另一方面，从制度环境看，我国目前正处于转轨经济制度环境下，虽然国家在各方面已经取得了举世瞩目的成绩，但资本市场的规模和成熟度与发达国家仍然有不少的差距，换言之，内部控制所依托的正式制度要素面临缺陷，而非正式制度作为正式制度的补充能对经济活动和社会生活发挥重要作用。因此，社会信任作为一种非正式制度，它是除人力资本和物力资本之外决定国家经济发展和社会效率的重要社会资本（林钟高、陈曦，2016），社会信任不仅会带来公司管理者与股东彼此的信息分享，以及创造公平、透明的交易环境，而且其严格的履约和惩罚机制使得契约能够被有效执行，并且社会信任也能够提高正式制度的治理质量（Knack，2002）。如果当企业的内部控制有缺陷时，通过信任这种非正式制度的约束，企业更愿意遵守社会制度，企业之间的合作意识和社会诚信意识也会较强，从而减少契约执行中的机会成本和道德风险，并降低股东与代理人之间的代理成本，使得股东与代理人的目标趋向一致，从而有助于提高企业的生产和经营效率。然而，即使内部控制无明显的缺陷，但是外部经营环境的不确定性本身并不由企业内部控制来决定，而是由外部市场供求等多个因素的共同作用结果，并且未来状况难于预测与证实是不完全契约存在的基本前提（Grossman and Hart，1986；Hart and Moore，1990），由此导致当外部经营环境不确定性较高时，内部控制会导致各层级代理人更多的事前机会主义行为，但是社会信任所具有的感情因素和自我约束特征，将会使得投机行为有效降低，并有利于提高组织的凝聚力。除此之外，制度化的内部控制必然带来一定程度的管理僵化问题（张娟、黄志忠，2016），由此会影响内部控制对企业运营效率的提升作用，而社会信任所具有的声誉与惩罚机制能增加公司的风险管理效率、防范有关经营风险、提高公司治理质量，以及增强公司激励机制的实施效果，尤其对于官僚化管理模式所产生的员工恐惧感、相互不信任感和内部的竞争具有显著的改善作用（Drucker，1997），因而，我们认为社会信任能够弥补内部控制实施的“短板”，增强内部控制对企业运营效率影响的实际效果，同时在更低成本的信息传递和企业契约履行环境中，使得企业运营执行效率得到提高（刘浩等，2015），基于以上分析，提出如下假设：

假设 H3－2：其他条件不变，社会信任水平有助于增强内部控制对生产效率的正面影响。

（三）产权因素和市场化水平因素的影响

社会信任对内部控制与生产效率之间的关系影响与企业的制度环境有很大关系，因为社会信任可以因人、环境和文化而有所不同（程新生，2008）。Ang 等（2012）指出多元化的文化体系引起了欧洲诸国之间信任水平的差异，而我国各省区市之间的文化差异甚至超过了欧洲各国之间的差异。与西方国家信任文化不同的是，一方面，中国人的信任不是建立在信仰共同体基础上，而是建立在血缘共同体基础上，即建立在家族亲戚关系或准亲戚关系之上，并且是一种难以普遍化的特殊信任，而基于亲属、血缘关系的特殊信任无法创造出市场经济社会所需要的普遍信任（韦伯，1995）；另一方面，在中国社会，家族亲属关系或准亲属关系所构成的网络是一种封闭性的网络，而且这种封闭性网络所建立的特殊信任是无法普遍化的（陈福平，2012）。

企业的产权性质会对公司的全要素生产率有一定影响（孙晓华、王昀，2014）。因此，与具有正式科层组织结构、完善的规章、非人格化的国有企业相比，民营企业的社会信任具有典型的“血缘”与“亲源”基础，从而阻碍了信息的交流与分享，不利于建立企业内部的社会信任。此外，从内部控制环境看，多数民营企业的治理结构、机构设置及权责分配、内部审计、人力资源政策、企业文化等诸方面有待大幅改进。进一步，在民营企业，大股东和内部人更可能担任公司的CEO，同时董事长和CEO二职合一情况在民营企业更为普遍（姜付秀等，2014）；而当公司董事长和CEO二职合一时，CEO的“壕堑效应”也会增强（Goyal and Park，2002），进而严重影响内部控制的“牵制”与“监督”功能的发挥，导致了民营企业社会信任环境的恶化，最终使得社会信任对内部控制与企业生产效率间的强化作用无法发挥。

与民营企业相比，国有企业具有完整的管理制度，从而为普遍信任的存在提供了保障。国有企业实际控制者一般是三种身份，一是作为中国共产党员，通过“个人服从集体，全党服从中央”的方式在党的内部建立很高的组织信任；二是国家公职人员的身份，通过行政任命、行政法规以及各种监督机构规范其行为，并通过行政组织与全体社会成员之间建立起了组织信任；三是作为高管的职业经理人的身份，其行为受到市场机制和法律的制约，这些集于一身的“多重身份”有助于降低国有企业的信息不对称程度，从而使得员工和企业、国家更容易建立较强的社会信任。此外，在公司治理方面，国有企业受到较强的社会监督与媒体关注，同时其获取控制权私有收益的动机也较弱，并且政府主管部门对国有企业建立和健全内部控制也有一些强制性的要求，如国务院颁布的《企业国有资产监督管理暂行条例》（2003）明确要求国有及国有控股企业应当加强内部监督和风险控制；国资委颁布的《中央企业全面风险管理指引》（2008）也对中央企业贯彻落实风险控制提出了明确要求（李志斌，2013），这些规定为社会信任功能的发挥创造了条件，而且较高社会信任所具有的信息沟通机制能提升企业的采购、人员招聘及销售环节的决策效率，有助于增强内部控制对企业生产效率的影响，基于以上分析，提出如下假设：

假设H3－3a：相对于民营企业，国有企业的社会信任水平更能增强内部控制对生产效率的正影响。

随着我国企业所在地的市场化水平的提高，投资者的法律保护意识越来越强，并对公司治理相关联的内部控制的质量和效率也提出了更高的要求，以便实现股东财富最大化的目标。然而该目标的实现离不开企业生产效率的改善。一方面，在高市场化地区，各种外部制度和法律较为完善，公司所在地区的制度环境质量更高，同时政府对市场的干预较少，以及市场竞争更加有序，导致公司的运营越会倾向于通过完善内部控制体系而非通过非市场手段，公司自身也会有提高内部控制质量的内在动机，进而形成公司正常经营所需的内部控制制度（刘启亮等，2012）。另一方面，在市场化水平较高的地区，企业内外部信息的交流机制更为发达，并具有完善的保障内部控制运行的法律与制度，这使得社会信任等非正式制度的作用受到了某些限制，甚至会相对弱化；反之，在市场化水平较低的地区，存在着较低水平的投资者保护，并且企业缺乏建立高质量内部控制的外部压力，同时法律等正式制度的约束成效也不显著，而且舞弊与欺诈事件发生频率较高，这逼迫外部投资者更加依赖于信任等非正式制度（高凤莲、王志强，2015）。因而我们认为，如果企业所在地的社会信任质量较高，就可以发挥其所具备的信息交流功能、声誉机制与惩罚机制，有助于弥补企业内部控制的不足与“短板”，从而改善内部控制的控制环境，保证监督及信息交流等要素功能的发挥，并为提高公司的生产效率创造条件，基于以上分析，提出如下假设：

假设 H3 - 3b：相对于高市场化地区，低市场化地区的社会信任水平更能增强企业的内部控制对生产效率的正面影响。

第三节　研究设计与实证检验

一、样本选择

本书所选样本为 2007 ~ 2015 年我国沪深 A 股的主板上市公司，在样本选择过程中，进行了以下具体的处理：(1) 删除 ST、PT 公司的样本；(2) 删除金融或证券类公司的样本；(3) 删除资产负债率大于 1 或小于 0 的公司；(4) 删除销售增长率大于 1 或小于 0 的公司；(5) 删除发行 B 股、H 股的公司；(6) 删除已经退市或当年上市的公司；(7) 删除缺失值较多的公司，最终获得有效观测样本为8920个。

二、数据来源

本书的内部控制数据来源于迪博内部控制与风险管理数据库中的“内部控制信息披露”子库，所用的财务数据来源于CSMAR数据库，社会信任数据来源于2000年“中国企业家调查系统”的企业经理调查问卷数据，公司产权性质数据库来自CCER，并对所选数据在5%水平进行了缩尾处理，统计软件使用Stata12.0。

三、变量定义和说明

被解释变量：生产效率。基于赵静梅等（2015）的做法，本书采用企业的全要素生产率（Tfp）作为生产效率的度量指标，由于该指标可用来解释总产出中不能由要素投入所解释的“剩余“，反映了物质生产的知识水平、管理技能、制度环境以及计算误差等因素，更能够综合体现出内部控制在实施中的质量和效率。本书基于鲁晓东和连玉君（2012）的方法，应用了Olley和Pakes（1996）中的Olley-Pakes法（简称OP法）来计算全要素生产率，利用统计软件Stata12.0中的OPreg命令进行估算。在稳健性检验中，进一步使用Levinsohn和Petrin（2003）提到的Levinsohn-Petrin法（简称LP法）计算全要素生产率。①

解释变量：内部控制质量（*Icdex*），采用迪博内部控制及风险管理数据库中的内部控制质量综合指数来度量。

被解释变量和解释变量具体见表3-1。

① 需要指出的是，尽管OP法和LP法都是计算全要素生产率的两个重要的方法，鲁晓东和连玉君（2012）提出使用OP法可以较好地处理样本数据相互决定偏差所引起的内生性问题和样本选择偏差所引起的偏差问题，而基于LP方法的资本投入弹性略小于基于OP方法的估计值，但劳动投入弹性却显著地降低了，从而扩大全要素生产率的绝对值，因此，以中间投入作为工具变量的LP法要差于OP法，因而本书的核心检验的全要素生产率计算以OP法为主。

表 3-1 变量的定义

变量类型	名称	符号	定义
因变量	生产效率	*Tfp*	Olley 和 Pakes（1996）与 Levinsohn 和 Petrin（2003）
解释变量	内部控制	*Icdex*	采用迪博内部控制及风险管理数据库的数据
	社会信任	*Trust*	2000 年“中国企业家调查系统”的企业经理调查
	市场化水平	*Mktdex*	樊纲等（2011）与王小鲁等（2017）
控制变量	企业规模	*Size*	期末总资产的自然对数
	资产负债率	*Lev*	期末负债总额除以资产总额
	公司业绩	*Roa*	净利润除以期末账面净资产
	固定资产比例	*Rfixasrt*	固定资产净值与资产总额之比
	独立董事比例	*Rindir*	独立董事人数与董事总人数之比
	销售额的波动	*Sdsale*	连续五年的主营收入的标准差
	投资的波动	*Sdinvest*	连续五年的 Invest 的标准差
	公司的托宾值	*Tobin*	采用 CSMAR 数据库的提供的托宾值度量
	企业产权	*Dum_gm*	如果是国企，取值为 1，否则为 0

四、模型设计

为了检验假设 H3-1，设计了模型（3-1）。

$$Tfp\_op = \alpha_0 + \alpha_1 \times ICdex + \alpha_2 \times Size + \alpha_3 \times Lev + \alpha_4 \times Roa + \alpha_5 \times Tobin + \alpha_6 \times Sdsale + \alpha_7 \times Sdinvest + \alpha_8 \times Rindir + \alpha_9 \times Rfixaset + \sum Year + \sum Indus + \sum \mathrm{Province} + \mu_{it} \quad (3-1)$$

其中，被解释变量是 *Tfp_op*，解释变量为内部控制披露综合指数（*Icdex*），本书基于李万福等（2011）、Mei F 等（2015）及 Mei Cheng 等（2013）的做法，分别控制了以下因素：企业规模（*Size*）、资产负债率（*Lev*）、公司业绩（*Roa*）、公司的固定资产比例（*Rfixasrt*）、公司的独立董事比例（Rindir）、公司的销售额的波动（Sdsale）、公司的投资的波动（Sdinvest）；公司的托宾值（Tobin）、企业产权（Dum_gm），在此基础上，进一步控制了年度、行业及省份的固定效应。如果该模型的估计系数 α1 >0，说明内部控制有利于提高生产效率。

为了检验假设 3 －2，在模型（3 －1）基础上，加入了社会信任指标（Trust）而构成模型（3 －2）。

$$Tfp\_op = \beta_0 + \beta_1 \times ICdex + \beta_2 \times Trust + \beta_3 \times ICdex \times Trust + \beta_4 \times Size + \beta_5 \times Lev + \beta_6 \times Roa + \beta_7 \times Tobin + \beta_8 \times Sdsale + \beta_9 \times Sdinvest + \beta_{10} \times Rindir + \beta_{11} \times Rfixaset + \sum Year + \sum Indus + \sum \mathrm{Province} + \varepsilon_{it} \quad (3-2)$$

其中，模型（3 －2）中增加了内部控制与社会信任的交互项，如果系数 β3 >0，则说明社会信任有助于强化内部控制与全要素生产率之间的正相关性，其余变量定义与模型的说明同上。假设 H3 －3 的检验也是以模型（3 －2）为基础，通过对企业产权和市场化水平进行分组检验，同样是观察 β3 的估计系数符号及其显著性水平。

五、实证结果

（一）基本统计量

表 3 －2 是变量的基本统计量，从中可以看出，内部控制质量（*Icdex*）的均值为 3. 38，最小值为 0. 948，最大值是 5. 126，表明公司间内控质量的差异很大；社会信任的均值是 4. 619，标准差是 6. 742，中位数是 0. 900，最小值是 0. 100，最大值 22. 7，说明我国各地区的社会信任水平的分布差异很大；*LP* 法计算的全要素生产率的（*Tfp_lp*）的均值 0. 762，中位数是 0. 713，最小值是 0. 085，最大值是 2. 065，而 OP 法计算的全要生产率的均值是 0. 308，中位数是 0. 245，最小值是 0. 092，最大值是 2. 189，可以看出，*OP* 法与 *LP* 法计算的全要素生产率与（鲁晓东、连玉君，2012）基本接近，企业产权变量（*Dum_gm*）的均值是 0. 686，说明国有企业的比例在 69% 左右。

表 3 －2　　变量的基本统计量

变量名	观测值	平均值	标准差	最小值	25 分位	中位数	最大值
Tfp_op	6318	0. 308	0. 382	0. 092	0. 169	0. 245	2. 189
Tfp_lp	6318	0. 762	0. 434	0. 085	0. 424	0. 713	2. 065
Trust	2945	4. 619	6. 742	0. 100	0. 400	0. 900	3. 500

续表

变量名	观测值	平均值	标准差	最小值	25 分位	中位数	最大值
Icdex	6318	3.38	0.248	0.948	2.241	3.897	5.126
Lev	6318	0.527	1.184	0.020	0.487	0.630	96.96
Roa	6318	0.031	0.314	0.001	0.035	0.064	22.00
Size	6318	21.49	1.218	16.70	21.35	22.11	27.95
Tobin	6318	1.810	1.713	0.093	1.405	1.894	69.24
Rindir	6318	0.342	0.090	0	0.333	0.375	0.800
Rfixaset	6318	0.266	0.177	0	0.236	0.376	0.960
Sdinvest	6318	0.023	0.029	0	0.013	0.033	0.426
Sdsale	6318	0.090	0.150	0	0.053	0.112	3.552
Mktdex	6318	6.970	1.504	2.600	6.980	7.730	11.80
Dumgm	6318	0.686	0.487	0	0	1	1

表 3-3 是主要变量相关系数，从中可见，内部控制（*Icdex*）与全要素生产率（*Tfp_op*）的相关系数为 0.038，而其与 *LP* 法计算的全要素生产率（*Tfp_lp*）的相关系数为 0.066，虽然相关系数较小但显著性水平都在 1%，社会信任（*Trust*）与两个全要素生产率指标的相关系数分别为 0.244 与 0.29 且在 5% 水平及 10% 显著，初步说明社会信任环境会提高企业的生产效率，而社会信任（*Trust*）与市场化程度（*Mktdex*）之间的相关系数为 -0.168 且统计显著性水平较高，表明社会信任这一非正式制度因素与市场化程度之间可能存在替代效应，其与国有企业（*Dum_gm*）之间的相关系数显著为正，说明相对于民企，国有企业的社会信任程度会更高一些，其余变量之间的相关系数都没有超过 0.50，说明所选变量之间的共线性问题不是很严重。

表 3-3　　　　主要变量的相关系数

	Tfp_op	*Ttfp_lp*	*Trust*	*Icdex*	*Lev*	*Roa*	*Size*
Tfp_op	1						
Tfp_lp	0.344***	1					
Trust	0.240**	0.290*	1				
Icdex	0.038***	0.066***	0.122***	1			
Lev	-0.070***	0.021**	-0.027	-0.048***	1		
Roa	0.089***	0.053***	0.044*	0.011	-0.181***	1	

续表

	Tfp_op	*Ttfp_lp*	*Trust*	*Icdex*	*Lev*	*Roa*	*Size*
Size	0.426***	0.498***	0.033	0.129***	-0.062***	0.043***	1
Tobin	0.060***	-0.082***	0.047**	-0.106***	0.342***	0.025**	-0.314***
Rindir	0.116***	0.070***	0.045**	0.071***	0.025***	0.025**	0.105***
Rfixaset	-0.038***	-0.168***	-0.106***	-0.099***	0.012	-0.051***	0.110***
Sdinvest	-0.210***	-0.123***	-0.036	0.012	-0.044***	0.011	-0.030***
Sdsale	-0.114***	0.280***	0.007	-0.048***	0.112***	-0.010	-0.021**
Mktdex	0.140	0.080***	-0.168***	-0.146***	-0.31	0.27	0.262***
Dumg_m	0.090***	0.010	0.054***	-0.223***	0.002	-0.020*	0.129***
	Tobin	*Rindir*	*Rfixast*	*Sdinvest*	*Sdsale*	*Mktdex*	*Dumg m*
Tobin	1						
Rindir	0.068***	1					
Rfixaset	-0.096***	-0.091***	1				
Sdinvest	-0.017	-0.043***	0.243***	1			
Sdsale	0.096***	-0.029***	-0.099***	0.131***	1		
Mktdex	0.024*	0.044***	-0.047***	0.154	0.024	1	
Dumg_m	-0.136***	-0.119***	0.244***	0.004	-0.007	0.050***	1

注：***、**、*分别表示1%、5%、10%的显著性水平。

（二）多元回归

表3－4是内部控制与生产效率的回归。表3－4的第2列是未加入控制变量，也未控制行业、年度与区域效应的回归，第3列是加入行业与年度固定效应后的回归结果，第4列加入社会信任（*Trust*）及其与内部控制所组成的交互项的回归结果，从中可以发现内部控制的估计系数分别是0.164、0.126、0.113，且都在5%与1%的统计水平显著，这些结果表明，无论是否控制行业与年度等固定效应因素，公司的内部控制（*Icdex*）都会显著提高企业的生产效率，表明内部控制的实施可以有效配置企业的存货、人力资源及资金，进而减少公司无效决策行为，有助于提高了企业的生产效率，假设H3－1得到了支持与验证，而内部控制与社会信任的交互项（*Trust*×*Icdex*）的回归系数为0.054，且在1%统计水平上显著，这意味着作为非正式制度的社会信任能够强化内部控制的积极作用，或者可以有效弥补内部控制的不足与缺陷，假设H 3－2得到支持。

表 3-4 内控质量与全要素生产率的回归

变量	因变量：*Tfp_op*		
	(1)	(2)	(3)
Trust			0.026** (2.287)
Trust × *ICdex*			0.054*** (2.631)
ICdex	0.164*** (2.441)	0.126** (2.240)	0.113*** (3.112)
Lev		-0.010*** (-3.467)	-0.076* (-1.955)
Roa		0.846*** (6.818)	0.231** (1.984)
Size		0.160*** (20.267)	0.186*** (20.081)
Tobin		0.237*** (5.546)	0.045*** (6.630)
Rindir		0.502*** (3.947)	-0.020 (-0.115)
Rfixaset		-0.074 (-1.427)	-0.012 (-0.215)
Sdinvest		-3.693*** (-14.133)	-4.174*** (-11.461)
Sdsale		-0.227*** (-3.981)	-0.207*** (-2.872)
截距项	-0.101 (-0.614)	0.370** (2.110)	0.530** (2.247)
行业与年度	未控制	控制	控制
观测值	6318	6318	6318
Adj-R2	0.341	0.409	0.407
F	134.8	22.73	23.60

注：括号内为 T 值，***、**、* 分别表示 1%、5%、10% 的显著性水平。

表 3-5 是基于企业产权和所在地的市场化程度两个方面考虑后的分组回归，第 2 列与第 3 列是将样本分为国有与民营两组样本的回归结果，可以看出国有组的社会信任与内部控制的交互项的估计系数为 0.015，且在 5% 水平显著，而民营企业组的相应估计系数不显著，说明相对于民营企业，社会信任对

内部控制与全要素生产率之间的强化作用，只有在国有企业等内部控制环境与制度较为完善的环境下才会发挥作用。按照样本企业注册地的市场化水平所进行的分组回归，可以看出市场化水平较低组的回归系数为0.053，而市场化较高组的社会信任（*Trust*）的估计系数为0.039，仅为边际显著，而从内部控制与社会信任的交互项的估计系数中，市场化水平较低组的回归系数为0.053，显著性水平为5%，但市场化水平较高组的回归系数尽管为正但不显著，从而说明社会信任对内部控制与生产效率两者关系的影响离不开外部契约环境的影响，换言之，只有在正式制度较为落后的低市场化环境中，社会信任才能对正式制度的缺陷与不足发挥必要的弥补和替代功能，假设H3－3a和假设H3－3b得到了支持。

表3－5　基于产权和市场化影响的内部控制、社会信任与全要素生产率回归

变量	因变量：*Tfp_op*			
	国有	民营	低市场化	高市场化
Trust	0.065* (1.944)	0.049* (1.697)	0.025* (1.894)	0.039 (1.548)
Trust×*Icdex*	0.015** (2.136)	0.061 (1.053)	0.053** (2.226)	0.065 (1.037)
ICdex	0.123* (1.813)	0.116*** (2.841)	0.096*** (2.336)	0.012* (1.690)
Lev	－0.072 (－0.554)	－0.077* (－1.825)	－0.088** (－2.220)	－0.207 (－1.438)
Roa	0.198** (2.470)	0.171 (1.436)	0.232 (1.984)	0.174 (1.806)
Size	0.176*** (8.395)	0.185*** (17.384)	0.179*** (18.955)	0.236*** (6.744)
Tobin	0.012 (0.362)	0.049*** (6.794)	0.047 (6.562)	0.026 (1.092)
Rindir	0.267 (0.635)	0.168 (0.841)	0.184 (1.008)	0.179 (0.901)
Rfixaset	－0.013 (－0.011)	0.580 (0.083)	－0.036 (－0.585)	1.212** (2.095)
Sdinvest	－3.593*** (－3.715)	－4.030*** (－10.213)	－2.421*** (－11.485)	－2.754*** (－2.510)
Sdsale	－0.404*** (－2.960)	0.107 (1.232)	－0.205*** (－2.771)	0.136 (0.497)

续表

变量	因变量：*Tfp_op*			
	国有	民营	低市场化	高市场化
截距项	-0.321 (-0.609)	-0.505* (-1.858)	-0.233 (-0.929)	-0.367* (-1.732)
行业与年度	控制	控制	控制	控制
观测值	4233	2085	3160	3158
Adj-R2	0.369	0.415	0.414	0.373
F	46.763	19.31	21.42	53.86

注：括号内为 *T* 值，***、**、* 分别表示1%、5%、10%的显著性水平。

（三）稳健性检验

（1）工具变量检验。

由于企业的内部控制与企业的生产效率之间可能存在互为因果关系，因而会导致明显的内生性问题，为此，本书基于刘浩等（2015）、*Doyle* 等（2007）、杨七中和马蓓丽（2015）等人的做法，使用两阶段工具变量法进行检验，分别选取了基金持股（Fund）、第一股东持股比例（Top1）、公司的年龄（Age）、独立董事的数量（Numdirector）、总经理两职兼任（Dual）、股权集中度（Zdex）等六个变量作为工具变量，并与公司的内部控制进行第一阶段回归而获得估计的内部控制（Icdex_hat），然后利用模型（3-1）、模型（3-2）进行第二阶段的回归，从表3-6可以看出，6个工具变量中有4个显著，并且弱工具变量的检验与 Hansen J 统计量都显著，说明所选工具变量具有减弱内生性的功能，第二阶段的回归中，模型（3-1）和模型（3-2）的结果都符合预期，进一步支持了原来的假设。具体见表3-6。

表3-6　　　　两阶段工具变量检验

	第一阶段	第二阶段				
	因变量：*Icdex*	因变量：*Tfp_op*				
		基础回归	国有	民营	低市场化	高市场化
Fund	0.038* (1.801)					
Age	0.024*** (3.219)					

续表

	第一阶段	第二阶段				
	因变量：*Icdex*	因变量：*Tfp_op*				
		基础回归	国有	民营	低市场化	高市场化
*Top*1	0.019 * (1.806)					
Numdirector	0.017 * (1.966)					
Dual	0.027 (0.332)					
Zdex	−0.013 (−0.798)					
Icdex_hat		0.146 ** (2.119)	0.212 ** (2.213)	0.134 * (1.808)	0.468 * (1.740)	0.132 * (1.858)
*Icdex_hat * Trust*		0.097 * (1.887)	0.015 ** (2.143)	0.011 (0.880)	0.039 ** (2.174)	0.084 (0.767)
Trust		0.019 * (1.978)	0.029 * (1.742)	0.023 ** (2.116)	0.493 ** (2.246)	0.023 ** (2.228)
Size	−0.033 (−0.329)	0.063 *** (24.510)	0.068 *** (11.673)	0.059 *** (20.095)	0.089 *** (4.881)	0.062 *** (23.581)
Lev	0.0516 (0.235)	−4.302 *** (−6.028)	−8.189 *** (−4.337)	−3.198 *** (−4.020)	−2.07 * (−1.908)	−4.975 *** (−6.781)
Rfixaset	0.311 (1.303)	−4.651 *** (−6.393)	−7.970 *** (−4.234)	−3.604 *** (−4.564)	−0.214 (−0.045)	−4.996 *** (−6.675)
Rindir	−0.200 (−0.313)	3.429 * (1.783)	6.196 (1.283)	2.962 (1.437)	2.79 (1.176)	2.828 (1.451)
Roa	0.310 (0.487)	4.679 * (1.721)	4.672 (0.675)	3.868 ** (2.280)	2.055 (0.905)	5.264 * (1.899)
Sdsale	0.003 (1.332)	−0.090 *** (−11.917)	−0.078 *** (−5.476)	−0.012 *** (−10.728)	−0.015 ** (−2.477)	−0.089 *** (−11.628)
Sdinvest	0.019 (1.022)	−0.099 *** (−2.589)	−0.018 (−1.109)	−0.087 ** (−2.130)	0.016 (0.610)	−0.013 ** (−2.543)
Tobin	−0.0466 (−1.218)	0.329 *** (2.712)	0.702 * (1.663)	0.331 *** (2.624)	−0.505 (−1.583)	0.380 *** (3.023)
截距项	0.2707 (0.889)	−0.195 *** (−24.633)	−0.216 *** (−11.995)	−0.182 *** (−20.054)	−0.277 *** (−5.037)	−0.194 *** (−23.684)

续表

	第一阶段	第二阶段				
	因变量：*Icdex*	因变量：*Tfp_op*				
		基础回归	国有	民营	低市场化	高市场化
行业与年度	控制	控制	控制	控制	控制	控制
Weak IV F Statistics	29.38					
Hansen J Statistic	0.0149					
观测值	6318	6318	4233	2085	3160	3158
Adj - R2	0.265	0.227	0.243	0.218	0.221	0.233
F	27.06	59.89	15.91	45.46	34.132	58.24

注：括号内为 F 值，*** 、** 、* 分别表示 1%、5%、10% 的显著性水平。

（2）情景转换分析。

基于采用 Fang（2005）与赵静梅等（2015）的方法，本书采用情景转换（switching regression）回归分析法，该方法在统计检验过程已经使用了 Heckman（1979）和 Maddala（1983）中的有关控制自选择的影响，并能检验自变量与因变量之间的经济意义的显著性，因而此方法是一个解决内部控制与全要素生产率之间可能存在内生性问题的不错选择，其思路是：基于反事实的“模拟”方法，对于内部控制质量高的的企业，假设其是属于内部控制质量低的企业时，其全要素生产率将如何变化？而对于实际内部控制质量低的企业，假设其属于内部控制质量高的一组时，全要素生产率又将如何变化？因此，在两种反事实的情境转换下，如果全要素生产率具有显著的变化，则说明内部控制对企业的全要素生产率产生了实质的影响；并可根据情景转化的全要素生产率变化程度，计算内部控制所蕴藏的经济效应。而社会信任对全要素生产率的影响也是依据该思路进行。

以上分析的具体做法为：第一步，按照内控质量的中位数进行分组，分为内控质量高低两组，并分别按照模型（3－1）进行回归，得到两组不同的回归系数；第二步，进行情景模拟转换，即对于高内控质量组采用低内控质量组的回归系数进行拟合，用前者的真实值减去拟合的值，获得情景转换的差，与此类似，对于低内控质量组采用高内控质量组的回归系数进行拟合，并计算真实的全要素生产率与拟合值的差异。基于同样的思路，进一步考虑了社会信任因素后，再进行同样的情景转换分析。

表 3－7 和表 3－8 是不同内控质量变化对全要素生产率影响的影响，以及

统计检验的 t 值和配对的 t 值，两个表中的情景转换后的全要素生产率的差异的统计检验都在 10% 水平统计显著，说明在控制了内生性和自选择因素后，内控质量与全要素生产率之间存在正相关的关系。表 3 – 9 和表 3 – 10 也是采用情景转换方法检验融合了社会信任水平后内部控制对全要素生产率的影响，其具体的思路和方法与内控质量的影响类似，不再赘述，从表 3 – 9 与表3 – 10 表中可以看出，在不同社会信任水平的背景下，内部控制对企业的全要素生产率的影响有显著差异，例如从 T 值及配对 T 值的结果可以看出，其显著性水平都在 1%，从而说明社会信任是可以影响内部控制与全要素生产率间的关系，本书的假设进一步得到加强与证实。

表 3 – 7　　　　高内控制量向低内控质量的模拟转换

	内部控制质量差异的影响					
	高内控质量的 *TFP* 值	低内控质量的 *TFP* 值	实际与预测值之差	变化率	T 值	配对 T 值
均值	0.029	0.010	0.019	1.9%	1.75 *	1.83 *

注：* 表示 10% 的显著性水平。

表 3 – 8　　　　低内控制量向高内控质量的模拟转换

	内部控制质量差异的影响					
	低内控质量的 *TFP* 值	高内控质量 *TFP* 值	实际与预测值之差	变化率	T 值	配对 T 值
均值	0.007	0.032	–0.025	2.5%	–1.692 *	–1.962 *

注：* 表示 10% 的显著性水平。

表 3 – 9　　　　高信任水平向低信任水平的模拟转换

	社会信任与内部控制的交互影响					
	高信任水平下的 *TFP* 值	低信任水平下的 *TFP* 值	实际与预测值之差	变化率	T 值	配对 T 值
均值	0.036	0.012	0.024	2.4%	2.379 ***	2.496 ***

注：*** 表示 1% 的显著性水平。

表 3-10　　低信任水平向高信任水平的模拟转换

	社会信任与内部控制的交互影响					
	低信任水平的 *TFP* 值	高信任水平的 *TFP* 值	实际与预测值之差	变化率	T 值	配对 T 值
均值	0.017	0.028	-0.011	1.1%	2.947 ***	2.635 ***

注：*** 表示 1% 的显著性水平。

(3) 改变社会信任的度量变量。

另外，本书进一步基于潘越等（2009）的做法，采用我国省区市 2005 年的自愿献血的比例作为社会信任的代理变量，并进一步重复检验本书的几个假设，表 3-11 的结果显示，本书的主要的观点和结论再次得到支持。①

表 3-11　　社会信任采用 2005 年各省自愿献血数据的回归

变量	因变量：*Tfp_op*				
	基础回归	国有	民营	低市场化	高市场化
Icdex	0.069 * (2.172)	0.109 * (1.921)	0.059 ** (2.056)	0.246 * (1.765)	0.0561 ** (2.337)
Icdex × *Blood*	0.017 ** (2.145)	0.0146 *** (2.381)	0.021 (1.295)	0.019 * (1.931)	0.012 (0.748)
Blood	0.023 * (1.786)	0.021 (0.673)	0.018 (1.267)	0.012 ** (2.095)	0.017 (1.227)
Size	2.841 *** (38.933)	2.973 *** (17.354)	2.705 *** (32.686)	2.854 *** (12.244)	2.834 *** (35.800)
Lev	-0.261 * (-1.853)	-0.477 *** (-4.117)	0.289 (0.882)	-0.830 ** (-2.166)	0.250 (0.767)
Rfixaset	-3.316 *** (-6.271)	-6.134 *** (-4.903)	-2.412 *** (-4.097)	-2.798 ** (-1.981)	-3.306 *** (-5.687)
Rindir	2.558 * (1.913)	5.410 * (1.692)	1.272 (0.865)	9.838 ** (2.392)	2.040 (1.417)
Roa	0.222 ** (2.250)	0.301 ** (1.876)	-0.403 (-0.440)	0.667 ** (2.162)	-0.425 (-0.460)

① 由于我国 2000 年的各省区居民自愿献血的数据难以获得，本文利用国家卫生和计划生育委员会官网公布的我国 2005 年第一季度全国各省区自愿献血的数据，该数据包括各省区自愿献血比例的排名、自愿献血的总的比例等数据。

续表

变量	因变量：*Tfp_op*				
	基础回归	国有	民营	低市场化	高市场化
Sdsale	-6.231*** (-11.000)	-5.252*** (-4.727)	-7.131*** (-10.572)	-4.817** (-2.501)	-6.371*** (-10.519)
Sdinvest	-14.11*** (-5.076)	-14.55* (-1.920)	-13.28*** (-4.503)	-13.95* (-1.879)	-14.38*** (-4.686)
Tobin	0.121** (2.258)	0.385 (1.524)	0.136** (2.362)	0.081 (0.431)	0.113* (1.945)
截距项	-5.864*** (-32.837)	-6.498*** (-15.864)	-5.505*** (-26.764)	-6.260*** (-11.527)	-5.797*** (-29.871)
行业与年度	控制	控制	控制	控制	控制
观测值	6318	4233	2085	3160	3158
Adj-R2	0.393	0.339	0.382	0.319	0.386
F	88.19	24.62	66.05	16.74	74.79

注：括号内为T值，***、**、*分别表示1%、5%、10%的显著性水平。

（4）差分检验。

表3-12是基于模型（3-1）与模型（3-2），对除社会信任以外的连续变量进行相邻两期的差分处理，由于社会信任变量是一个相对稳定的值，因而没必要进行差分处理，这样处理可以较好地减弱内部控制与生产效率之间的内生性问题。从表3-12中可以看出，无论是内部控制、社会信任，还是二者的交互项的估计系数，都和前面的检验保持一致。

表3-12　　内控质量、社会信任水平与全要素生产率的差分回归

变量	因变量：ΔTfp_op						
	(1)	(2)	(3)	(4)	(5)	(6)	(7)
				民营	国有	市场化低	市场化高
ΔICdex	0.047*** (3.066)		0.015* (1.736)	0.016* (1.707)	0.022*** (2.495)	0.052** (2.175)	0.122* (1.950)
Trust		0.033** (2.122)	0.028* (1.872)	0.081 (1.312)	0.028** (2.058)	0.030* (1.821)	0.016 (1.519)
*Trust*ΔICdex*			0.057** (2.277)	0.018 (1.287)	0.017** (2.015)	0.060* (1.752)	0.056 (1.031)

续表

变量	因变量：ΔTfp_op						
	(1)	(2)	(3)	(4)	(5)	(6)	(7)
				民营	国有	市场化低	市场化高
Δ*Lev*	0.047 (0.424)	-0.089** (-2.393)	-0.087** (-2.352)	0.059 (0.518)	-0.099** (-2.444)	-0.089** (-2.333)	-0.206 (-0.930)
Δ*Roa*	0.151*** (5.390)	0.367*** (3.320)	0.365*** (3.297)	1.597*** (3.709)	0.291** (2.556)	0.331*** (2.954)	1.152* (1.714)
Δ*Size*	0.158*** (32.175)	0.170*** (19.059)	0.172*** (18.880)	0.163*** (8.656)	0.167*** (15.969)	0.161*** (17.084)	0.237*** (6.581)
Δ*Tobin*	0.045*** (13.383)	0.047*** (7.189)	0.046*** (7.080)	0.029 (0.983)	0.052*** (7.316)	0.045*** (6.528)	0.029 (1.131)
Δ*Rindir*	0.418*** (4.582)	-0.173 (-1.039)	-0.177 (-1.059)	-0.051 (-0.138)	0.330* (1.723)	0.314* (1.801)	0.172* (1.994)
Δ*Rfixaset*	-0.150*** (-4.778)	-0.016 (-0.291)	-0.015 (-0.267)	-0.049 (-0.460)	0.079 (0.119)	-0.017 (-0.282)	0.131 (0.663)
Δ*Sdinvest*	-3.198*** (-17.826)	-3.975*** (-11.527)	-3.979*** (-11.531)	-3.268*** (-3.836)	-3.834*** (-10.179)	-4.261*** (-11.606)	-2.719** (-2.421)
Δ*Sdsale*	-0.261*** (-8.823)	-0.247*** (-3.621)	-0.248*** (-3.628)	-0.298** (-2.468)	-0.185** (-2.237)	-0.244*** (3.464)	0.150 (0.534)
截距项	0.639*** (5.375)	0.139 (0.659)	0.101 (0.427)	0.266** (2.143)	0.223* (1.797)	0.263** (2.038)	0.412* (1.761)
行业与年度	控制	控制	控制	控制	控制	控制	控制
观测值	6304	6304	6304	2074	4230	3152	3152
Adj-R2	0.390	0.471	0.470	0.314	0.472	0.470	0.362
F	35.57	27.79	26.64	39.738	21.17	23.45	34.352

注：括号内为T值，***、**、*分别表示1%、5%、10%的显著性水平。

（5）替换主要变量。

首先，由于OP法计算的全要素生产率要假定投资与销售收入保持持续的单调关系，但现实当中会导致很多样本的丢失，而*LP*法可以弥补*OP*法的这个缺陷，从而扩大样本量。因此，稳健性检验中，再次以*LP*法计算全要素生产率而作为生产效率的替代变量，并进行同样的检验，结果见表3-13。

其次，按照内部控制有无重要性缺陷，并设置哑变量（*Dum_Icdex*）将无缺陷样本分为高内质量组，赋值为1，将有缺陷组作为低内控质量组，赋值为0，并进行相同的回归和检验，结论没有改变。此外，由于产出不仅是生产要素的函数，也受到生产率冲击的影响；而且生产率与生产要素投入还存在相关性。因此需要控制生产率冲击这类不可观察因素，以获得对生产函数的一致性估计，进而准确估算生产效率，Ackerberg 等（2006，2007）指出，企业中间投入依赖于资本、劳动和生产率，这将导致 *OP* 法和 *LP* 法在估计上的不可识别性问题，本书借鉴国际 Ackerberg 等（2006，2007）的方法（简称 ACF 法）而估计生产函数，并进一步测算新的全要素生产率，再次对本书的假设进行检验，结论得到支持。

表 3－13　内控质量、社会信任与 LP 法计算的全要素生产率的回归

变量	因变量：Tfp_lp						
	(1)	(2)	(3)	(4)	(5)	(6)	(7)
				民营	国有	市场化低	市场化高
ICdex	0.021 ** (2.285)		0.014 * (1.719)	0.028 * (1.777)	0.011 * (1.795)	0.022 ** (2.235)	0.056 (1.288)
Trust		0.025 * (1.920)	0.027 ** (2.297)	0.018 (1.132)	0.042 *** (2.347)	0.015 * (1.862)	0.070 (0.372)
Trust * *ICdex*			0.078 ** (2.051)	0.031 (1.070)	0.012 * (1.928)	0.028 ** (2.189)	0.084 (0.304)
Lev	0.016 (1.463)	-0.059 (-1.555)	-0.059 * (-1.943)	0.182 (1.562)	-0.093 ** (-2.163)	-0.057 (-1.439)	-0.311 (-1.306)
Roa	0.139 *** (5.132)	0.367 *** (3.339)	0.362 *** (3.285)	0.175 *** (2.738)	0.241 ** (2.076)	0.323 *** (2.911)	0.353 * (1.803)
Size	0.160 *** (32.783)	0.171 *** (18.880)	0.171 *** (18.687)	0.167 *** (8.792)	0.170 *** (15.868)	0.162 *** (17.056)	0.268 *** (7.105)
Tobin	0.048 *** (12.627)	0.041 *** (6.257)	0.042 *** (6.201)	0.069 ** (2.440)	0.050 *** (6.652)	0.040 *** (5.603)	0.017 (0.583)
Rindir	0.416 *** (4.693)	-0.219 (-1.318)	0.220 ** (2.127)	-0.169 (-0.467)	0.358 * (1.871)	0.335 * (1.945)	0.913 ** (1.878)
Rfixaset	-0.214 *** (-6.088)	0.102 (1.538)	-0.100 *** (-2.513)	-0.259 * (-1.900)	-0.010 (-0.135)	-0.099 ** (-1.814)	0.170 (0.734)
Sdinvest	-3.162 *** (-18.085)	-3.983 *** (-11.681)	-3.981 *** (-11.670)	-3.121 *** (-3.827)	-3.855 *** (-10.230)	-4.246 *** (-11.679)	-2.161 * (-1.930)
Sdsale	-0.256 *** (-8.844)	-0.238 *** (-3.483)	-0.236 *** (-3.454)	-0.299 ** (-2.529)	-0.184 ** (-2.190)	-0.234 *** (-3.323)	0.122 (0.417)
行业、年度、	控制	控制	控制	控制	控制	控制	控制

续表

变量	因变量：Tfp_lp						
	(1)	(2)	(3)	(4)	(5)	(6)	(7)
				民营	国有	市场化低	市场化高
截距项	0.333*** (2.802)	0.071 (0.320)	0.055** (2.244)	0.047** (2.104)	0.062** (2.234)	-0.319 (-1.369)	-0.033 (-1.470)
N	6318	6318	6318	4233	2085	3160	3158
Adj - R^2	0.429	0.326	0.395	0.393	0.388	0.298	0.424
F	34.99	22.34	21.68	19.259	16.78	19.42	24.065

注：括号内为 T 值，***、**、* 分别表示 1%、5%、10% 的显著性水平。

第四节 结论与启示

内部控制目前已经成为国内外政府机构、证券监管、上市公司及学术界等领域探讨的热点话题。已有研究发现：有效的公司内部控制体系能够有效降低企业的资本成本、抑制非效率投资，显著提高公司的盈余持续性。然而，内部控制是否能够对更加具有综合性与客观性的企业绩效评价指标——生产效率产生影响仍然存疑。本章基于我国 A 股市场 2007～2015 年的样本与数据，研究了内部控制对公司生产效率的影响，并分析企业所在地的社会信任对二者关系的调节机制，进一步研究该机制是否与企业的产权类型、市场化水平有关。研究发现：内部控制与公司的生产效率之间正相关，社会信任水平能够对增强二者之间的关系而发挥显著的调节作用，然而该调节效应只在国有企业与市场化水平较低的企业中显著。

本章的研究结论具有很强的理论价值与现实意义。首先，内部控制作为一种公司的运营机制和规则，不仅会影响企业的微观财务指标，而且会对横跨宏观与微观层面的生产效率具有显著影响，从而凸显了内部控制在企业运营层面的重要性，表明提高和强化企业的内部控制具有重要的经济后果与应用价值；其次，本章的研究也说明，具有刚性特征的内部控制的实际作用与功能的发挥，离不开非正式制度——“社会信任”的支持和配合，特别是在内部控制制度不健全和配套机制不完善，以及相应的正式制度明显“缺位”

的制度环境下，只有充分利用社会信任要素，才能真正体现内部控制对企业业绩与价值的提升作用；最后，本章的结论再次表明，内生于企业内部的产权性质对企业的影响不是局部，而是全方位的，同时考察内部控制的具体功能和实际效果时，不能忽视对其配套的正式制度的质量的评价，并需要适当利用社会信任等非正式制度的有利之处，才会使内部控制的作用得到最大程度的发挥。

第四章

社会信任的市场稳定效应研究：基于公司股价崩盘风险视角的证据

第一节 引言

相比于西方发达国家，中国股票市场发展时间较短，还存在很多制度性缺陷，较为不成熟和不稳定，因而面临的股价崩盘风险也更高（Piotroskit et al.，2015）。在1997~2008年期间，中国股市就经历了四次比较大的股票暴跌事件，平均持续时间为22.5个月，平均震荡幅度高达51.6%。2015年的6~7月，中国股市出现了断崖式暴跌事件，股价崩盘对我国股票市场的稳定性与健康发展产生了重大隐患，甚至可能会成为系统性金融风险的重要源头，将会给我国的金融安全带来严重威胁。因此，资本市场稳定既是其健康发展的前提与基础，更是衡量资本市场健康发展的重要标志（林志平，2011），深入研究如何有效抑制或降低股价崩盘对市场稳定性的不利影响就显得尤为重要。

股价崩盘本质上是由于公司内部管理层一般不愿意披露而是倾向于隐藏负面消息，使得负面消息随着经营周期的持续而逐渐累积，当负面消息累积到一定程度达到极限时，将会集中释放到外部市场，进而对公司股价造成巨大冲击并最终崩盘（Jin and Myers，2006；Hutton et al.，2009）。根据学术界对股价崩盘内在机理的理论认识，国内的现有研究表明：分析师乐观偏差（许年行等，2012）、管理者的性别特征（李小荣、刘行，2012）、机构投资者的“羊群行为”（许年行等，2012）、媒体报道（罗进辉、杜兴强，2014）、股票流动性（熊家财，2015）、机构投资者持股（曹丰等，2015）、第一大股东持股比例（王化成等，2015）、内控信息披露水平（叶康涛等，2015）、过度投资（江轩宇、许年行，2015）、审计收费（万东灿，2015）等都会影响股价崩盘风险。与此同时，一批境外学者也发现，财务报表的可比性与预期（Kim, 2016）、采用IFRS会计准则（DeFond et al.，2015）、报表重述与内部控制缺陷（Kim and Zhang，2014）、较高的应计项目（Zhu，2016）、机构投资者的稳定性（Callen and Fang，2013）、机构投资者的监督（An and Zhang，2013）、高管的过度在职消费（Xu et al.，2014）、公司CFO的期权与股价的敏感性（Kim et al.，2011）、财务报告的低质量与财务报告的不透明度（Kim and Zhang，2014）等因素也会增加公司股价崩盘风险。另外，一些研究发现非正式制度如政治关联（Piotroski，2015；罗进辉等，2015）、公司的CSR水平（Kim et al.，2014；权小峰等，2015）、公司所在地的社会资本（Li and Wang, 2015）、宗教信仰的程度（Callen and Fang，2015b）等都会影响股价崩盘风险。

在成熟的资本市场中，具备诚实品质和高社会信任水平的高管更愿意公开公司不理想的业绩和公司可能存在的风险，从而表明上述问题在未来发生的概率会很低（Chance et al.，2015），进而使得不利消息得到及时释放，同时也更容易得到投资者的谅解，从而避免或减少股价崩盘事件的发生。社会信任是一种期望，也是对双方保持合作的一种预期（Sabel，1993），而且会促使一方基于对另一方行为的正面预期而愿意暴露自己的弱点和接受被损害的风险（Rousseau et al，1998）。因此，社会信任将有助于不利消息的释放。然而社会信任的作用发挥离不开参与者的交互关系、社会网络及其赖以存在的社会背景等因素的影响（谢坚钢，2009），而且信任与信息沟通和披露之间的关系会随着国家和企业特征的不同而发生变化（Pevzner et al，2015）。

鉴于此，本章基于中国A股上市公司2003～2014年的12719个年度观察样本数据，实证检验了社会信任水平与公司股价崩盘风险之间的关系，并从产权性质、市场态势、经营状况、政府质量等市场关联因素剖析了社会信任影响股价崩盘风险的异质性。研究发现：（1）公司注册所在地的社会信任水平越高，其股价在未来崩盘的风险越低；（2）与民营企业相比，社会信任对国有企业的股价崩盘风险的抑制作用更强；相对于“熊市”行情，社会信任更有利于降低“牛市”期间的股价崩盘风险；不同于业绩变好的公司，社会信任更有利于降低业绩变差的公司的股价崩盘风险；（3）政府质量越高，社会信任对股价崩盘风险的抑制作用越强。

与现有文献相比，本章的可能创新及贡献在于：第一，本章以市场稳定性为研究出发点，分析了社会信任与股价崩盘间的关系。虽然刘宝华等（2016）已经进行了相关研究但是仍有不足：该文献没有将股价崩盘性与市场稳定性进行有机结合，从而降低了研究结论的理论高度和应用价值。第二，本章结合市场稳定性视角而提出了社会信任的市场稳定效应研究的机理与理论框架，从而拓宽可延伸了研究主题的内涵与深度，进而有效扩展和丰富了股价崩盘风险影响因素的相关研究文献。第三，不同于 Habib 等（2017）基于西方制度背景的研究框架，本章是基于中国的社会信任环境与制度背景视角的研究，增加了股价崩盘的影响因素的证据，有助于丰富正式制度与非正式制度交互作用下的提高市场稳定性的相关文献，从而为监管部门更有针对性地解决或缓解股价崩盘问题提供了有价值的决策参考和政策建议。第四，本章基于社会信任与股价崩盘间关系的研究，具有丰富的政策含义和实务应用价值，也为证券监管部门实现股票市场稳定性的监管目标提供了决策参考，本章以为提高市场的稳定性需要充分发挥社会信任等非正式制度对正式制度的补充作用，进而实现资本市场稳定、持续、健康发展的目标。

第二节　理论分析与假设提出

一、社会信任的市场稳定效应研究的机理与理论框架

众所周知，我国股市在 2015 年上半年上证综指在 65 天的时间内飙升 56% 但在当年下半年的 50 天左右又暴跌达 40%。在 2015 年下半年则同时出现了千股跌停与 A 股指数动辄日跌幅超过 5% 的崩盘现象，从而对股票市场的稳定性产生了严重负面影响。为此，在证监会采取了一系列维持股票市场稳定性的有力措施的同时，习近平总书记在当年 9 月份以来的 50 天的时间里，曾经五次谈及股票市场，提出了“要维护公开、公平、公正的市场秩序，保护投资者的合法权益，促进股市长期稳定发展，培育公开透明和长期稳定健康发展的资本市场，完善风险管理与稳定市场预期”等重要指示（林志平，2011），因此，如何预防、减少或抑制股价崩盘等威胁市场稳定性现象的出现，已经成为一个维护国家金融稳定与安全的重要问题。

已有研究发现分析师乐观偏差（许年行等，2012）、管理者的性别特征（李小荣、刘行，2012）、媒体报道（罗进辉、杜兴强，2014）、公司的政治联系方式（罗进辉等，2015）、股票流动性（熊家财，2015）、机构投资者持股（曹丰等，2015）、第一大股东持股比例（王化成等，2015）、内控信息披露水平（叶康涛等，2015）、过度投资（江轩宇、许年行，2015）等正式制度通过影响公司的股价崩盘风险，进而对股票市场的稳定性产生影响。然而一方面，股票市场的稳定性与股价指数及其波动、市场交易量、换手率、证券发行等多个环节有密切关系（林志平，2011）；另一方面，解决股票市场稳定性等问题，如果仅局限于有关正式制度，而忽略五千年历史过程中缓慢形成且影响深远的非正式制度，那么得到的相关观点是不完整甚至是表面化的（Allen et al.，2005）。此外，在中国等新兴加转轨的市场经济国家，由于正式制度的不健全，理解和考察很多经济现象离不开对其非正式制度的考量（Grefif，1994）。在诸多非正式制度中，信任被普遍认为是除物质资本和人力资本之外决定一个国家经济增长和社会进步的主要社会资本（张维迎、柯荣柱，2002）。

资本市场特别是股票市场的发展与繁荣，是一个国家政治、经济、文化等各方面因素聚合发展与交互作用的结果。因而解决股票市场的稳定性问题，在充分建立与完善各项正式制度的同时，利用社会信任等非正式制度亦不失为一种有效手段，然而，股票市场稳定性所涉及的有关因素很多，而股价崩盘风险集中反映了公司管理者的风险接受程度，而且其受到了国家层面、企业层面和管理者个人因素等文化层面的影响（Li et al.，2016），如 Habib 等（2017）通过对 2009 年来发表在国际顶尖杂志上的 48 篇论文的回顾，发现公司的财务报告、管理层激励、资本市场、公司治理及政治关联等是影响股价崩盘风险的主要五个原因，正是基于以上两篇研究的启示，我们认为研究社会信任对股票市场稳定性的影响，需要构建必要的理论框架，不仅需要研究社会信任对股价崩盘的影响，而且有必要进一步分析在不同产权性质的企业、经营绩效、资本市场的态势，以及政府质量等因素中的异质性差异，其原因是：第一，我国深沪 A 股市场的企业存在典型的国有与民营产权性质企业并存的特征，因此对市场稳定性的影响可能不同；第二，除企业本身影响之外，市场的交易行情也是影响股价崩盘，以及市场稳定性的重要因素；第三，我国股票市场具有明显的“政策市场”的特征，研究市场稳定性不能忽视政府在其中的作用；第四，社会资本（Li and Wang，2015）等非正式制度对股价崩盘有显著影响，而社会信任是社会资本重要的组成部分，考察其对股价崩盘的影响必然需要考虑其与四个正式制度因素的交互影响，原因是股价崩盘风险是多重力量博弈的结果，同时也是一种无法有效分散的系统性风险（刘圣尧等，2016）。

二、社会信任与股价崩盘风险间的关系

在理论研究中，管理者的决策行为是影响股价崩盘产生，进而成为股票市场不稳定性的重要诱因。综合 Jin 和 Myers，（2006）；Ball，（2009）；Kothari 等（2009）；Hutton 等（2009）等学者的研究，可以看出公司管理者出于薪酬契约、职业生涯、帝国构建等动机，会倾向于隐藏公司的亏损情况和坏消息，而管理者的此类信息管理行为会使得股票价格在短期内被高估，从而形成一定的“泡沫”。如果一家公司的坏消息累积到特定程度直至再也无法再隐藏时，累积的坏消息会在一个时点突然全部释放到市场上，从而导致股票价格的大跌。其原因主要是由于管理者出于一己私利的考虑，不愿意暴露公司的风险和问题，缺乏对利益相关者的诚信和彼此的信任。Kim 等（2011）发现管理者由于实施税收规避等不诚信策略，而隐藏了更多的坏消息，进而导致其股价的崩盘风险增加。

较高的社会信任会显著提高资本市场中信息传播的效率。第一，其有助于降低事前的信息不对称程度，也降低了事后的信息不对称程度，从而提高各类市场交易主体的理性程度和交易的确定性，有助于有效遏制公司管理者隐藏坏消息的可能性。第二，社会信任的惩罚机制也会迫使管理者采取“理性的”披露策略，从而降低股价的崩盘风险。Chance 等（2015）认为，如果公司诚实地公开承认自己的风险和较差的业绩等诸多问题，那么这些问题不大可能在未来再次发生，这些有助于营造高质量的信任环境，进而可以降低交易主体之间的信息不对称及其所造成的交易成本和风险。第三，在高社会信任地区，投资者对高质量信息披露的需求和经理人监督水平的需求也很迫切（曹春方等，2015），这些无疑压缩了管理者隐藏坏消息的空间与机会，进而对公司管理者的信息操控和信息管理行为形成震慑力，减少负面消息被“隐藏”的空间和概率，进而降低股价崩盘的可能性，有助于保持整个股票市场的稳定性。第四，社会信任的存在会使得高管与投资者的预期保持“理性”状态，由此导

致高管不会担心投资者对公司正常经营中的“不利”消息用“脚”投票，同时投资者也相信高管不会有意隐藏可能的“坏消息”，进而使得股价保持合理波动，对此，本书提出如下假设：

假设 H4－1：其他条件不变，社会信任与公司股价崩盘的风险之间显著负相关。

三、公司产权因素的影响

资本市场是一个涉及经济、法律与政治诸多因素的集合体，尤其是在中国，上市公司按照产权性质可以分为国有企业和民营企业两类（陈德球等，2012）。Pevzner 等（2015）发现社会信任与信息质量之间的关系会随着国家和企业特征的不同而发生变化。因此，社会信任所赖以存在的不同产权类型企业的社会基础可能是影响社会信任与股价崩盘风险的重要方面，正如谢坚钢（2009）发现社会信任是嵌入于游戏参与者的相互关系、社会网络及其赖以发生的社会背景等因素中。事实上，我国多数民营企业是家族企业通过股份制改造而形成的，一方面，中国人的信任不是建立在信仰共同体的基础上，而是建立在血缘共同体的基础上，即建立在家族亲戚关系或准亲戚关系之上，是一种难以普遍化的特殊信任，而且基于亲属和血缘关系的特殊信任很难创造出市场经济所需要的普遍信任（韦伯，1995）。这些特征在民营企业表现得尤为突出。在中国社会，家族亲属关系或准亲属关系所构成的网络是一种封闭性的网络，这种封闭性网络所建立的特殊信任是无法普遍化的（陈福平，2012）。雷丁（1993）的研究也证实：华人家族企业的特点之一就是对家族以外的其他人存在极度的不信任。另一方面，在股权结构方面，非国有企业的 CEO 可能是大股东本身、家族成员或者其他内部人，由此会导致家族企业与职业经理人，以及外部监管机构之间形成明显的“自己人”与“外部人”的对比，导致社会信任的难以普及化，以及职业经理人、家族股东和外部股东彼此的社会信任所需的“预期”机制难以落实，从而给家族股东与企业管理层和投资者间制造了“信息鸿沟”，同时大股东也可以通过关联交易（柳建华等，2008）以及占用上市公司资金（叶康涛等，2007）等手段来掏空上市公司，进而可能会通过隐瞒坏消息来掩盖其掏空行为，增大了公司的股价崩盘风险。除此之外，董事长和 CEO 二职合一情况在非国有企业也更为普遍，从而降低了绩效激励契约的有效性（姜付秀，2014），导致社会信任所赖以维持基本的信息与交流功能的实质作用丧失，从而为其隐藏负面和不利的消息创造条件，最终为股价崩盘埋下了“地雷”①。

2017 年国资委主任肖亚庆在全国人代会的记者提问环节，曾经指出国有企业在资本市场的发展过程中获得了很多收益，因而需要对资本市场的稳定多做贡献②。第一，国有企业高管不但是企业的经营者，而且是通过组织人事部门选拔而来的“准干部”，其不仅承担增加企业利润与价值的担当与重任，从而获得高于同级别国家公务人员数倍薪酬的显性激励，而且具有在仕途上更进一步的隐性激励，因此国企高管对企业的声誉高度重视，这与社会信任的声誉机制功能内在一致，由此导致国企高管隐藏坏消息和操纵盈余的成本与风险很大，有助于降低股价崩盘风险。第二，在人员稳定性方面，尽管核心国企高管是组织人事部门任命，也有很多国企高管是通过市场化招聘而来，但是也需要在组织人事部门备案和批准，虽然程序繁杂，但其好处是可以保证高管岗位的稳定性不像民营企业那样过于灵活，有助于降低高管的过度频繁跳槽，保证社会信任具有稳定的预期和基础，导致国企高管、政府股东彼此不会担心“不利信息”的隐藏和欺骗，从而建立彼此友好的预期与认同，而外部的投资者也会因此更容易与企业建立稳定的组织信任关系（王斌等，2011），保证社会信任的信息和沟通功能得到落实，以及坏消息的及时释放，进而减少股价崩盘的概率，有利于维护市场的稳定性。第三，虽然国有企业一直饱受国企“一股独大”的诟病，然而其集中的股权结构能同时通过“监督效应”与“更少掏空效应”影响股价崩盘风险（王化成等，2015）。在国有资产管理体系中，国有企业的股东受到上级政府和证监会等部门严格监管，其进行资产转移的风险较大（马曙光等，2005），同时国有企业股东更多地考虑行为政治成本和声誉影响（徐莉萍等，2006）；更为关键的是，国有企业侵占上市公司的收益之后个人受益程度有限（王鹏和周黎安，2006），从而有助于建立管理层之间、管理层与股东，以及市场之间的“正面”与“积极”的预期，并使得管理者

---

① 按照正常的社会信任的内涵，社会信任可能对民营企业的坏消息的隐藏具有抑制作用，进而也会降低股价崩盘风险，但是民营企业的社会信任具有信任圈内人，而对圈外人无法给予实质信任的特点，导致社会信任功能的扭曲和异化，从而无法达到降低股价崩盘风险的目的。

② 国企要在资本市场起稳定作用，要做切实的分红方案，搜狐财经_搜狐网 http：//www. sohu. com/a/128404794_606820，2017－03－10 09：47。

的信息披露更加透明，减少坏消息隐藏的概率，同时股东也会包容和理解不利消息的存在，从而强化社会信任的存在基础。第四，党的十八大以来，随着中央对国有企业反腐工作的重视和加强，落实了国有企业纪委书记制度，并同时开展了从央企到地方国企的常态化巡视制度，从而为社会信任的存在建立了必要且有力的保障制度，增大了国企高管隐藏不利信息的成本与风险，有助于降低股价崩盘风险以维护市场的稳定性。据此本书提出如下假设：

假设 H4 -2：其他条件不变，社会信任与股价崩盘风险的负相关性在国有企业更加显著。

四、市场态势和经营业绩因素的影响

股票市场的稳定性也与股票市场的行业行情与态势有密切关系，市场的交易量反映了知情与非知情交易者对市场认识的差异。Chen 等（2001）发现本期比前六个月增加的交易量往往是坏消息出现的前兆。第一，当市场处于“牛市”时，证券分析师会发布更为乐观的盈利预测、较乐观的盈利分析偏差，以及更为乐观的分析报告。许年行等（2012）发现分析师乐观偏差与上市公司未来股价崩盘风险之间显著正相关，且此关系在“牛市”更为显著。进一步“牛市”中的各类投资者比较激进，而且对后市比较乐观，成交量放大的幅度是“熊市”两倍多，从而表现出过度自信而忽视了市场的可能风险，Chang 等（2016）发现“牛市”阶段的股票流动性与股价崩盘风险存在正相关性。第二，“牛市”阶段过于火爆的交易行情导致投资者往往会漠视市场风险的存在，并且股票市场的价格完全由新进入的过度乐观的投资者的出价决定，一个正向信息冲击，会被过度乐观的投资者看成是对其过去判断的肯定，从而产生更高的交易量和股价波动，从而潜藏了未来股价下跌的风险因素（顾锋娟、金德环，2013）。但是在一个高社会信任水平的环境下，公司高管的信息披露会更加透明，而且较高的社会信任水平通过对信息披露的影响对股价崩盘风险发挥了“防火墙”作用（Pevzner et al.，2015），有助于提醒投资者的潜在“风险点”，而股东与其他投资者也会认可管理者的相关决策行为，进而保持良好与理性的预期，此外，市场主体之间的良好的信息沟通机制，将使公司的管理者及时调整投资策略和披露有关风险，减少对坏消息的隐藏和堆积，进而有助于保持整个市场的稳定性。

然而在“熊市”阶段，第一，投资者就显得相对保守和谨慎，其成交量的放大相比“牛市”要小得多（于伟、尹敬东，2006）。由于整个市场大环境因素的影响，投资者非常谨慎；第二，“熊市”阶段股东对管理层的期望业绩也会下降很多，并且市场套利机会的减少也迫使公司管理者不会刻意隐藏更多的负面消息；第三，“熊市”期间较低的股票流动性会减少股价崩盘的概率（Chang et al.，2016），此时，社会信任的信息沟通职能与声誉职能所具有的价值和意义大为下降；第四，“熊市”行情由于市场交易本身平淡，使得市场稳定性可能被自发调整，同时，“熊市”阶段的坏消息的成本有可能是致命性的，管理层与投资者的心理承受力都很低，且彼此对未来的预期都趋于“惨淡”，导致社会信任的市场基础更为脆弱，使得社会信任的作用受到抑制，基于以上分析，本书提出如下假设：

假设 H4－3a：其他条件不变，相对于“熊市”行情，社会信任与股价崩盘风险的负相关性在“牛市”期间更为显著。

上市公司是资本市场发展的基石，上市公司质量好坏对资本市场运作稳定性影响极大。现实中不少上市公司经营不稳定，公司业绩大起大落、分配方式和分红水平变化无常，对股价波动从而对市场的稳定性产生了很大的影响（林志平，2011）。然而，中国上市公司的高管存在明显的薪酬业绩黏性，即业绩上升时薪酬的增加幅度显著高于业绩下降时薪酬的减少幅度（方军雄，2009），而出于个人声誉和未来职业生涯的考虑，很多高管更加不愿意接受薪酬的下降（Jensen and Murphy，1990）。如此会导致，在信息不对称条件下，当企业业绩波动尤其是出现了明显下降时，经理人员都会利用自己的职权操纵利润而实现个人利益最大化（孙丽、杨丽萍，2014）。

企业业绩的变化程度会影响公司高管对风险的理解和认识。第一，当公司业绩下降时，掌握一定权力的管理者会通过盈余管理等手段，使得业绩下降幅度掌握在自己的可控范围内，而盈余管理会导致公司隐藏较大的财务风险，此时管理层出于保护其职位和薪酬进行盈余管理行为的动机会更加强烈，进而加剧了其隐藏坏消息的概率（王化成等，2014）；第二，高管薪酬黏性的存在导致管理者的薪酬不能与企业业绩的变化程度有效匹配，进而不能客观而真实反映高管的努力水平，同时也为部分高管隐藏负面和坏消息提供了机会，当此类负面消息的积累和堆集到了一定程度，会导致股价崩盘的出现；第三，在一个高社会信任水平的环境中，管理者与股东之间会保持良好的心理预期，而且畅通的信息沟通机制和披露制度，以及公司管理者对违反信任承诺所带来的惩罚成本，都可能迫使管理者放弃隐藏坏消息，并且其要考虑“失范”所带来的道德压力和社会制裁（李培功、沈艺峰，2011），而股东也会对公司暂时“较差”的业绩现状和管理者的信息披露给予正常的理解和认同，这些因素都可能会显著降低股价崩盘的概率，进而有助于维护市场的稳定性。据此提出如下假设：

假设 H4 - 3b：其他条件不变，相比“业绩变好”的公司，社会信任与股价崩盘风险的负相关性在“业绩变差”公司中更为显著。

五、政府质量因素的影响

我国资本市场是在计划经济体制占主导地位的背景下设立的，导致制度安排具有较强的“行政”色彩，市场稳定性主要依靠“行政”的力量来实现，然而具有“行政”色彩的制度安排和调控手段已不能适应资本市场快速发展的需要，甚至引发了新的市场不稳定性（林志平，2011），所以政府的质量会直接影响市场的稳定性。不仅如此，政府质量也会影响社会信任水平。一方面，一个值得信任的政府可以有效提升社会信任，促进社会和谐与合作，降低所有社会经济和政治关系的执行成本（Putnam，1993）。所以，建设政府信任是重建社会信任的关键（朱虹，2012），同时，较高的政府质量有利于增进居民间的信任，而腐败和掠夺型的政府将破坏和阻碍社会信任等的生成，而一个政府的效率、政府官员的道德、公平、透明化、政策开放性是影响公众对政府信任的主要因素（Rothstein and Eek，2009）。Seligson 和 Mitchell （1997） 发现，政府权力的限制和司法独立程度与国民的信任高度正相关。另一方面，张维迎和柯荣柱（2002） 认为对政府行为的规范和限制是提高目前我国低信任现象的重要措施。如果公司所在地的政府质量较低，会导致公共服务的质量、官僚机构的质量、公务员能力的低下，进而缺乏对上市公司高管机会主义行为和侵占动机的约束机制，不能有效保护投资者的权益。

对于资本市场而言，第一，一个社会信任水平高的地区，将会有更公正的程序规则、更公正的行政规则，以及更公正的收入分配规则（You，2005）。第二，规则的建立和实施有助于约束上市公司高管的利益侵占行为，而且较高的社会信任水平将迫使管理层必须评价隐藏和推迟公司负面消息的成本和代价，Piotroski 等（2015）发现在我国党代会和人大会议召开之前，地方官员都授意或要求当地企业隐藏或压制负面消息，以免影响官员的升迁，由此导致两个会议召开后的股价崩盘的发生；Li a 和 Chan（2016）的研究还指出，董事会中的党员董事可以抑制和降低股价崩盘，由此与政府相关的许多因素会影响市场稳定。第三，现实中我国的政府在市场监管、投资者保护制度的完善等方面的提高还有很长的路需要走，政府的依法行政水平还处于发展和完善阶段，对于资本市场中信息披露欺诈问题的惩处力度有限，进而可能导致个别上市公司高管隐藏坏消息的有恃无恐。当政府质量较低而企业所在地的社会信任水平越高时，社会信任的惩罚机制使得公司高管隐藏坏消息和操纵盈余的成本显著加大，而高管也将会因为其失信行为丧失更多的声誉、投资机会（黄宏斌，2012），同时股东与各类投资者也会由于社会信任的影响而更可能认同和尊重公司管理者的信息披露策略，避免制造市场的紧张气氛和新的“坏消息”，这些都有利于抑制股价崩盘风险的产生，基于以上分析，提出以下假设。

假设 H4 -4：其他条件不变，社会信任与公司股价崩盘风险的负相关性在政府质量较低时更为显著。

第三节

研究设计及实证结果

一、样本选取与数据来源

本书选择 2003 ~ 2014 年我国沪深两市 A 股主板上市公司为研究对象①。在样本选取过程中，我们对样本进行了如下筛选过程：（1）删除 ST、PT 公司的样本；（2）删除了金融或证券类公司的样本；（3）删除资产负债率大于 1 或小于 0 的公司；（4）删除销售增长率大于 1 或小于 0 的公司的样本；（5）删除

① 由于 2003 年是我国资本市场信息披露的一个重要转折点，证监会规定 2003 年起，审计委员会必须成为一个法定委员会，以更好地监督和规范上市公司的信息披露行为。同时与主板上市公司相比，在中小板和创业板上市的公司具有规模小、经营年限短、经营不规范、治理结构不成熟、从事高新技术行业、发展潜力大但业绩不稳定等特点，而这些特点都是影响股价崩盘风险的重要，使得我们对主板上市公司与中小板和创业板上市公司间的可比性存在比较大的疑虑。

发行 B 股或 H 股的交叉上市公司的样本；（6）删除已经退市或当年上市的公司样本；（7）删除主要变量的度量数据缺失的公司样本。最后，本书得到的有效年度观察样本共有 12719 个。

本书的第一个社会信任的测度变量来源于 2001 年“中国企业家调查系统（CESS）”对公司高管的调查数据；第二个社会信任的测度变量来自中国各地区的献血数据（2000 年我国各个省份无偿献血率）。其他财务会计数据和股票交易数据皆来自 CSMAR 数据库。

二、变量定义

（一）被解释变量——股价崩盘风险

借鉴 Hutton 等（2009）、Kim 等（2011a）的做法，本书采用两种方法来度量上市公司的股价崩盘风险。具体地，本书将通过从下述扩展指数模型（4－1）回归得到的残差来刻画上市公司的股价崩盘事件。

$$r_{j,t} = \alpha_j + \beta_{1,j} r_{m,t-1} + \beta_{2,j} r_{i,t-1} + \beta_{3,j} r_{m,t} + \beta_{4,j} r_{i,t} + \beta_{5,j} r_{m,t+1} + \beta_{6,j} r_{i,t+1} + \varepsilon_{j,t} \tag{4-1}$$

其中，$r_{j,t}$为第 j 家公司股票第 t 期考虑现金红利再投资的周收益率，$r_{m,t}$为经流通市值加权计算的第 t 期市场周收益率，$r_{i,t}$为第 j 家公司所属 i 行业的经流通市值加权计算的行业周收益率。$\varepsilon_{j,t}$代表第 j 家公司股票周收益率未被市场周收益率和行业周收益率解释的部分，如果 $\varepsilon_{j,t}$为负且值越小，表明第 j 家公司股票周收益率负向偏离市场和行业周收益率的程度就越大，表明此公司的股价崩盘风险也就越大。进一步，由于模型（4－1）回归得到的残差项 $\varepsilon_{j,t}$分布高度有偏，因而进行了如式（4－2）的对数转换以使残差项 $\varepsilon_{j,t}$基本呈现标准正态分布，并将对数转换后的值 $W_{j,t}$定义为第 j 家公司第 t 期的周特定收益率。

$$W_{j,t} = \ln(1 + \varepsilon_{j,t}) \tag{4-2}$$

在此基础上，进一步构建了两个股价崩盘风险变量：

（1）负收益偏态系数 $NCSKEW_{j,t}$。

$$NCSKEW_{j,t} = -\left[n(n-1)^{3/2}\sum W_{j,t}^{3}\right]/\left[(n-1)(n-2)\left(\sum W_{j,t}^{2}\right)^{3/2}\right] \tag{4-3}$$

其中，n 为第 j 家公司股票的交易周数，$NCSKEW_{j,t}$ 值越大，第 j 家公司第 t 期股价出现崩盘的风险也就越大。

（2）收益上下波动比率 $NUVOL_{j,t}$。

$$DUVOL_{j,t} = \ln\left\{\left[(n_u-1)\sum_{DOWN} W_{j,t}^{2}\right]/\left[(n_d-1)\sum_{UP} W_{j,t}^{2}\right]\right\} \tag{4-4}$$

其中，n_u 和 n_d 分别代表公司 j 的股票周特定收益（$W_{j,t}$）大于和小于其年平均周特定收益率的周数。$NUVOL_{j,t}$ 值越大，代表周特定收益率分布更倾向于左偏，第 j 家公司第 t 期股价出现崩盘的风险也就越大，并进一步对该值取对数。

（二）解释变量——社会信任

本书基于张维迎和柯荣柱（2002）、曹春方等（2015）等文献的方法，采用“中国企业家调查系统”所获得的信任数据，该调查向 15000 多家企业发出问卷，回收有效问卷 5000 多份。调查涉及全国 31 个省、自治区和直辖市，调查对象主要是一些企业和企业领导人；调查样本涉及 13 个行业和各种所有制结构，有关信任的问题设计是“根据您的经验，您认为哪五个地区的企业比较守信用（按顺序排列）”，并计算出一个地区被认为最守信用以及依次排位的次数及其占所有回答者的比例，信任数据是根据总样本中有多少比例的人认为该地区最值得信任而计算获得。虽然该数据距离现在时间较长，但由于社会信任作为一个重要的社会特征在地区之间的差异，具有内在的、固化的和变化缓慢的特征（Fukuyama，1995）。本书也采用该数据来衡量中国上市公司注册所在地的社会信任水平（Trust）。在稳健性检验中，借鉴潘越等（2009）和戴亦一等（2014）的做法，及献血数据（Blood）等指标来衡量各地区的社会信任水平。另外，本书基于王小鲁等（2013）的做法，利用“政府三公指数”（Gov）作为政府质量的代理变量，并利用其来检验假设 4－4，其中，政府的三公指数是指公开、公平、公正的程度，并包括三个分项，分别是“政策和规章制度公开透明情况”“行政执法机关（工商、税务、质检）公正执法情况”“各类企业享受公平国民待遇情况”，并对每个进行赋值，其中 5 代表

"很好"；4 代表"较好"，3 代表"一般"，2 代表"较差"，1 代表"很差"，然后采用算数平均法计算。

（三）控制变量

本书控制了公司年度特定收益（Ret）、公司年度特定收益的标准差（Sigma）、总资产收益率（Roa）、负债水平（Lev）、账面市值比 MB、公司规模（Size）、公司可操控性应计（Dacc）、股票换手率 Tradevol 等多个因素可能对股价崩盘风险产生的系统影响。其中，用于计算 Ret 和 Sigma 的公司年度特定收益率根据上面的公式（4－1）和公式（4－2）得到；Roa 等于公司净利润与总资产的比值；Lev 等于公司总负债与总资产的比值；MB 为公司账面总资产与股票总市值的比值；*Size* 为公司总资产的自然对数值；Dacc 是利用修正 Jones 模型估计，股票换手率 Tradevol 用月平均超额换手率，为第 t 年股票 i 的月平均换手率与第 t－1 年股票 i 的月平均换手率的差（许年行等，2012），另外本书还控制年度效应和行业效应的影响。

本书还对公司企业产权、政府质量、牛熊市、企业业绩等进行了分组检验，具体为，企业产权按照国企赋值为 1，民企为 0；政府质量按照企业所在地的"三公指数"的中位数来分，高于中位数为高政府质量组，否则为低政府质量组；关于牛市与熊市的判定，本书借鉴许年行等（2012）、李小荣和刘行（2012）的方法，采用波峰波谷判定法确定样本期间内 2005、2006、2007、2009 为"牛市"，其余年份为"熊市"；对于公司业绩状况，如果公司当年的年度市场回报率大于上一年，则为业绩变好；如果当年的年度市场回报率小于上一年，则为业绩变差。

三、模型设定

为了检验本书的假设 H4－1～H4－4，本书设计如下式（4－5）的计量回归模型。如果回归系数 α_1 显著为负，则本书的基础假设得到经验支持。

$$\begin{aligned}Crash_{t+1} = {} & \alpha_0 + \alpha_1 \times Trust + \alpha_2 \times Size_t + \alpha_3 \times Lev_t + \alpha_4 \times Ret_t + \alpha_5 \times Sigma_t \\ & + \alpha_6 \times MB_t + \alpha_7 \times Roa_t + \alpha_8 \times Tradevol_t + \alpha_9 \times Dacc_t + \alpha_{10} \times Crash_t \\ & + \sum Year + \sum Industry + \sum Province + \mu_{it} \qquad (4-5)\end{aligned}$$

其中，α_0为截距项，Crash 表示股价崩盘风险，分别采用下一年的负收益偏态系数（Ncskew）与下一年的收益上下波动率（Lnduvol）表示，*Trust* 表示社会信任，采用张维迎和柯荣柱（2002）的调查数据来衡量，具体的定义见上文，$\sum$ Industry、$\sum$ Year 与 $\sum$ Province 分别表示行业、年度与省份的固定效应。在回归分析时，对模型中的相关连续变量在1%和99%的水平上进行 Winsorize 处理。

四、实证结果分析与讨论

（一）描述性统计结果与相关系数分析结果

表4－1是主要变量的描述性统计结果。从表4－1可以看出，社会信任的均值为0.813，标准差为0.072，而最小值0.1，最大值则为2.341，表明我国不同地区社会信任程度差异较大。股价崩盘的第一个指标收益上下波动率（Lnduvol）的均值为－0.2，最小值是－4.23，最大值为3.85，中位数为－0.22，表明50%以上的公司具有股价崩盘风险，而另一个指标负收益偏态系数（Ncskew）的均值－0.23，最小值－0.26，最大值为6.25，中位数为0.34，可以发现两个数据的性态和分布比较接近，Sigma 的均值为0.05，最小值为0，中位数为0.06，最大值为1.27，而公司特定年度的收益率的均值为0.023，最小值为－0.71，最大值为1.2，说明样本公司的年度收益分布不太稳定，而可操控应计的均值－0.3，最小值为－28.6，最大值为25.2，标准差为6.67，说明样本公司存在某些隐藏坏消息的迹象，并且不同公司的差异很大。

表4－1　　　　变量的基本统计量

变量	样本量	均值	标准差	最小值	中位数	最大值
Lnduvol	12719	－0.200	0.820	－4.230	－0.220	3.850
Ncskew	12719	－0.230	0.920	－4.770	－0.260	6.250
Trust	12719	0.813	0.072	0.100	0.815	2.341
Threegov	12719	2.980	0.150	2.720	2.960	3.450
Sigma	12719	0.050	0.030	0	0.040	1.270
Ret	12719	0.023	0.030	－0.710	0	1.200

续表

变量	样本量	均值	标准差	最小值	中位数	最大值
Size	12719	21.55	1.280	13.082	21.426	28.484
Lev	12719	0.550	1.430	0.015	0.490	96.962
MB	12719	0.700	0.300	0.026	0.720	10.794
Roa	12719	0.030	0.530	-51.30	0.030	36.095
Dacc	12719	-0.030	6.670	-28.615	-0.050	25.219
Tradevol	12719	14	2.3	24	60	79

表4-2是主要变量的Pearson相关系数。从表4-2可以看出，社会信任水平与两个股价崩盘指标的相关系数分别为-0.44和-0.46，并且都在5%统计水平下显著，初步表明较高的信任水平会降低公司股价崩盘的风险，可操控应计（Dacc）与股价崩盘风险的两个指标的相关系数分别为0.123和0.13，都在5%统计水平下显著，说明管理层的操控行为隐含着公司股价崩盘的因素。另外，社会信任水平（Trust）与政府质量的相关系数分别为0.402，且在1%水平下显著，其与代表市场投资者交易活跃程度的换手率指标（Tradevol）相关系数为0.081，也在1%统计水平下显著，而其余变量之间的相关系数大多都未超过0.5，说明变量间的共线性问题不严重。

（二）多元回归分析

表4-3是多元回归分析的结果。从表4-3可以发现，当被解释变量是下期的股价崩盘（$Lnduvol_{t+1}$）时，社会信任（Trust）的回归系数是-0.073且在5%统计水平下显著，当被解释变量是（$Ncskew_{t+1}$）时，社会信任的回归系数是-0.084，为了减弱股价崩盘前后期间的彼此影响的可能性，我们同时控制了两个股价崩盘的当期值，两个回归系数分别为0.032和0.035，且在1%统计水平显著，说明社会信任水平通过信息分享效应和必要的信息沟通，有效地降低公司管理层与投资者之间的信息不对称程度，同时也避免了“坏消息”的隐藏和堆积，降低了公司的股价崩盘风险，因而假设H4-1得到了支持。

表 4-2 主要变量的相关系数

	Lnduvol	Ncskew	Trust	Gov	Sigma	Ret	Size	Lev	MB	Roa	Dacc	Tradevol
Lnduvol	1											
Ncskew	0.423***	1										
Trust	-0.440**	-0.462**	1									
Gov	-0.082***	-0.077**	0.402***	1								
Sigma	-0.078***	-0.06***	-0.030	0.138**	1							
Ret	-0.177**	-0.164**	-0.210	-0.071	0.125	1						
Size	-0.041***	-0.047**	0.105***	0.028**	0.092	0.014	1					
Lev	-0.015**	-0.012*	-0.014*	0.066	0.304	0.090	-0.112**	1				
MB	0.178***	0.148**	0.177**	0.220	0.218	-0.084*	0.284**	-0.053**	1			
Roa	-0.039***	-0.029**	0.240	-0.067	0.129	0.025*	0.038**	0.043***	0.040	1		
Dacc	0.123**	0.130**	0.200	-0.018**	0.305	0.270	-0.204**	0.157***	-0.07	0.186**	1	
Tradevol	-0.081	-0.092	0.081***	0.084**	0.058	0.059	0.496**	0.120	-0.32	0.051	-0.390*	1

注：*、**、*** 分别代表在 10%、5%、1% 的统计水平下显著（双尾检验）。

表 4－3　　社会信任水平与股价崩盘风险

	因变量：$Lnduvol_{t+1}$		因变量：$Ncskew_{t+1}$	
	系数	T 值	系数	T 值
Trust	－0.073 **	（－2.176）	－0.084 **	（－2.209）
Ret	0.312	（1.397）	0.287	（0.978）
Sigma	0.732 ***	（3.559）	0.828 ***	（3.408）
Roa	0.032	（0.378）	0.054	（0.031）
Lev	－0.0142 *	（－2.102）	－0.0176 *	（－1.796）
Size	－0.094 ***	（－2.904）	－0.081 ***	（－3.136）
Dacc	0.048 ***	（4.226）	0.046 ***	（3.124）
Tradevol	0.015 ***	（2.527）	0.013	（0.326）
MB	0.926 ***	（2.428）	0.788 ***	（5.624）
Lnduvol	0.032 ***	（2.38）		
Ncskew			0.035 ***	（2.90）
截距	1.262 ***	（4.327）	0.814 ***	（3.128）
样本量	12719		12719	
年份	控制		控制	
行业	控制		控制	
地区	控制		控制	
调整 R^2	0.158		0.123	
F 值	89.26 ***		70.34 ***	

注：*、**、*** 分别代表在 10%、5%、1% 的统计水平下显著。

在此基础上，本书进一步按照企业的产权性质进行分组回归，从表 4－4 可知，无论股价崩盘风险的度量指标是（$Lnduvol_{t+1}$），还是下期的（$Ncskew_{t+1}$），社会信任（Trust）在国有企业组的回归系数都显著为负，比如两组回归的国企样本组的回归系数分别是－0.048 与－0.039，并且都至少在 5% 的水平下显著；然而在民营企业组中，尽管对应社会信任的回归系数也为负但在统计上都不显著。这些表明，在中国特殊的社会文化背景下，民营（家族）企业的社会信任的扭曲和异化限制社会信任功能的发挥，相对而言在国有企业中社会信任更有可能营造透明的信息交流机制，从而有助于其股价崩盘风险的降低，增强市场的稳定性，本书的假设 H4－2 得到了检验通过。

表 4-4　　社会信任水平、产权性质与股价崩盘风险

	因变量：$Lnduvol_{t+1}$		因变量：$Ncskew_{t+1}$	
	国有	民营	国有	民营
Trust	-0.048** (-2.185)	-0.013 (-1.327)	-0.039** (-2.603)	-0.01 (-1.028)
Ret	0.726 (1.237)	0.540 (1.044)	0.658 (0.416)	0.486 (0.872)
Sigma	0.128** (2.376)	-0.329 (-1.129)	0.297* (1.964)	-0.584 (-0.529)
Roa	0.833* (1.833)	-0.427 (-0.256)	0.625** (2.091)	0.440 (0.918)
Lev	-0.216** (-2.422)	0.138 (1.147)	0.266 (0.754)	-0.247* (-1.692)
Size	0.541 (0.418)	-0.195*** (-3.201)	-0.155* (-1.827)	0.407 (1.326)
Dacc	0.339 (0.634)	0.236 (0.860)	0.218 (0.583)	0.334 (0.154)
Tradevol	0.168 (1.305)	-0.225*** (-4.334)	0.376 (1.201)	-0.316*** (-3.514)
MB	0.728 (1.128)	0.401 (0.764)	0.665 (1.415)	0.491 (1.428)
Lnduvol	0.032*** (2.48)	0.029*** (3.156)		
Ncskew			0.034*** (2.601)	0.037*** (2.407)
截距	-0.581 (-1.304)	0.325*** (2.348)	0.617 (0.907)	0.443*** (2.356)
年份	控制	控制	控制	控制
行业	控制	控制	控制	控制
地区	控制	控制	控制	控制
样本量	8626	4093	8626	4093
调整 R^2	0.1738	0.1395	0.1596	0.1226
F 值	226.99***	614.21***	263.12***	478.8***

注：（1）*、**、*** 分别代表在 10%、5%、1% 的统计水平下显著；（2）括号内数字为 T 值。

表 4-5 是考虑企业的内外经营环境因素，根据市场态势和经营状况分组得到了多元回归分析结果，其中第（1）~（4）列的被解释变量是下期的（Ln-

$duvol_{t+1}$），而第（5）~（8）列的被解释变量是下期的（$Ncskew_{t+1}$）。在“牛市”期间的子样本回归中，社会信任都得到了10%统计显著的负回归系数，而在“熊市”期间的子样本回归中，社会信任的回归系数为正且不显著。这一结果说明相比于“熊市”阶段，“牛市”阶段社会信任水平更有助于促进公司的管理层及时释放和披露公司的负面消息，从而有助于降低公司的股价崩盘风险。类似地，在业绩变差公司的子样本回归中，社会信任都得到了至少5%统计显著的负回归系数，而在业绩变好组回归中，社会信任的回归系数符号不稳健且不显著，这意味着在公司处于盈利和业绩变好时，社会信任水平不具有显著的降低股价崩盘风险的功能。因此，本书的研究假设H4－3a与H4－3b都得到了经验数据的支持。

表4－5　　企业的经营环境、社会信任水平与股价崩盘

	因变量：$Lnduvol_{t+1}$				因变量：$Ncskew_{t+1}$			
	牛市	熊市	业绩差	业绩好	牛市	熊市	业绩变差	业绩变好
Trust	－0.028* （－1.796）	0.016 （0.835）	－0.017*** （－2.873）	－0.044 （－0.315）	－0.038* （－1.860）	0.020 （0.675）	－0.058** （－2.313）	0.013 （0.744）
Ret	0.525*** （3.428）	－0.024 （－0.062）	0.866** （2.417）	－0.132 （－0.538）	0.383*** （2.625）	0.604** （2.115）	0.628* （1.828）	－0.079 （－0.236）
Sigma	0.903*** （2.685）	0.728*** （2.582）	0.441 （1.261）	0.233 （1.125）	0.520*** （3.713）	0.578* （1.692）	0.435 （1.044）	0.311 （1.026）
Roa	0.674*** （3.783）	0.135 （1.174）	0.264 （1.008）	0.072 （0.964）	0.814*** （4.058）	0.163** （2.129）	－0.292 （－1.073）	0.039** （2.126）
Lev	0.004 （0.209）	－0.057*** （－3.617）	0.001 （0.258）	0.026** 2.144）	0.001 （0.321）	－0.055*** （－3.430）	0.002 （0.176）	－0.025* （－1.722）
Sizet	－0.062*** （－4.238）	－0.124*** （－5.088）	－0.058*** （－5.626）	0.006 （0.614）	－0.029*** （－2.547）	－0.074*** （－6.919）	－0.026*** （－2.978）	0.077 （0.625）
Dacc	0.303*** （5.623）	0.027*** （2.937）	0.034*** （2.655）	0.005 （0.419）	0.263*** （5.037）	0.029** （2.422）	0.037** （2.347）	0.003 （0.218）
Tradevol	0.018 （1.133）	－0.002** （－2.405）	0.009 （0.945）	－0.018* （－1.873）	0.002 （1.146）	－0.017*** （－4.025）	0.015 （0.388）	－0.001*** （－3.073）
MB	0.855*** （4.601	0.942*** （7.525）	0.617*** （9.826）	0.242*** （4.075）	0.746*** （8.813）	0.785*** （2.396）	0.433*** （6.515）	0.072 （1.177）
Lnduvol	0.030*** （2.348）	0.031*** （3.201）	0.028*** （3.197）	0.034*** （2.865）				
Ncskew					0.028*** （3.002）	0.030*** （2.914）	0.032*** （2.573）	0.037*** （3.469）
截距	0.423* （1.674）	1.283*** （6.337）	－0.071 （－0.315）	－0.038 （－0.188）	0.116 （0.408）	0.978*** （4.133）	－0.462* （－1.844）	－0.260 （－1.034）

续表

	因变量：$Lnduvol_{t+1}$				因变量：$Ncskew_{t+1}$			
	牛市	熊市	业绩差	业绩好	牛市	熊市	业绩变差	业绩变好
年份、行业、地区	控制	控制	控制	控制	控制	控制	控制	控制
样本量	4410	8309	5679	7040	4410	8309	5679	7040
调整 R^2	0.162	0.097	0.147	0.150	0.143	0.066	0.106	0.101
F 值	27.61***	25.67***	26.00***	32.90***	23.91***	17.28***	18.30***	21.22***

注：（1）*、**、*** 分别代表在 10%、5%、1% 的统计水平下显著；（2）括号内数字为 T 值。

表 4－6 是考虑政府质量因素对社会信任与股价崩盘风险间关系的影响，我们可以看出，在两个不同崩盘风险变量的度量，在高社会质量组，社会信任（Trust）的两个回顾系数分别为 －0.171 和 －0.159，并且都在 1% 水平高度显著，而在低政府质量组都不显著，结果表明，虽然社会信任等非正式制度可以补充正式制度的缺陷，但是政府质量及其关联的政府信任也非常关键，只有在较高政府质量的环境中，社会信任的作用才会有效发挥。

表 4－6　　　　政府质量、社会信任水平与股价崩盘风险

	因变量：$Lnduvol_{t+1}$		因变量：$Ncskew_{t+1}$	
	高政府质量	低政府质量	高政府质量	低政府质量
Trust	－0.171*** （－3.024）	－0.071 （－1.349）	－0.159** （－2.495）	－0.067 （－0.940）
Sigma	0.694*** （2.916）	0.720*** （3.191）	0.848*** （3.320）	0.832*** （3.257）
Ret	0.196 （0.759）	0.201 （0.781）	0.0276 （0.095）	0.0332 （0.114）
Size	－0.042*** （－4.723）	－0.043*** （－4.759）	－0.027*** （－2.648）	－0.024*** （－2.670）
Lev	－0.013*** （－2.498）	0.015 （1.434）	－0.019* （－1.708）	0.011 （1.653）
MB	0.712*** （4.787）	0.716*** （4.835）	0.567*** （4.411）	0.570*** （3.440）
Roa	0.073** （2.446）	0.072** （2.428）	0.053* （1.979）	－0.052 （－1.560）
Dacc	0.033*** （2.815）	0.034** （2.862）	0.032** （2.384）	0.036** （2.425）

续表

	因变量：$Lnduvol_{t+1}$		因变量：$Ncskew_{t+1}$	
	高政府质量	低政府质量	高政府质量	低政府质量
Tradevol	0.020 (0.081)	0.003 (0.014)	-0.001 (-1.519)	-0.014 (-1.568)
Lnduvol	0.047*** (4.173)	0.033** (2.028)		
Ncskew			0.035** (2.509)	0.041** (2.033)
截距	0.658** (2.321)	-0.132 (-0.671)	0.374** (2.164)	-0.395 (-1.270)
年份、行业、地区	控制	控制	控制	控制
样本量	3179	9540	3179	9540
调整 R^2	0.095	0.094	0.069	0.068
F 值	24.87***	24.65***	17.83***	17.63***

注：(1) *、**、*** 分别代表在 10%、5%、1% 的统计水平下显著；(2) 括号内数字为 T 值。

(三) 稳健性检验

第一，关于内生性问题的处理。本书通过研究社会信任水平对公司股价崩盘风险的影响，因而可能存在“反向因果关系”问题，然而由于信任环境在一段较长时间内维持不变（张维迎、柯荣柱，2002），而且由于社会信任作为一个重要的社会特征在地区之间存在差异，具有内在的、固化的和变化缓慢的特征（Fukuyama，1995），而且社会信任相对而言是一个宏观指标，而股价崩盘是一个微观指标，彼此存在内生性问题可能会较弱。

然而现实中，也存在股票崩盘风险较低的公司更倾向于选址在社会信任水平较高的地区，那么，会导致并非是社会信任抑制了股票崩盘风险，而是股票崩盘风险较低的公司自身选择了社会信任水平较高的地区等问题。为此本书选取了公司注册地发生变化的样本，比较注册地发生变化前后，社会信任水平对股价崩盘的影响是否有差异？表 4－7 中的社会信任（Trust）的回归系数表明：在注册地变更前后，其显著性水平没有差异，表明样本的自选择问题不很严重，除此之外，本书利用两阶段工具变量法进一步排除可能的自选择问题，表 4－8 中，本书利用 2000 年我国人口普查数据，选择了样本企业注册地的所在地市的 2000 年的离婚率和家庭平均人口规模作为工具变量，因为其满足与公司所在地的社会信任相关，而与股价崩盘无关的的条件，从表4－8看出，离婚率与家庭规模在第一阶段回归中显著为正，而第二阶段中的社会信任的估计值的回归系数都显著为负，进一步表明本书的核心假设的稳健性①。

表4－7　　　　公司注册地发生变更前后的影响

VARIABLES	因变量：$Lnduvol_{t+1}$		因变量：$Ncskew_{t+1}$	
	变更后	变更前	变更后	变更前
Trust	-0.0905** (-2.031)	-0.0925** (-2.215)	-0.0825** (-2.208)	-0.0956* (-1.856)
Ret	0.414 (1.039)	0.141* (1.903)	0.234 (0.440)	0.176 (1.620)
Sigma	0.836*** (2.457)	0.464*** (2.366)	0.146** (2.074)	0.522** (2.089)
Lnduvol	0.0259** (2.547)	0.0846*** (2.917)		
Tradevol	-0.0997** (-2.180)	0.0795 (0.664)	-0.0667* (-1.901)	0.0813 (0.463)
Size	0.0420 (0.649)	-0.0402*** (-2.612)	0.0750 (0.868)	-0.0631*** (-2.790)
Lev	0.223 (0.517)	-0.761* (-1.890)	0.786 (1.351)	-0.103* (-1.741)
Roa	0.0423** (2.252)	0.0564** (2.031)	0.0810*** (2.361)	0.0194** (2.072)
Dacc	0.354 (0.734)	0.0379 (0.250)	0.0867 (0.137)	0.333 (1.503)
MB	0.0355** (2.001)	0.0199** (2.282)	0.4012* (1.860)	0.400*** (3.124)
Ncskew			0.146* (1.761)	0.691** (2.276)
截距	-0.390 (-0.932)	-0.805** (-2.205)	-1.196 (-0.600)	-1.046* (-1.945)
行业、年度、区域	控制	控制	控制	控制
样本量	818	11901	818	11901
Adj-R^2	0.228	0.297	0.265	0.271
F	81.775	74.770	61.946	63.697

注：（1）*、**、***分别代表在10%、5%、1%的统计水平下显著；（2）括号内数字为T值。

① 本文也在稳健性检验中，利用两个方法分别检验了公司产权、业绩状态、牛熊市、政府质量等不同因素对社会信任与股价崩盘间关系的影响。

表 4－8　两阶段工具变量法

VARIABLES	(1)	(2)	(3)
	Trust	$Lnduvol_{t+1}$	$Ncskew_{t+1}$
	第一阶段	第二阶段	
Family_size	0.683 * (1.883)		
Divorce	0.0202 ** (2.124)		
Size	0.360 ** (2.089)	0.0844 *** (3.568)	0.0496 *** (3.188)
Lev	−0.0838 *** (−4.025)	−0.0953 (−1.549)	−0.0583 (−1.440)
Roa	−1.829 (−0.890)	0.0239 ** (2.085)	0.0470 ** (2.255)
MB	−0.481 (−0.693)	0.417 *** (3.152)	0.240 *** (2.764)
Sigma	−62.02 (−1.406)	0.038 *** (2.328)	0.0519 * (1.715)
Ret	−0.919 (−1.172)	0.235 ** (2.061)	0.174 ** (2.216)
Tradevol	0.0205 (0.167)	−0.0235 ** (−2.133)	−0.0832 * (−1.715)
Dacc	−1.146 (−0.744)	0.0326 (1.474)	0.0146 (0.101)
Trust_hat		−0.0292 ** (−2.075)	−0.0165 * (−1.941)
Ncskew		0.0392 (1.300)	
Lnduvol			0.0677 ** (2.424)
截距	−1.647 (−0.385)	−1.502 *** (−2.716)	−1.043 *** (−2.875)
行业、年度、区域	控制	控制	控制
样本量	11302	11210	11210
Adj－R^2	0.134	0.075	0.096
F	12.72	43.880	54.791

注：(1) *、**、*** 分别代表在10%、5%、1%的统计水平下显著；(2) 括号内数字为T值。

第二，本书使用的社会信任数据是调查数据，有可能存在遗漏变量、测量误差等问题存在。因此，本书进一步借鉴了潘越等（2009）、戴亦一等（2014）的做法，采用各个省2000年的无偿献血指标（Blood）作为社会信任的代理变量，结果如表 4 –9 所示，可以看到无偿献血指标的回归系数都在 5% 的统计水平下显著为负，本书的所有研究假设均成立。

表 4 –9　　　　各省无偿献血与股价崩盘风险

	因变量：$Lnduvol_{t+1}$		因变量：$Ncskew_{t+1}$	
	系数	T 值	系数	T 值
Blood	–0.068**	(–2.221)	–0.042**	(–2.134)
Ret	0.233	(1.533)	0.359	(1.106)
Sigma	0.762***	(2.476)	0.849***	(5.231)
Roa	0.021***	(2.388)	–0.055	(–0.625)
Lev	–0.086*	(–1.903)	–0.094*	(–1.790)
Size	–0.064***	(–5.301)	–0.078***	(–6.248)
Dacc	0.059***	(3.401)	0.017***	(3.228)
Tradevol	0.003***	(2.385)	0.012	(1.588)
MB	0.724***	(6.315)	0.737***	(4.816)
Lnduvol	0.034*	(1.729)		
Ncskew			0.027**	(2.115)
截距	1.348***	(4.002)	0.785***	(6.197)
年份、行业、地区	控制		控制	
样本量	12719		12719	
调整 R^2	0.236		0.251	
F 值	66.85***		71.05***	

注：*、**、*** 分别代表在 10%、5%、1% 的统计水平下显著。

第三，借鉴 Kim（2011）、许年行（2012）、罗进辉等（2014）等文献的做法，本书还构建了反映发生股价崩盘的哑变量（$Crash_{t+1}$），并进行了与上面同样的多元回归分析，表 4 –10 ~ 表 4 –11 是采用股价崩盘的哑变量作为被解释变量，从表 4 –11 可看出结果基本保持一致，本书的相关假设仍然得到了经验支持。

第四，缩短样本期间。进一步，本书基于刘宝华等（2016）的做法，为了克服制度变迁对本书结果的影响，我们根据社会信任数据的调查时间调整研究区间，仅保留社会信任数据调查当年以及后三年的数据，因为该区间更能准确反映出我国各个地区社会信任水平的真实现状，其他做法未变，具体见表 4 –12 。

表 4－10　　　　采用献血替换社会信任的稳健性检验

	因变量：$Lnduvol_{t+1}$							
	国企	民企	牛市	熊市	业绩好	业绩差	高政府质量	低政府质量
Blood	−0.018*** (−2.338)	−0.036 (−0.614)	−0.087** (−2.134)	0.084 (0.821)	0.057 (1.035)	−0.0273* (−1.834)	−0.064** (−2.246)	−0.057 (−1.245)
Sigma	0.839*** (7.156)	0.904*** (5.364)	0.798*** (3.220)	0.958*** (3.537)	0.694*** (2.816)	0.720*** (2.726)	0.726*** (3.156)	0.202*** (2.304)
Ret	0.483*** 27.026)	0.686*** (2.460)	0.227 (0.803)	0.323 (1.043)	0.173 (0.596)	0.201 (0.418)	0.729*** (7.026)	0.318*** (2.3885)
Size	−0.048*** (−5.074)	−0.039*** (−3.843)	−0.035*** (−3.993)	−0.024** (−2.202)	−0.041*** (−3.928)	−0.043*** (1−.306)	−0.051*** (−5.074)	−0.036*** (−2.784)
Lev	−0.017 (−0.174)	−0.018 (−0.176)	−0.016 (−0.140)	−0.054 (−0.436)	−0.013 (−1.371)	−0.015 (−1.306)	−0.013 (−0.174)	−0.026 (−0.398)
MB	0.639*** (2.448)	0.588*** (3.508)	0.713*** (3.484)	0.586*** (5.146)	0.712*** (4.231)	0.716*** (4.104)	0.526*** (2.448)	0.403*** (2.716)
Roa	0.097*** (2.988)	0.078** (2.207)	0.125*** (3.837)	0.111*** (3.125)	0.073** (2.015)	0.068** (2.203)	0.084*** (2.988)	0.071* (1.725)
Dacc	0.014 (1.146)	0.014 (1.053)	0.036*** (2.722)	0.028** (2.398)	0.033*** (3.037)	0.034** (2.958)	0.024 (1.146)	0.029 (1.223)
Tradevol	0.001 (0.109)	−0.002 (−1.173)	0.021 (0.726)	−0.010 (−0.272)	0.020 (0.023)	0.013 (0.028)	0.012 (0.109)	0.021 (0.214)
Lnduvol①	0.028** (2.178)	0.033*** (3.048)	0.034*** (2.093)	0.026*** (3.024)	0.039*** (4.117)	0.041*** (2.634)	0.036*** (3.119)	0.042*** (2.812)
截距项	0.569 (2.344)	0.476 (1.800)	0.348 (1.135)	0.525 (2.024)	0.618 (0.983)	0.724 (1.257)	0.439 (1.336)	0.351 (1.785)
行业、年度、区域	控制	控制	控制	控制	控制	控制	控制	控制
样本量	8626	4093	4410	8309	5679	7040	3179	9540
调整 R^2	0.131	0.097	0.050	0.040	0.123	0.106	0.158	0.142
F 值	100.36***	221.43***	124.35***	218.07***	135.55***	152.84***	104.316**	126.074***

注：*、**、*** 分别代表在 10%、5%、1% 的统计水平下显著。

① 事实上，我们在表 4－8、表 4－9 和表 4－10 也检验了股价崩盘风险用（Nskew）作为因变量和控制变量时的结果。研究结论无变化，由于空间所限，本书并未列示。

表 4-11　　社会信任水平与股价崩盘哑变量的检验

	因变量：$Lnduvol_{t+1}$								
	全样本	国有	民营	牛市	熊市	业绩变差	业绩变好	高政府质量	低政府质量
Trust	-0.057 ** (-2.149)	-0.027 * (-1.937)	-0.016 (-1.209)	-0.026 * (-1.839)	0.009 (0.714)	-0.017 *** (-3.047)	-0.036 (-0.115)	-0.015 *** (-2.783)	-0.073 ** (-2.037)
Ret	0.345 (1.113)	6.932 (1.326)	2.226 (1.061)	1.431 *** (2.759)	-0.016 (-0.043)	0.692 ** (2.041)	-0.126 (-0.334)	0.193 (1.420)	0.846 *** (3.236)
Sigma	0.772 *** (4.196)	3.092 ** (2.047)	-0.826 (-1.039)	0.826 *** (2.703)	0.671 *** (2.615)	0.347 (1.356)	0.169 (1.005)	0.685 *** (2.602)	-0.219 (0.936)
Roa	0.034 (0.245)	12.125 ** (2.017)	-0.326 (-0.134)	-0.701 *** (-4.021)	0.092 (1.265)	-0.241 (-1.137)	0.079 (0.565)	0.024 (0.195)	-0.022 ** (-2.178)
Lev	-0.015 * (-1.839)	-1.024 *** (2.351)	-0.153 (-1.008)	0.016 (0.124)	0.076 *** (3.748)	-0.015 (-0.243)	0.046 ** (2.074)	0.072 * (1.826)	0.046 (1.218)
Size	-0.097 (-0.093)	-0.023 (-0.138)	-0.079 *** (2.672)	-0.042 *** (-2.903)	-0.246 *** (-8.736)	-0.053 *** (-6.125)	-0.006 (-0.549)	-0.073 *** (-9.457)	0.493 *** (9.204)
Dacc	0.036 (1.340)	0.306 (0.514)	0.124 (0.775)	0.305 *** (4.128)	0.027 *** (3.043)	0.037 *** (2.773)	0.005 (0.122)	0.052 *** (2.901)	-0.006 *** (-3.268)
Tradevol	-0.016 *** (-3.014)	-0.076 * (-1.839)	-0.014 *** (-3.005)	0.076 (1.246)	-0.014 ** (-2.179)	0.018 (1.008)	-0.015 * (-1.837)	0.034 (1.476)	0.021 (1.137)
MB	-0.873 (-1.248)	-0.725 (-1.003)	-0.261 (-0.632)	0.936 *** (5.235)	0.883 *** (3.247)	0.554 *** (5.096)	0.216 *** (3.761)	0.726 *** (8.446)	-0.021 (-0.892)

续表

	因变量：$Lnduvol_{t+1}$								
	全样本	国有	民营	牛市	熊市	业绩变差	业绩变好	高政府质量	低政府质量
Lnduvol	0.039 (1.902)	0.041 (2.216)	0.032 (3.248)	0.033 (2.351)	0.029 (3.428)	0.035 (1.799)	0.030 (2.510)	0.037 (3.004)	0.028 (2.137)
截距	0.224 (−1.178)	−0.425 (−0.936)	0.225*** (4.179)	0.246* (1.875)	0.305*** (3.925)	−0.284 (−0.126)	−0.345 (−0.097)	0.2466* (1.926)	1.9026*** (3.446)
年份、行业、区域	控制	控制	控制	控制	控制	控制	控制	控制	控制
样本量	12719	8626	4093	4410	8309	5679	7040	3179	9540
Pesud − R^2	0.093	0.127	0.116	0.0952	0.125	0.106	0.137	0.123	0.119
Wald 值	164.346***	159.832***	126.074	138.702***	152.354***	122.417***	139.859***	138.702***	152.354***

注：（1）括号内是 Z 值；（2）*、**、*** 分别代表在 10%、5%、1% 的统计水平下显著。

表 4－12　　选取 2000～2002 年样本的回归

	因变量：$Lnduvol_{t+1}$								
	全样本	国有	民营	牛市	熊市	业绩变差	业绩变好	高政府质量	低政府质量
Trust	-0.048** (-2.151)	-0.019* (-1.825)	-0.013 (-1.321)	-0.035* (-1.764)	0.022 (0.828)	-0.014*** (-3.133)	-0.025 (-1.024)	-0.013*** (-2.517)	-0.048 (-1.216)
Ret	0.203 (1.224)	0.810 (1.358)	0.244 (1.003)	0.375*** (2.440)	-0.028 (-1.026)	0.586** (2.2351)	-0.134 (-0.187)	0.171 (1.303)	0.663*** (3.245)
Sigma	0.730*** (4.196)	0.572** (2.047)	-0.824 (-1.039)	0.891*** (2.703)	0.650*** (2.615)	0.344*** (2.356)	0.172** (2.005)	0.661*** (2.602)	-0.239 (-0.936)
Roa	0.311** (2.245)	0.430** (2.017)	-0.325 (-0.134)	-0.671 (-1.021)	0.524*** (2.265)	-0.239 (-1.137)	0.783* (1.965)	0.240** (2.195)	-0.447 (-1.178)
Lev	-0.018* (-1.839)	-0.026*** (-2.351)	-0.147** (-2.008)	0.019 (0.124)	-0.082*** (-3.748)	-0.022 (-0.243)	-0.058** (-2.074)	-0.063* (-1.826)	0.039 (1.218)
Size	-0.080 (-0.093)	-0.039 (-0.138)	0.065*** (2.672)	0.034*** (2.903)	0.026*** (8.736)	0.047*** (6.125)	-0.083 (-0.549)	0.064*** (9.457)	0.049*** (9.204)
Dacc	0.455 (1.340)	0.305*** (2.514)	-0.158 (-0.775)	0.346*** (4.128)	0.279*** (3.043)	0.321*** (2.773)	-0.236 (-0.122)	0.202*** (2.901)	0.439*** (3.268)
Tradevol	-0.017*** (-3.014)	-0.081* (-1.839)	-0.027*** (-3.005)	0.069 (1.246)	-0.025** (-2.179)	0.019 (1.248)	-0.018* (-1.837)	0.042 (1.476)	0.031 (1.137)
MB	0.875** (2.248)	0.663** (2.183)	-0.252 (-0.632)	0.817*** (5.235)	0.620*** (13.247)	0.571*** (5.096)	0.250*** (3.761)	0.733*** (8.446)	-0.415 (-0.892)

续表

	因变量：$Lnduvol_{t+1}$								
	全样本	国有	民营	牛市	熊市	业绩变差	业绩变好	高政府质量	低政府质量
Lnduvol	0.033 * (1.768)	0.027 ** (2.106)	0.025 *** (3.452)	0.028 *** (2.328)	0.034 ** (2.226)	0.0416 *** (3.090)	0.035 *** (2.773)	0.0296 * (1.984)	0.0326 ** (2.246)
截距	−0.524 (−1.178)	−0.425 (−0.936)	0.225 *** (4.179)	0.246 * (1.875)	0.305 *** (3.925)	−0.084 (−0.126)	−0.045 (−0.097)	0.249 * (1.926)	1.9026 *** (3.446)
年份、行业、区域	控制	控制	控制	控制	控制	控制	控制	控制	控制
样本量	3469	2352	1116	1202	2266	1549	1920	867	2602
Pesud − R^2	0.185	0.134	0.164	0.18	0.127	0.143	0.136	0.138	0.125
Wald 值	155.207 **	134.546 **	139.325 *	114.531 *	146.258 ***	126.369 ***	128.307 ***	100.416 *	143.85 **

注：*、**、*** 分别代表在 10%、5%、1% 的统计水平下显著。

第五，本研究也借鉴了戴亦一等（2014）的做法，采用北京师范大学中国慈善事业研究中心所发布的《2003～2011年中国慈善发展指数报告》中各省慈善组织指数的数据，将一个地区的慈善组织指数作为当地社会信任水平的代理变量，本书的相关研究假设仍然稳健成立。以及尤其是在检验假设H4－2时，我们的社会信任指标采用2006年中国社会科学院的“全国社会状况调查”中的数据，本书的结论都得到支持①。

第四节

结论与启示

非正式制度对一个国家特别是转型经济国家的资本市场的健康运行依然有着重要的影响。本章利用中国A股市场2003～2014年的上市公司数据，理论分析和实证检验了公司所在地的社会信任水平与公司股价崩盘风险之间的影响关系，并进一步分析了此关系在国有企业与民营企业之间的差异，以及分析了在不同的市场态势和不同经营业绩条件下，社会信任对股价崩盘的不同作用效果。结果我们发现：（1）社会信任能够抑制和降低公司的股价崩盘风险，而且该效应在国有企业更为显著。（2）相对于“熊市”阶段，社会信任更有利于降低“牛市”期间公司的股价崩盘风险，而且在公司业绩变差时，社会信任对股价崩盘风险的抑制效果更为明显。（3）公司所在地的政府质量越高，社会信任水平对公司股价崩盘风险的抑制作用则越强。

本章的研究结果具有重要的理论价值与现实意义。在公司与市场的监管现实中，要保持资本市场的稳定性而减少股价崩盘等风险的存在。第一，需要营造遵纪守法和增强社会信任的市场环境，而这些只有在较高社会信任环境下才能建立，也只有如此才能稳定资本市场利益相关者的预期，有助于保持各项制度的持续性和连续性，减少高管隐藏坏消息和操纵盈余的生存空间。第二，现有上市公司的较低的信息质量是引起个股股价崩盘的主要根源，因此只有通过

① 该调查中有一个问题：“当您生活遇到困难时，以下方面哪个对你的帮助较大?”，问题的选择项包括：党组织、工会、地方政府、社区组织与工作单位、家庭、家族和宗族、以及私人关系网络等几个方面，其李克特测量指标为：“没有帮助、帮助较少、帮助较多、帮助很大与不大确定”等五个水平指标，这些指标间接表示了居民的社会信任水平和对其认可程度，从而侧面反映一个地区的特殊信任的水平。

规范上市公司运作、提高信息披露质量和增强信息的透明度等措施的实施才能改善信息质量，而在高信任社会环境中，这些措施的开展才能有充分的基础条件。第三，保持股票市场的稳定性不仅需要加强监督和加大违规成本与力度，而且更需要市场参与主体的自律意识，由于社会信任不仅具有信息交流功能，而且具有明显的声誉担保和惩罚机制，这对于自律的培养尤为关键，从而对于高管隐藏坏消息等不轨行为产生震慑，进而减少和降低坏消息累计所潜藏的股价崩盘风险，这也要求全社会要进一步树立诚信和包容的社会价值观念，以及加强资本市场各利益相关者的商业伦理观念和社会责任意识。

第五章

公司的慈善性捐赠与机构投资者的投资决策：社会信任视角的新解释

第一节 引言

2011年6月20日，一微博名为“郭某某Baby”的网友在网上炫耀其奢侈生活，如价值十几万元一个的爱马仕提包、价值几百万元的玛莎拉蒂跑车等，郭某某的“中国红十字会商业总经理”的身份和头衔再一次让那些善良的捐赠者问起，我们的捐款是否变成了郭某某等人的爱马仕?”（郑筱婷、钱艳萍，2014）。随着企业公民意识的逐步增强，践行慈善责任日趋成为企业服务与回报社会的新趋势，而且国内慈善数据显示，企业是最重要的捐赠力量（杨团，2009、2013），企业从事慈善捐赠行为会给企业带来丰厚的经济回报，如通过展现慈善的道德形象获得公众的认可（雷宇，2015）；企业通过慈善捐赠，可以实现货币资本向符号资本的转化，以支票换得无形的道德声誉和地位（Bourdieu，1984）；更能吸收一些更为优秀的员工加入企业（Dhaliwal et al. 2012）；向外界提供“财务信号”和“声誉信号”（彭镇、戴亦一，2015），以及为企业的未来发展积累社会资本（Porter and Kramer，2002），实施慈善捐赠可以迎合政府“形象工程”的需求和预期（郑志刚等，2012）。总之，企业的慈善性捐赠会赢得政府、社会公众的对企业的赞许，然而，公司的慈善性捐赠毕竟是一项减少企业现金流的行为，即“烧钱”行为，而企业的利益相关者，不仅包括政府、社会公众，还包括机构投资者、财务分析师等众多利益主体，遗憾的是，现有研究很少涉及公司的慈善性捐赠对以证券投资基金为主体的机构投资者的影响，换言之，公司的慈善性捐赠行为是否会被基金所接受和认可，如果证券投资基金对持股企业的慈善捐赠行为给予肯定和好的评价，自然会增持股票，否则会“用脚投票”，同时按照利益相关者理论，社会信任是利益相关者理论的重要伦理维度，而企业的慈善性捐赠是否对基金等利益相关者传递出较高的社会信任信号，这些问题的回答还需要实证检验。

对于一个想获得持续成功和保持旺盛生命力的企业，其发展所需的资源通常不被自己所控制，而是掌握在某些关键的利益相关者和政府手中（Pfeffer and Salancik，1978）。我国企业的慈善性捐赠，在提高企业外部声誉形象的同时，会给企业带来必要的社会资本和政治资本，并有助于改善企业与政府的关系，降低公司的融资约束，并增强公司的融资能力，为公司业绩的提高创造必要的条件。在资本市场上，Dhaliwal 和 Radhakrishnan 等（2012）发现公司慈善捐赠等社会责任信息的发布，有助于降低财务分析师的预测误差，从而提高其预测精度，进一步会导致财务分析师对公司股票的兴趣和关注度的提高，而分析师的兴趣增加则有助于增加公司未来三个月的股票回报，以及套利组合的整体回报（Jung et al.，2015），最终会导致基金等机构投资者的股票增持行为的发生，然而，我国特殊制度环境决定了慈善性捐赠与基金持股之间的关系在不同产权性质的企业与不同公司治理质量下，可能会有不同。

本章基于 2008 ~ 2014 年我国沪深 A 股市场的数据，实证检验了公司的慈善性行为是否得到证券投资基金的认可，并产生增持行为，进一步挖掘了背后的原因和机制，同时考虑了企业的产权性质和公司治理水平的差异，分析了二者关系的动态变化结果。结果发现：公司的慈善性捐赠行为会导致证券投资基金的增持，而该效应仅在民营企业显著，二者关系的成因是公司的慈善性捐赠信息向外传递着公司未来良好的业绩和发展前景，而在考虑公司的治理环境时发现，只有代理成本较低组的慈善捐赠会影响公司的未来业绩。本书的研究表明：公司的慈善捐赠有助于向利益相关者传达其较高的“社会信任”信号，有助于机构投资者更加做出有利于公司价值增加的决策。

本章可能的贡献如下：第一，以往研究认为的公司慈善性捐赠可以带来声誉效应、融资效应、政治资本与社会资本，本章则从公司的慈善性捐赠对资本市场的主要参与者——证券投资基金的影响，从一个较新的视角分析慈善性捐赠对资本市场的具体影响，丰富了慈善捐赠的有关文献，并增加了有关经验证据；第二，在理论上，本章的研究有助于完善和深化慈善性捐赠行为对资本市场不同利益相关者影响的有关理论，并对该理论提供部分经验证据；第三，在以上基础上，本章基于中国的企业制度背景和公司治理水平，通过检验不同环境条件下的慈善性捐赠对基金的影响，揭示出在不同国家和情境下，慈善性捐赠的“本土化”特色与性质。此外，本章的研究结论也表明，在慈善捐赠的“股东价值最大化”与慈善捐赠的代理成本等两个解释之外，公司的慈善意味着公司的慈善捐赠也是公司与利益相关者建立社会信任的重要机制和渠道，丰富和增加了公司慈善捐赠研究领域的文献，同时也为利益相关者理论的研究提供了经验证据。

第二节

文献回顾及假设的提出

一、制度背景

中华民族是一个乐善好施的民族，五千年的文明历史造就和丰富了我国的慈善性捐赠文化。2012 年发布的《中国慈善捐助报告》显示：2011 年来自企业的捐赠达到485.75 亿元，占全国社会捐赠总量的57.5%，而在企业捐赠当中，各类民营企业对慈善贡献最大，捐赠总额为282.12 亿元，占比达到57.9%。其中2005 年蒙牛集团以其价值达54.55 亿港元的51%的股份，成立“老牛基金”；2009 年福耀玻璃向社会捐赠70%的公司股份，并成立基金会；同年，新华都集团董事长陈发树将其个人持有的价值83 亿元人民币的有价证券全部捐出，组建了国内最大的个人慈善基金——新华都慈善基金会（杨团，2009）。这些现象说明我国民营企业的慈善性捐赠已经蔚然成风，而且国家也专门出台了一系列鼓励企业捐赠的相关政策和制度，例如1994 年颁布的《中华人民共和国企业所得税暂行条例》、1999 年颁布的《中华人民共和国公益事业捐赠法》、2001 年颁布的《财政部、国家税务总局和海关总署关于发布〈扶贫、慈善性捐赠物资免征出口税收暂行办法〉的通知》、2002 年颁布的《国家税务总局关于企业等社会力量向中华文化发展基金会的公益救济性捐赠税前扣除问题的通知》、2009 年颁布的《关于非营利组织企业所得税免税收入问题的通知》，从而给企业的慈善性捐赠提供了强有力的制度保证和法律支持。换言之，企业进行慈善性捐赠不仅能获得各项税收优惠，而且也可以为企业树立良好的“声誉”和丰厚的社会资本，有利于企业获得很多“软性”资源。

马克思认为：“资本来到世间，从头到脚，每个毛孔都滴着血和肮脏的东西”，强调了企业的股东对劳动者与无产者的无情剥削和压榨，展示出了恶劣的社会形象。事实上，一家追求可持续发展的企业通过承担慈善性捐赠和承担必要的社会责任，有助于为自身获得良好的声誉。雷宇（2015）认为公司捐赠的主要动机和目的在于通过展现慈善的道德形象获得公众的认可，企业通过慈善捐赠，实现货币资本向符号资本的转化，以支票换得无形的道德声誉和地位（Bourdieu，1984）。不仅如此，公司承担慈善性捐赠等社会责任有助于改善公司和客户的关系，进而提高公司的声誉以扩大公司的销售额，达到增加公司业绩的目的，同时更能吸收一些更为优秀的员工加入企业（Dhaliwal et al.，2012），更为重要的是，相比于其他的社会责任形式，慈善捐赠有其特殊的地位，能够向外界传递出更为丰富的信息，即慈善捐赠具有“信号显示”功能，具体包括财务信号和声誉信号（彭镇、戴亦一，2015）。第一，慈善捐赠本身就是企业的一项重要财务安排，对于资本提供者而言，能够通过该项活动更好地了解企业的财务状况；第二，公司参与慈善捐赠能够为其未来的发展积累社会资本，进而显著提升企业的形象和声誉（Porter and Kramer，2002），所以企业的慈善性捐赠有助于降低企业的信息不对称环境与道德风险。

我国企业的慈善性捐赠在提高企业的外部声誉形象的同时，会给企业带来必要的社会资本和政治资本，尤其有助于改善企业与政府的关系，降低公司的融资约束，并为公司的价值提升和业绩提高给予极大帮助，从而有助于公司与各类利益相关者建立“社会信任”，按照有效市场假说的理论，这一信息必然会在资本市场和金融中介的财务决策行为上有所体现。

二、公司的慈善性捐赠与基金持股的互动

他人的福利水平也会影响个人的效用，捐赠提高了他人的福利水平，也提高了自己的效用水平（郑筱婷、钱艳萍，2014），因此公司的慈善性捐赠具有明显的“正外部性”，从而实现了“利己与利他”的完美协调。在“利己”层面，隶属于社会责任范畴的公司慈善性捐赠能够影响公司的财务业绩，其作用

机制和通道是：慈善捐赠通过作用于销售、成本、运营效率（Waddock and Graves 1997；Roberts and Dowling 2002；Edmans 2011）、融资、诉讼风险（Dhaliwal et al.，2012），以及良好的财务前景（Thomas et al.，2015）而间接提高了公司的经营业绩，结果会导致捐赠公司得到正面的媒体报道，同时也会得到政策制定者、监管部门的“喜欢”（Brown et al.，2006），另外 Dhaliwal 等（2011）发现那些从事慈善性捐赠的企业会在资本市场得到更低成本的权益资本，而且银行债权人对企业的“捐赠”等软信息（soft information）更加感兴趣（Goss and Roberts，2009）。在“利他”层面，徐贵宏等（2008）发现内部动机可以导致利己行为，也可导致利他行为，利他行为可以是内部动机所要实现的利己目标的手段，也可以是内部动机之下的利他偏好所产生的行为，因而在不重复博弈条件下，通过在群组内部建立起利他合作的声誉，慈善捐赠等非直接互惠（indirect reciprocity）机制也可以使得追求自利的人实现合作（郑筱婷、钱艳萍，2014）。

总之，公司的慈善性捐赠有利于改善公司未来的经营业绩，基于此，精明的投资者一定会利用这个有用的信息，2003 年德勤会计师通过对 9 个欧洲国家 400 多名财务分析师调查发现，80% 的分析师认为企业的捐赠等社会责任行为会对公司较长期间的价值产生正面影响。而且 Dhaliwal 等（2012）发现公司社会责任报告的发布会导致财务分析更低的预测误差，而在资本市场的生态系统中，以证券投资基金为代表的机构投资者与财务分析师之间存在着共生共存的作用机制，机构投资者需要高质量的研究报告，而大部分卖方分析师的声誉资本和职业前景是由机构投资者通过佣金分仓和明星分析师投票决定的（Gu et al.，2014），而官峰等（2015）认为从全球范围来看，机构投资者的佣金是券商收入中的重要组成部分，并以此对券商施加影响，而我国的财务分析师能否登上《新财富》最佳分析师的榜单，其最终的投票权在基金等机构投资者的手中，证券投资基金是由专业人士组成的金融中介，这些专业人士被公认为证券投资专家。在有效市场假说下，他们通过专业化的信息收集和分析解释，对价格发现机制产生重要影响，使股价充分反映出相关的信息（胡志勇、魏明海，2005）。反过来也表明基金等机构投资者为了获得更高的报酬和待遇，必然会将公司的慈善性捐赠等“利好”消息反馈给基金等机构投资者，其内在的原因是基金等机构投资者是公司利益相关者的一员，而龚天平（2011）认为利益相关者理论提倡企业与利益相关者之间建立起良好的信任关系，这种信任关系的好坏同企业获利能力的强弱，存在着明显的正相关关系，只有与基金等利益相关者建立一定的信任关系后，才能有助于解决交易当中广泛存在的信息不对称和契约的不完备，反过来，只有基金等大机构信任企业后，才会更加愿意增加对企业的投资和持股意愿。

具体到企业的产权上，Seifert（2003）与卢汉龙（2002）都发现民营企业相对于国有企业、外资企业来说在捐赠行为上更为慷慨，我国国有企业由于其特殊的所有制性质，无论在人们意识里还是现实中都无法回避其应承担的社会责任，因此国有企业慈善捐赠被认为是一种自然而然的行为，然而非国有企业由于在证券市场中处于劣势地位，其慈善性捐赠会更受到公众的肯定（彭正、戴亦一，2015），并且国有企业由于具有与生俱来的政治关系优势，不必像民营企业那样通过慈善性捐赠来与政府保持良好的关系（戴亦一等，2014）。基于上面的分析，公司的慈善性捐赠可以给公司带来声誉的优势、经营效率的提升，并且有助于消除或减弱公司的融资约束（翟淑萍等，2015），然而这些所谓的“优势”，并非国有企业心中所期待和向往的要素，因而除国企法定需要履行的社会责任以外，其从事份外的慈善性捐赠的动机较弱，如果捐赠较多，会影响国企领导人的绩效考核和自己的升迁。民营企业的慈善性捐赠行为对资本市场中证券分析师的影响更为显著，进而通过分析师的研究报告对基金的选股行为产生实质性的作用。此外，从利益相关者的社会信任理论看，国有企业的产权属性更多的具有科层制管理文化，制度“刚性”较为明显，交易当中的人情味道可能更为淡化，而民营企业大多为家族控股，或者本身是家族企业，家族属性的企业决定了血缘和关系在企业治理中的地位更高，这些特征决定了其更加适合具有软性特征的“社会信任”的存在，从而更加获得基金等机构投资者的垂青，基于以上分析，提出如下假设：

假设 H5－1：其他条件不变，公司的慈善性捐赠与证券投资基金的持股之间正相关；

假设 H5－1a：相对于国有企业，民营企业的慈善性捐赠与证券投资基金的正相关效应会更强。

三、公司的慈善性捐赠为何能“吸引”证券投资基金

Thomas 等（2015）发现公司在本期的慈善性捐赠行为预示着公司在未来

期望获得好的回报和业绩提升，公司的慈善性捐赠向公司的外部利益相关者发出一个“信号”，即慈善性捐赠公司未来具有良好的财务前景，就像公司的股利变化具有“信号”效应一样，即使公司并未主动披露未来业绩的部分信息，该“信号”也暗含公司未来较好的现金流信息（Miller and Rock，1985；John and Williams，1985），进一步，一个从事慈善性捐赠的公司更容易获得政府的补助和支持性项目，而且也可以获得较高的来自正规金融机构的信贷投放（沈艳、蔡剑，2009），其结果会使得慈善性捐赠公司未来更有可能获得高净现值的投资项目，并且从事慈善性捐赠的公司可以获得低成本的权益融资（Dhaliwal et al.，2012），会提高公司的净利润，并且进一步被包括证券投资基金在内的各类投资者所看好，所以，虽然公司的慈善行捐赠行为会影响公司当期的净利润、现金流等，但其所具有的“信号”效应会对公司未来的业绩有较大的影响。尤其是 Dhaliwal 等（2012）发现公司的慈善捐赠等社会责任信息的发布，有助于降低财务分析师的预测误差，提高财务分析师关注该公司的兴趣和注意力，而财务分析师兴趣的增加预示着该公司未来三个月的股票回报会显著提高（Jung et al.，2015），而该信息自然会被证券投资基金等精明机构投资者所“捕捉”，进一步增加对持股企业的投资规模，并发挥其公司治理监督的功能，有助于企业未来的改良，从而形成了一种“慈善捐赠——分析师的关注——证券基金的持股与监督——业绩的提高”的良性运营模式。此外基于融资成本视角，当企业的慈善性捐赠意味着其具有较高水平的社会信任时，包括债权人、股东、供应商等利益相关者会要求更低风险溢价和回报率，从而有助于提高公司的业绩，基于以上分析，提出如下假设：

假设 H5 -2：其他条件不变，当期的公司慈善行捐赠会对公司的未来业绩有显著的正面影响。

四、公司治理环境的影响

大多数组织中的代理问题是由于所有权与经营权的分离而产生的，与股权结构无关（Jense and Meckling，1976）。在代理成本较高的公司，股东会认为管理者利用捐赠的机会来满足个人的私利，例如放弃自己应负的责任；获得过高的薪酬和一些奢侈品的消费（Glaeser，2003），因而股东资本主义学派认为，公司的慈善性捐赠行为实际上违背了股东价值最大化的假设，也使得公司的帕累托最优无法实现，同时，公司的慈善性捐赠有可能是公司的管理层为了自己利益的最大化，从事了一些无需股东去做的事情，是对股东财富的一种“隐形”侵占和掠夺，尽管战略性慈善学派认为慈善性捐赠使企业获得组织声誉、社会信任、政治关联，以及有利的竞争环境（唐跃军等，2015），然而公司的信息不对称问题和道德风险导致我们无法区分公司慈善性捐赠的真实动机和具体类型，而这取决于公司的治理治理质量和代理成本。有效的公司治理能够限制对慈善性资产的滥用，并且可以将管理者的个人利益目标与组织目标更好地协调（Harris et al.，2015）。

公司治理的特征将会对慈善性捐赠产生实质性。一方面，公司的治理质量越好，越容易吸引和增加利益相关者对公司的关注度和兴趣，从而有利于建立更为牢固的社会信任关系，增加供应商的价格优惠、投资者的风险溢价等，Olson（2000）发现在公司的43个大学的捐赠事件中，公司董事会的规模、董事的任期，以及有管理者从业背景的董事与慈善性捐赠正相关，因为这些因素会影响董事监督职能的发挥。与此类似，那些经过五大审计的公司因为代表着较高的审计质量也会得到更多的慈善性捐赠（Kitching，2009）。另一方面，一般而言，在代理成本较高的公司，公司捐赠的审批程序不严格，管理者的自利性捐赠和虚假捐赠行为会较多，因而精明的基金经理会利用自己的信息优势看穿“捐赠”的真实目的，这些都会削弱基金等利益相关者对公司的社会信任，而远离此类公司；进一步，即使基金公司持股此类公司，也会利用其投票权对公司的管理层和大股东施加影响，发挥其“用脚投票”的杀伤力，并有可能降低公司的“可疑捐赠”支出。另外，代理成本较高的公司信息披露较差，导致分析师的预测误差增加，也会降低财务分析师的关注度和兴趣，而这预示这个公司未来三个月的股票回报的下降（Jung et al.，2015）。相反，在代理成本较低的公司，预示着公司有更加独立的董事、较少的关联方、有较独立的审计委员会等，从而会做出更有效率的捐赠决策（Erica Harris，2015）并且会增加公司的慈善捐赠，该信息有助于提高财务分析师的预测准确度，增加了财务分析师关注该股票的兴趣和注意力，结果会导致公司未来的套利组合获得额外的收益。李胜楠等（2015）发现基金经理与公司高管之间的频繁互动使基金经理拥有了解公司经营信息的额外渠道，从而能够更深刻地理解和判断公司的经营战略和决策，当基金公司参与上市公司高管变更决策时，基金公司良好的治理能够使其对高管的变更决策产生显著的影响，使得公司的慈善性捐赠行为达到改善公司未来业绩的目标，实现了把“好事做好”的最初目的。基于以上分析，提出如下假设：

假设 H5－3：其他条件不变，在代理成本较低的公司，基金的参与行为会增强公司当期的慈善性捐赠，与公司的未来业绩之间正相关。

第三节 研究设计及实证结果

一、研究设计

（一）样本选择

本书的样本选择对象是 2008～2014 年我国沪深 A 股主板公司，之所以从 2008 年开始，是由于 2008 年汶川大地震后，我国企业的大规模慈善性捐赠才比较普遍。在样本选取过程中，本书对样本做了以下处理：（1）删除 ST、PT 公司的样本；（2）删除了金融或证券类公司的样本；（3）删除资产负债率大于 1 或小于 0 的公司；（4）删除销售增长率大于 1 或小于 0 的公司；（5）删除发行 B 股、H 股的公司；（6）删除已经退市或当年上市的公司；（7）删除缺失值较多的公司。

（二）数据来源

基金持股数据来自 wind 数据库；公司的捐赠数据来源于 CSMAR“上市公司财务报表附注数据库”损益项目中的“营业外支出—非公益性捐赠”栏目，并由笔者进行手工整理，对所有数据进行了缩尾处理，最后获得有效观测值 7148 个；企业产权数据库来自 CCER。统计分析使用 Stata12.0 软件，同时为了消除变量极端值对研究结果的影响，本书对所有连续变量在总样本上下 5% 的水平进行了 Winsorize 处理。

（三）模型设置和变量定义

为了检验证假设 H5－1，设计了以下模型：

$$Fund(Dumfund)_{t+1} = \alpha_0 + \alpha_1 \times Donation + \alpha_2 \times Beta + \alpha_3 \times Size + \alpha_4 \times Lev + \alpha_5 \times Salgrow + \alpha_6 \times Zdex + \alpha_7 \times Rindir + \alpha_8 \times Manafeer + \sum Year + \sum Indus + \varepsilon_{it} \quad (5-1)$$

为了检验证假设 H5－2，设计了以下模型：

$$Froa(Freturn)_{t+1} = \beta_0 + \beta_1 \times Donation + \beta_2 \times Netsale + \beta_3 \times Size + \beta_4 \times Lev + \beta_5 \times Netincome + \beta_6 \times Mb + \beta_7 \times Zdex + \beta_8 \times Manafeer + \beta_9 \times Opcash + \sum Year + \sum Indus + \mu_{it} \quad (5-2)$$

为了检验证假设 5－3，设计了以下模型：

$$Froa(Freturn)_{t+1} = \gamma_0 + \gamma_1 \times Donation + \gamma_2 \times Netsale + \gamma_3 \times Size + \gamma_4 \times Lev + \gamma_5 \times Netincome + \gamma_6 \times Mb + \gamma_7 \times Zdex + \gamma_8 \times Manafeer + \gamma_9 \times Gj1 + \gamma_{10} \times Beta + \gamma_{11} \times Fund + \gamma_{12} \times Fund \times Donation + \gamma_{13} \times Rindir + \gamma_{14} \times Salgrow + \sum Year + \sum Indus + \nu_{it} \quad (5-3)$$

（1）解释变量。

慈善捐赠（Donatio），基于张敏等（2013）的做法，以慈善捐赠总额占企业营业收入的比例或慈善捐赠占总资产的比例来衡量该变量，具体以当期营业收入再乘以 100 来度量。

（2）被解释变量。

基金持股（Fund），采用基金持股份额占对外发行总股本之比来衡量，另外也采用基金持股倾向（Dumfund）来测度基金持股公司的状态，如果该公司有基金持股，赋值为 1，否则为 0，公司业绩（Roa），用来衡量企业的盈利能力，它等于净利润除以期末账面净资产；公司年度市场回报（Return）利用国泰安数据库的年度个股考虑分红再投资的收益率来度量。

（3）控制变量。

Size 为企业规模，用期末总资产的自然对数表示，Lev 为资产负债率，等于期末负债总额除以资产总额；Netsale 代表公司的销售净额，具体用主营业收入净额除以资产总额；Opcash 代表公司的经营现金净流量，并通过除以资产总额以消除规模效应；Salgrow 代表公司的销售增长率，Beta 代表公司的风险，用国泰安数据库贝塔指数来表示；Zdex 表示第一股东与第二大股东持股比例，Gj1 表示第一大股东持股比例；Rindir 表示独立董事比例，用独立董事人数除以董事人数；Manafee 表示公司的管理费用率，利用公司的管理费用总额除以主营业务收入；Netincome 表示公司的年度净利润，用净利润除以资产总额，Mb 表示公司的账面市值比，用资产总额与市值之比衡量；Mangshare 表示管理层持股比例，用所有高管所持股份与发行的总股数之比度量；Mangshare 表示市场化水平的指数，而 Govinterve 表示政府干预程度，这两个指标都来自樊纲等（2011）编制的《中国市场化指数——各地区市场化相对进程 2011 年报告》；East 表示企业是否属于东部，是取 1，否则取 0，AVgdp 表示公司注册地所在省份的人均 GDP，除此之外，本书也控制年度效应，并按照证监会（2001）的规定控制了行业效应。

二、实证结果

（一）基本统计量和相关系数

表 5－1 是主要变量的统计值，从中可以看出慈善性捐赠（Donation）的均值是 12.68，中位数 12.74，最小值是 3.401，最大值 20.25，表明样本的分布比较离散且有一定的差异；基金持股的（Fund）的均值是 9.322，标准差是 13.2，最小值是 0.005，最大值是 19.7，表明公司间基金持股的差异很大，公司的盈余（Roa）的均值是 0.045，与我国《证券法》对上市公司的盈利要求基本接近，最小值是 0.011，最大值是 0.4，相差近 40 倍，公司的年度市场收益率（Return）的均值是 14.9%，最小值 8.85%，最大值是 22.34%，中位数是 12.98%，表明本书所选样本中一半以上的公司的市场回报在 13% 左右，属于市场业绩较好的公司，从而具从事慈善性捐赠的实力和可能，管理费用率（Manafeer）的均值为 0.243，最小值为 0.148，最大值为 0.715，中位数为 0.248。表明公司主营收入的近 1/4 部分用于支付代理成本相关的费用。

表 5－1　　　　变量的基本统计量

变量	观测值	均值	最小值	25 分位数	标准差	中位数	75 分位数	最大值
Donation	7148	12.68	3.401	11.29	2.275	12.74	14.18	20.25
Netsale	7148	0.755	0.0260	0.547	0.511	0.727	0.754	9.073

续表

变量	观测值	均值	最小值	25分位数	标准差	中位数	75分位数	最大值
Opcash	7148	0.153	0	0.0750	0.112	0.125	0.198	0.777
Beta	7148	0.999	0.180	0.897	0.187	1.023	1.120	2.438
Salgrow	7148	0.237	0.204	0.0950	0.194	0.185	0.331	0.998
Netincome	7148	0.0850	0.001	0.0230	0.142	0.0590	0.117	2.675
Rindir	7148	0.366	0.0910	0.333	0.0570	0.333	0.375	0.800
Gj1	7148	23.12	0.0860	5.002	18.74	20	37.12	86.35
Fund	7148	9.332	0.005	0.310	13.52	3.260	12.94	19.7
Size	7148	22.26	18.83	21.36	1.324	22.07	23.00	28.41
Lev	7148	0.522	0.700	0.394	0.183	0.534	0.661	0.997
Mb	7148	0.703	0.0670	0.480	0.288	0.697	0.919	2.515
Manafeer	7148	0.243	0.148	0.195	0.914	0.248	0.476	0.715
Zdex	7148	14.78	1	1.590	30.39	3.877	14.51	404.1
Roa	7148	0.0450	0.011	0.0170	0.0500	0.0370	0.0660	0.400
Return	7148	14.90	8.850	14.17	1.298	14.84	15.59	22.34

表5-2是主要变量的皮尔孙相关系数统计结果，从中可以看出慈善捐赠（Donation）与基金持股（Fund）的相关系数为0.234，且在1%水平显著，其与两个业绩变量（Roa）与（Return）的相关系数分别为0.207与0.483，初步说明慈善捐赠可以增加公司的经营业绩，也可吸引基金等机构投资者的积极进入，同时其与管理费用率（Manafeer）的相关系数为-0.266，尽管不显著也表明代理成本会影响公司的慈善性捐赠，进一步管理费用率（Manafeer）与基金持股（Fund）的相关系数是-0.21且高度显著，表明基金持股能够发挥一定的治理作用，从而降低了公司的代理成本，其余变量之间的相关系数基本未超过50%，说明变量之间的共线性问题不是很严重，从而有助于下文的回归分析。

表5-2　　　　变量的相关系数

	Donation	Netsale	Opcash	Beta	Salgrow	Netincome	Rindir
Donation	1						
Netsale	0.0341**	1					
Opcash	0.0129	0.115***	1				

续表

	Donation	Netsale	Opcash	Beta	Salgrow	Netincome	Rindir
Beta	-0.158 ***	-0.0195	-0.0507 **	1			
Salgrow	0.0924 ***	0.0305 *	-0.300	0.0148	1		
Netincome	0.0964 ***	-0.237 ***	0.0826 ***	-0.117 ***	0.0347 **	1	
Rindir	0.0711 **	-0.0125	0.0348 **	-0.0572 ***	0.0494 ***	-0.400	1
Gj1	0.443 **	0.0660	-0.0171	-0.115 ***	0.410	0.240	0.0481 **
Fund	0.234 ***	0.106 ***	0.164 ***	-0.315 ***	0.113 ***	0.146 ***	-0.00170
Size	0.481 ***	-0.0167	-0.110 ***	-0.323 ***	0.0911 ***	0.106 ***	0.129 ***
Lev	0.0667 ***	0.100 ***	-0.315 ***	0.0375 **	0.0951 ***	-0.291 ***	0.0219
Mb	0.138 ***	-0.0370 **	-0.168 ***	-0.0756 ***	-0.0443 ***	-0.0547 ***	0.0663 ***
Manafeer	-0.266	0.0424 *	-0.0326 **	-0.0262	0.0277 *	-0.0860	-0.0253
Zdex	0.0114	0.0940	-0.0559 ***	0.0138	0.0940	-0.0147	0.0374 **
Roa	0.207 ***	0.0679 ***	0.310 ***	-0.209 ***	0.115 ***	0.594 ***	-0.0124 ***
Return	0.483 ***	0.0274 ***	0.0698 ***	-0.365 ***	0.132 ***	0.251 ***	0.112 ***
	Gj1	Fund	Size	Lev	Mb	Manafeer	Zdex
Gj1	1						
Fund	-0.189 ***	1					
Size	0.207 ***	0.194 ***	1				
Lev	0.332 **	-0.0371 **	0.337 ***	1			
Mb	-0.165 ***	-0.139 ***	0.502 ***	0.303 ***	1		
Manafeer	0.0561	-0.210 ***	0.102 **	0.0559	0.0774	1	
Zdex	0.457 ***	-0.156 ***	0.104 ***	0.0182	0.0260	0.0451 ***	1
Roa	0.0372 **	0.402 ***	0.0667 ***	-0.425 ***	-0.234 ***	-0.480	-0.0420 **
Return	0.232 ***	0.388 ***	0.801 ***	-0.0450	-0.0740	0.0656 ***	0.0902 ***
Rindir	0.481 ***	-0.170	0.129 ***	0.0219	0.0663 ***	-0.0253	0.0374 **
	Roa	Return					
Roa	1						
Return	0.357 ***	1					

注：括号里是 T 值，并经过异方差调整，*** $p<0.01$，** $p<0.05$，* $p<0.1$。

（二）多元回归分析

表 5-3 是公司的慈善性捐赠与公司下年基金持股的 OLS 回归结果，其中，第 2 列是全样本回归，第 3 列和第 4 列是按照企业产权性质分组的回归结果，

可以发现慈善捐赠的（Donation）的回归系数除国有企业组以外，剩余两组都高度显著，表明公司的慈善性捐赠的确能够吸引证券投资基金持股公司，而且在民营企业这一效应更加明显。表 5 - 4 是采用 Logit 回归的结果，以检验慈善捐赠是否影响基金的持股倾向，结果发现表 5 - 4 的全样本本组和民营企业的回归系数显著，国有企业组不显著，本书的假设 H5 - 1 得到初步的验证和支持。

表 5 - 3　　慈善捐赠与基金的未来持股的回归（OLS）

变量	模型（1）	模型（2）	模型（3）
Donation	0.634*** (17.523)	0.197*** (10.976)	0.632 (1.227)
Beta	-0.6464*** (-15.114)	-0.6772*** (-10.318)	-0.4115*** (-9.461)
Lev	0.189 (1.406)	0.1851** (2.163)	-0.168 (-0.445)
Size	0.938*** (10.661)	0.122*** (8.641)	0.651*** (8.313)
Salgrow	0.281*** (3.126)	0.442** (2.185)	0.550* (1.697)
Zdex	-0.0635*** (-2.757)	-0.0555 (-1.539)	-0.0695*** (-3.063)
Rindir	26.15* (1.910)	40.96** (1.979)	6.442 (0.455)
Manafeer	-0.3871** (-2.428)	-0.5336* (-1.692)	-0.3999*** (-3.098)
Constant	-0.3663*** (-3.046)	-0.1209*** (-4.981)	0.2747** (2.280)
行业	控制	控制	控制
年度	控制	控制	控制
Observations	7148	4950	2098
R-squared	0.406	0.410	0.305
F	54.64	29.66	15.88

注：括号里是 T 值，并经过异方差调整，*** $p<0.01$，** $p<0.05$，* $p<0.1$。

表5-4　　慈善性捐赠与基金是否持股的回归（Logit）

	因变量：DUM_FUND		
Donation	0.321*** (7.900)	0.629*** (3.958)	0.0669 (0.925)
Beta	-0.995*** (-3.729)	-0.768*** (-2.765)	-0.315** (-1.986)
Lev	0.0297 (0.056)	-0.505 (-0.566)	-0.0252 (-0.036)
Size	0.262** (2.029)	0.251 (1.017)	0.256 (1.610)
Salgrow	0.784*** (3.657)	0.868*** (3.104)	0.240** (2.063)
Zdex	-0.0903 (-0.325)	0.0181 (1.431)	-0.0347 (-1.202)
Rindir	0.302** (1.968)	0.991 (0.366)	0.802** (2.118)
Manafeer	-0.123 (-0.081)	0.542 (0.653)	-0.913 (-0.525)
Constant	-0.644* (-1.939)	-0.247** (-2.134)	-0.834 (-1.035)
行业	控制	控制	控制
年度	控制	控制	控制
Observations	7148	4950	2098
pseud R^2	0.211	0.265	0.2002
LR	290.18	143.13	158.25

注：括号里是Z值，*** $p<0.01$，** $p<0.05$，* $p<0.1$。

表5-5是慈善性捐赠与公司下一年的盈余（FROA）和下一年的市场回报之间（FRETURN）的回归结果，用来检验慈善性捐赠的经济后果。表5-5的第2列~第4列的被解释变量是公司下年的净资产回报率，第3列控制了行业效应，而第4列控制了年度效应，第5列~第7列的被解释变量是公司下年的年度回报，并同样控制了行业与年度固定效应。从表5-5可以看出，无论采用哪一类公司业绩测度变量，慈善性捐赠的回归系数都显著为正，并且都在1%水平高度显著，从而说明公司的慈善性捐赠会对公司未来的业绩改善有明显的提升作用，从而以中国的证据支持和验证了Thomas Lys等（2015）的

结论。

表 5 – 5　　　公司慈善性捐赠与公司未来业绩及市场回报回归

	因变量：FROA			因变量：FRETURN		
Donation	0.0239*** (6.063)	0.0272*** (7.140)	0.0262*** (6.710)	0.0128*** (3.737)	0.0120*** (3.533)	0.0228*** (5.844)
Netsale	0.0165*** (11.061)	0.0173*** (11.565)	0.0187*** (13.163)	0.0433*** (3.336)	0.0317** (2.381)	0.0615*** (4.352)
Opcash	0.0581*** (7.572)	0.0564*** (7.295)	0.0584*** (8.238)	0.269*** (4.030)	0.285*** (4.146)	0.426*** (6.032)
Netincome	0.203*** (30.372)	0.205*** (30.548)	0.205*** (31.464)	0.377*** (6.491)	0.374*** (6.258)	0.497*** (7.642)
Size	0.0502*** (6.050)	0.0362*** (4.740)	0.0485*** (6.216)	0.914*** (6.836)	0.921*** (5.421)	0.895*** (5.239)
Lev	−0.0539*** (−10.290)	−0.0570*** (−10.872)	−0.0612*** (−12.642)	−1.098*** (−24.096)	−1.044*** (−22.382)	−1.326*** (−27.494)
Mb	−0.0503*** (−13.233)	−0.0384*** (−11.879)	−0.0422*** (−12.498)	−0.1928*** (−8.362)	−0.050*** (−7.260)	−0.0630*** (−8.498)
Manafeer	0.0729 (0.307)	0.0194 (0.081)	0.0566 (0.238)	0.0288 (1.395)	0.0427** (2.007)	0.0352 (1.489)
Zdex	−0.0185 (−0.848)	−0.0236 (−1.081)	−0.0111 (−0.502)	−0.0553*** (−2.920)	−0.0647*** (−3.331)	−0.0447** (−2.045)
Constant	−0.0783*** (−5.059)	−0.0637*** (−4.187)	−0.0684*** (−4.869)	−0.0256*** (−24.203)	−0.0339*** (−24.683)	−0.0228*** (−23.078)
行业	控制	控制	未控制	控制	控制	未控制
年度	控制	未控制	控制	控制	未控制	控制
Observations	7148	7148	7148	7148	7148	7148
R-squared	0.396	0.388	0.378	0.443	0.440	0.422
F	116.0	135.1	205.5	131.2	147.2	177.7

注：括号里是 T 值，并经过异方差调整，*** $p<0.01$，** $p<0.05$，* $p<0.1$。

在此基础上，表 5 – 6 考虑了公司的代理成本因素后，按照公司代理成本的中位数进行分组，考察不同公司治理质量以及慈善性捐赠是否通过增加基金持股而改善了公司的未来业绩等问题。表 5 – 6 的第 2 列 ~ 第 4 列的被解释变量是下一年的 Roa，第 5 列 ~ 第 7 列是公司的年度回报，其中第 2 列 ~ 第 5 列是全样本的回归，我们可以发现 Donation 与 Fund 的交互项的估计系数在第 2

列和第5列的回归系数分别为0.0119和0.0142，而且分别在5%和1%水平显著，说明慈善性捐赠能够通过增加基金持股对公司的未来业绩有积极的影响，进一步考虑了公司的代理成本因素后，可以看出，第3列与第6列的回归系数分别是0.0140和0.0170，且都在1%水平高度显著，该结果说明，只有在公司治理质量较好的公司，公司的慈善性捐赠才会具有正面的信号显示功能，并引起基金持股的意愿与兴趣，进而利用其信息优势和资源优势，来提高公司的未来业绩，具体见表5-6。

表5-6　　慈善性捐赠、代理成本与公司未来业绩及市场回报

	因变量：FROA			因变量：FRETURN		
	基准模型	低代理成本	高代理成本	基准模型	低代理成本	高代理成本
Donation	0.0159*** (3.884)	0.0130 (0.407)	0.0992** (2.215)	0.0356 (1.056)	0.0782 (0.183)	0.0461*** (2.831)
Netsale	0.0152*** (10.522)	0.0225*** (21.126)	0.112*** (15.435)	0.0260** (2.188)	0.0256* (1.791)	0.253*** (2.805)
Opcah	0.0419*** (5.598)	0.0198*** (3.594)	0.0318*** (3.525)	0.134** (2.171)	0.0458 (0.620)	0.245** (2.197)
Beta	-0.0105** (-2.566)	-0.0506 (-1.640)	-0.0182*** (-3.534)	-0.127*** (-3.744)	-0.171*** (-4.142)	-0.0989 (-1.548)
Salgrow	0.0198*** (5.440)	0.0820*** (2.880)	0.0893** (2.289)	0.0888*** (2.960)	0.0936** (2.449)	0.0613 (1.268)
Netincome	0.198*** (30.617)	0.751*** (63.080)	0.177*** (34.364)	0.275*** (5.165)	0.804*** (5.033)	0.285*** (4.470)
Rindir	-0.0262** (-2.114)	-0.0210** (-2.273)	-0.0174 (-1.171)	0.173* (1.694)	0.0424 (0.342)	0.413** (2.238)
Gj1	0.0834* (1.804)	0.0844** (2.464)	-0.0167 (-0.330)	-0.0502*** (-13.156)	-0.0442*** (-9.188)	-0.0575*** (-9.180)
Donation * Fund	0.0119** (2.416)	0.0140*** (3.101)	-0.0536 (-1.140)	0.0142*** (3.502)	0.0170*** (2.812)	0.0292 (0.502)
Fund	0.0170*** (3.184)	0.0055 (1.065)	0.0113** (2.390)	0.0981** (2.228)	0.0110 (1.594)	0.0764 (1.305)
Size	-0.0451*** (-3.853)	-0.0244*** (-2.640)	0.0123 (0.956)	0.854*** (8.371)	0.838*** (7.682)	0.897*** (6.192)
Lev	-0.0513*** (-9.951)	-0.0517 (-1.246)	-0.0187*** (-3.298)	-1.045*** (-4.593)	-0.958*** (-7.201)	-1.054*** (-5.025)

续表

	因变量：FROA			因变量：FRETURN		
	基准模型	低代理成本	高代理成本	基准模型	低代理成本	高代理成本
Mb	-0.0190 *** (-4.107)	0.00187 (0.522)	-0.0174 *** (-3.383)	-0.0795 *** (-46.926)	-0.0688 *** (-35.121)	-0.0906 *** (-29.896)
Manafeer	0.0106 (0.465)	0.0153 (0.856)	-0.0676 *** (-2.758)	0.0441 ** (2.337)	0.0419 * (1.751)	0.0385 (1.270)
Zdex	0.0017 (0.007)	-0.0312 (-0.168)	0.0566 (0.241)	0.0791 *** (4.175)	0.0664 *** (2.667)	0.0986 *** (3.388)
Constant	0.125 *** (5.290)	0.0325 * (1.770)	-0.0127 (-0.465)	-0.0903 *** (-9.760)	-0.0626 *** (-6.598)	-0.0881 *** (-8.516)
行业	控制	控制	控制	控制	控制	控制
年度	控制	控制	控制	控制	控制	控制
Observations	7148	3575	3573	7148	3575	3573
R-squared	0.332	0391	0.361	0.453	0.459	0.450
F	106.4	308.0	74.61	126.8	876.9	443.0

注：括号里是 T 值，并经过异方差调整，*** p<0.01，** p<0.05，* p<0.1。

（三）稳健性检验

（1）内生性检验。

首先，由于公司的慈善性捐赠与基金持股之间，具有某些内生性和样本自选择的问题，因而通过 Heckman（1979）的方法，选择了滞后一年的 Roa、公司所在地市场化指数变量（Marketindex）、政府的干预指数变量（Marketindex）、公司注册地的年度人均 GDP（Avgdp）、公司是否属于注册于东部地区的哑变量（East）等作为工具变量，通过模型（5-4）而获得提出内生性后的慈善性捐赠变量，并将其放入模型（5-1）中进行回归。

$$Prbit(Donation = 1) = \alpha_0 + \alpha_1 \times Lroa + \alpha_2 \times Marketindex + \alpha_3 \times Govinterv + \alpha_4 \times East + \alpha_5 \times Avgdp + \sum Year + \sum Indus + \nu_{it} \quad (5-4)$$

从表 5-7 和表 5-8 的结果可以看出，两个回归中的逆米尔斯比率基本都显著为正，说明所选样本存在一定的内生性问题，进一步发现，表 5-7 的第 3 列与表 5-8 的第 3 列慈善性捐赠的回归系数显著为正，进一步发现在只有民营企业组的 Donation 回归系数才显著为正，国有企业组尽管为正，但都不显著，假设 H5 - 1 再次得到了支持和验证。

表 5 - 7 慈善捐赠与基金未来持股数量的 Heckman 检验

变量	第一阶段	第二阶段		
LRoa	0.0168 * (1.925)			
Marketindex	0.1328 * (1.768)			
Govinterve	-0.0546 ** (-2.048)			
East	0.0071 (1.1782)			
Avgdp	0.7693 ** (2.194)			
Donation		0.640 *** (17.844)	0.154 *** (10.878)	0.639 (1.233)
Zdex		-0.0627 *** (-2.765)	-0.0589 * (-1.680)	-0.0674 *** (-2.957)
Manafeer		2.192 (0.892)	-0.240 (-0.063)	3.508 (1.428)
Beta		-0.6447 *** (-15.319)	-0.6690 *** (-10.478)	-0.4170 *** (-9.529)
Lev		8.031 (1.613)	18.90 ** (2.281)	1.006 (0.220)
Size		0.524 *** (10.447)	0.476 *** (8.670)	0.675 *** (7.917)
Mangshare		0.0430 (1.552)	0.0856 (0.261)	0.0319 (0.999)
Rindir		0.2865 ** (2.124)	0.4251 ** (2.114)	0.7661 (0.538)
Salgrow		0.1287 *** (3.211)	0.1346 ** (2.106)	0.8156 ** (2.121)
Imr		0.6150 *** (8.116)	0.8864 *** (8.079)	-0.723 (-0.331)
Constant		-0.4199 *** (-3.599)	-0.1225 *** (-5.292)	0.2232 * (1.860)
行业		控制	控制	控制

续表

变量	第一阶段	第二阶段		
年度		控制	控制	控制
Observations	7148	7148	2198	4950
R-squared（Pseud R^2）	0.237	0.424	0.444	0.298
F（Wald）	129.463	56.58	32.66	14.75

注：括号里是T值，并经过异方差调整，*** p<0.01，** p<0.05，* p<0.1。

其次，为了进一步解决内生性问题，本书将模型（5-3）通过变换，获得一个差分模型（5-5），并通过回归，表5-9与表5-10就是两个差分模型的两组回归结果，可以看出慈善性捐赠的差分估计系数都显著为正，而且其与基金持股（Fund）的交互性的估计系数在全样本组和民营企业组都显著为正，本书的假设H5-3再次得到验证和支持。

$$\Delta Froa(\Delta Freturn) = \gamma_0 + \gamma_1 \times \Delta Donation + \gamma_2 \times \Delta Netsale + \gamma_3 \times \Delta Size + \gamma_4 \times \Delta Lev + \gamma_5 \times \Delta Netincome + \gamma_6 \times \Delta Mb + \gamma_7 \times \Delta Zdex + \gamma_8 \times \Delta Manafeer + \gamma_9 \times \Delta Gj1 + \gamma_{10} \times \Delta Beta + \gamma_{11} \times \Delta Fund + \gamma_{12} \times \Delta Fund \times \Delta Donation + \gamma_{13} \times \Delta Rindir + \gamma_{14} \times \Delta Salgrow + \sum Year + \sum Indus + \zeta_{it} \quad (5-5)$$

表5-8　　慈善捐赠与基金是否持股的Heckman检验

变量	第一阶段	第二阶段		
Lroa	0.0274 * (1.876)			
Market	0.4892 *** (2.849)			
Govinterve	-0.0546 ** (-2.034)			
East	0.0071 (1.0268)			
Avgdp	0.7693 ** (2.219)			
Donation		0.323 *** (3.0409)	0.583 *** (3.163)	0.0821 (0.0726)

续表

变量	第一阶段	第二阶段		
Zdex		-0.0849 (-0.0280)	0.0174 (0.0126)	-0.0330 (-0.0289)
Manafeer		0.0630 (0.261)	-0.106 (0.438)	0.309 (0.347)
Beta		-0.309*** (-2.540)	-0.668 (-1.033)	-0.358** (-2.167)
Lev		0.0258 (0.524)	-0.0434 (-0.886)	0.0439 (0.679)
Size		0.257** (0.129)	0.248 (0.237)	0.242 (0.159)
Mangshare		0.0207 (0.163)	0.0291 (0.253)	0.0108 (0.0171)
Rindir		0.612** (1.696)	0.360 (2.771)	0.366** (2.313)
Salgrow		0.781*** (0.487)	0.777*** (0.956)	0.295** (0.600)
Imr			0.732*** (10.46)	0.634*** (14.29)
行业	控制	控制	控制	控制
年度	控制	控制	控制	控制
Observations	7148	7148	2198	4950
R-squared（Pseud R^2）	0.325	0.278	0.235	0.31
F（Wald）	230.1795	104.237	159.114	149.625

注：括号里是 T 值，并经过异方差调整，*** p<0.01，** p<0.05，* p<0.1。

表 5-9　　慈善捐赠、基金持股与公司业绩的差分检验

变量	因变量：ΔROA			
ΔDonation	0.0319** (2.172)	0.0384** (2.296)	0.0114** (2.231)	0.0356* (1.956)
ΔNetsale	0.0103 (0.999)	0.0942 (0.900)	0.0251 (1.523)	0.0260** (2.188)
ΔOpcash	0.0303 (0.572)	0.0206 (0.379)	-0.0288 (-0.338)	0.134** (2.171)

续表

变量	因变量：ΔROA			
ΔBeta		-0.0362 (-1.216)	-0.0244 (-0.513)	-0.127 *** (-3.744)
ΔSalgrow		-0.0107 (-0.404)	-0.0444 (-1.010)	0.0888 *** (2.960)
ΔNetincome	0.0754 (1.632)	0.0715 (1.528)	0.0699 *** (3.801)	0.275 *** (5.165)
ΔRindir		-0.0722 (-0.080)	-0.0285 (-0.200)	0.173 * (1.694)
ΔGj1		-0.0124 (-0.370)	-0.0286 (-0.517)	-0.0502 *** (-13.156)
ΔDonan * ΔFund		0.0294 * (1.825)	0.0805 *** (3.156)	0.0142 (1.502)
ΔFund		0.0438 (1.133)	-0.0119 (-1.494)	0.0981 ** (2.228)
ΔSize	0.0478 (0.835)	0.0356 (0.042)	0.0422 (0.296)	0.854 *** (8.371)
ΔLev	-0.0236 (-0.653)	-0.0168 (-0.450)	0.0507 (0.791)	-1.045 *** (-4.593)
ΔMb	-0.0582 ** (-2.216)	-0.0476 (-1.417)	-0.0442 (-0.800)	-1.795 *** (-6.926)
ΔManafeer	0.0196 (1.192)	0.0206 (1.241)	0.0236 (0.858)	0.0441 ** (2.337)
ΔZdex	-0.0513 (-0.341)	-0.0601 (-0.036)	-0.0605 (-0.211)	0.0791 *** (4.175)
Constant	-0.0136 (-1.271)	-0.0158 (-0.092)	-0.0122 (-0.430)	-0.0903 *** (-9.760)
行业	控制	控制	控制	控制
年份	控制	控制	控制	控制
Observations	7147	7147	2157	4949
R-squared	0.14	0.16	0.28	0.23
F	112.1	101.5	107.3	126.8

注：括号里是 T 值，并经过异方差调整，*** $p<0.01$，** $p<0.05$，* $p<0.1$。

表 5-10　　慈善捐赠、基金持股与公司市场回报的差分检验

变量	因变量：ΔRETURN			
ΔDonation	0.0602 (1.155)	0.0139 (0.248)	0.0916 ** (1.204)	0.0135 * (1.654)
ΔNetsale	0.0255 (1.290)	0.0244 (1.240)	0.0411 (0.162)	0.178 (1.342)
ΔNetcash	0.283 *** (2.764)	0.228 ** (2.208)	0.194 (1.469)	0.361 ** (2.149)
ΔBeta		0.341 *** (6.092)	0.361 *** (4.915)	0.142 (1.509)
ΔSalgrow		0.108 ** (2.164)	0.0929 (1.369)	0.140 ** (1.969)
ΔNetincome	0.158 * (1.790)	0.113 (1.285)	0.0522 (0.184)	0.212 ** (2.253)
ΔRindir		-0.100 (-0.593)	-0.219 (-0.993)	0.143 (0.526)
ΔGj1		-0.0123 * (-1.954)	-0.0114 (-1.337)	-0.0207 ** (-2.243)
ΔDonation * ΔFund		0.0752 * (1.919)	0.0158 *** (2.461)	0.0584 (0.681)
ΔFund		0.0790 (1.081)	-0.0315 (-0.254)	0.0116 (1.350)
ΔSize	-0.0191 * (-1.744)	-0.0352 ** (-2.196)	-0.0127 (-0.058)	-0.0898 *** (-3.818)
ΔLev	0.378 *** (5.449)	0.339 *** (4.814)	0.216 ** (2.185)	0.499 *** (4.831)
ΔMb	-0.470 *** (-9.352)	-0.405 *** (-6.401)	-0.462 *** (-5.411)	-0.290 *** (-3.098)
ΔManafeer	0.0109 (0.346)	0.0859 (0.275)	0.0220 (0.518)	-0.0708 (-0.159)
ΔZdex	-0.0261 (-0.904)	0.0108 (0.343)	0.0493 (1.115)	-0.0326 (-0.762)
Constant	-0.209 (-1.020)	-0.191 (-0.591)	-0.738 * (-1.685)	0.810 (1.625)
年度	控制	控制	控制	控制
行业	控制	控制	控制	控制

续表

变量	因变量：ΔRETURN			
Observations	7147	7147	2157	4949
R-squared	0.318	0.326	0.332	0.353
F	200.0	164.3	102.4	71.44

注：括号里是 T 值，并经过异方差调整，*** $p<0.01$，** $p<0.05$，* $p<0.1$。

最后，在模型（5-5）的基础上，考虑了代理成本的因素，并将其分为高代理成本组与低代理成本组，再次应用模型（5-5）进行检验，结果依然支持了只有在低代理成本组，公司的慈善性捐赠才会吸引基金的持股，进而改善公司的未来业绩。

第四节

结论及启示

公司的慈善性捐赠在增加公司社会声誉和改善公司外在形象的同时，必然会导致企业现金流的减少，即“烧钱”，那作为上市公司主要投资者组成部分的基金是否认可和支持该行为？本章利用 2008～2014 年我国沪深 A 股市场的数据，实证分析了公司的慈善性捐赠行为是否得到证券投资基金的认可，并产生增持行为，进一步研究了慈善性捐赠是否会提高公司的未来业绩，从而得到了基金的“认可”而改善公司的未来业绩，并进一步在分析过程中考虑了企业的产权性质和公司的治理水平差异的影响。结果发现：公司的慈善性捐赠行为会导致证券投资基金的增持，其内在的原因可能是作为利益相关者的基金，由于公司的慈善性捐赠能展现出公司较高的“社会信任”信号，进而增加投资，进一步该效应仅在民营企业显著，而且公司的慈善性捐赠行为能够增加公司未来的业绩，并发现基金的持股行为能够增强该效应，进一步在考虑公司的治理环境发现，发现只有在代理成本较低组，公司慈善捐赠对公司的未来业绩的影响更加明显。

本章的研究结论具有很强的理论价值和现实指导意义。首先，本章的研究说明公司慈善性捐赠行为不仅能够改善公司的形象和社会声誉，而且还会引起基金对公司的正面评价，从而增加其对公司的持股行为，间接发挥了一定的“吸钱”和融资功能；其次，本章发现了公司的慈善性捐赠能够改善公司的未来业绩，这就要求我们的企业监管部门和社会管理部门，要鼓励有实力和能力的企业去主动与积极地承担必要的社会责任，履行好一个企业公民的义务，这不仅有利于企业自身的业绩，更会对社会做出有价值的贡献；再次，本章的研究也表明，公司的慈善性捐赠具有显著的信号发送效应，其无疑向利益相关者传达出公司较高的社会信任水平，从而实现公司与利益相关者的利益均衡机制的建立；最后，本章的研究结论也告诉我们，企业产权制度差异和企业自身公司治理水平也是影响公司慈善性捐赠及其经济后果的重要因素，因而需要进一步消除不同企业的“出身”意识，营造公平、公正的经营环境，并且企业自身也要提高公司治理水平，规范企业的决策和运行程序。

第六章

基金持股、社会信任与审计意见

第一节 问题的提出

证券投资基金（后面统称为基金）已经成为我国最大的机构投资者，截至2013年年底，在我国证监会注册的各类公募基金公司已经达到100多家，并且基金所持上市公司的股份总额已经超过50%，而基金持股公司的财务业绩与公司治理指标都明显好于其他公司（王琨、肖星，2005）。2008年，招商证券的“百亿可转债”事件也进一步说明了我国的基金已经在公司治理方面发挥了极为重要的治理和监督作用，为提高持股公司的会计信息质量，降低财务舞弊与风险，以及增加获得“清洁”审计意见的概率奠定了基础。依据资源依赖理论，基金作为一个投资组织，其作用的发挥必须依赖其所处的资源环境条件，而以“关系圈”“关系网”和“血缘圈”为基础的社会信任环境是我国整个社会运行的基本特征，该特征会对基金、上市公司及注册会计师的行为产生直接影响。

已有研究在此方面做了有益探索。一方面，相关研究发现机构投资者能够减少公司的盈余管理行为，进而间接地提高了审计质量（薄仙慧、吴联生，2009；王化成、佟岩，2006；Chung et al.，2002；Koh，2007；高雷、张杰，2008；徐浩萍，2004）；另一方面，相关研究发现社会信任环境提高了企业聘请高质量审计师的可能性（雷光勇、丘宝印、王文忠，2014；张勇，2013；陈运森、王玉涛，2010）。此外，相关研究发现机构投资者的持股比例越高，越能够改善公司的信息披露质量（梅洁、杜亚斌，2011），并且公司越有可能获得更好的审计意见（张敏、冯虹茜、张雯，2011）。但是基金作为我国最大的机构投资者，在这种“特殊的”的社会信任环境影响下，对审计师审计意见的签发有何具体影响，却是已有研究较少关注的问题。

本章应用我国沪深上市公司2006～2013年的数据，分析了基金持股对公司审计意见的影响，并分析在基金不同持股比例和在不同产权性质的条件下，社会信任环境对二者的中介作用，研究发现：基金持股会增加公司获得“清洁”的无保留意见的可能性，而且其效果在高持股公司和国有企业中更加显著，进一步的研究发现社会信任环境弱化了基金持股对公司获得“清洁”审计意见的正面作用，且该效应在基金低持股公司和民营企业中较为显著。

本章的主要贡献如下：首先，与笼统分析机构投资者对审计意见影响的研究不同，本书单独分析了基金持股对公司获得“清洁”审计意见可能性的影响；其次，本章从社会信任环境角度出发，分析其对基金持股与公司获得“清洁”审计意见的中介作用与调节机制，与已有研究偏重于分析社会信任环境的正面作用所不同的是，本章会有助于更加理性、客观地认识社会信任环境对基金参与公司治理过程的作用和角色，进而提供新的经验证据和文献支持。

第二节

理论基础与文献回顾与假设提出

一、基金持股与审计意见

基金作为我国机构投资者群体中的最主要部分，对我国资本市场和上市公司的影响极为重要。梅洁和杜亚斌（2011）研究发现基金对其持股公司的信息披露质量有一定程度的提高和改善作用，并且随着基金持股比例的增加，被持股公司的信息披露质量会进一步显著提高；但是在一般法人持股的情形中，并不存在此类效应。现有研究较少单独讨论基金持股上市公司对注册会计师审计意见的影响机制，更多的是从笼统的机构投资者的视角进行分析，张敏、冯虹茜和张雯等（2011）发现随着机构投资者持股比例的提高，公司会更有可能聘请较大规模的会计师事务所从事审计，同时也会更容易得到“清洁”类型的审计意见，进一步在考虑了持股公司的法律环境后发现，此种效应在法律保护程度较差的环境中更加明显，该研究也是首次检验了机构投资者持股对审计意见的具体影响，但从此之后，该类研究却寥寥无几。

更多的研究则是从盈余管理的视角来分析机构投资者持股对审计质量的间接影响。国外学者 Chung 等（2002）和 Koh（2007）均发现机构投资者持股能够有效地降低公司的盈余操控和盈余管理行为，国内学者程树强（2006）发现机构投资者的持股比例越高，公司盈余管理的程度越低；王化成和佟岩（2006）认为机构投资者为了保护自己的权益和利益，有很强的动机监督管理层，即通过监督大股东对小股东利益是否有侵占行为，制止管理者的盈余管理行为；而高雷和张杰（2008）发现随着机构投资者持股比例的提高，机构投资者不是减少而是增加了其对公司治理行为的影响，从而有利于减少公司的盈余管理行为发生的频率，即机构投资者的持股比例与盈余管理二者负相关；刘永泽等（2011）发现社保基金持股在公司治理中发挥了积极的监督作用，具体表现为社保基金持股比例与公司的盈余管理程度负相关；薄仙慧和吴联生（2009）发现当机构投资者持股比例增加时，只有非国有企业的正向盈余管理程度才会明显降低；但是在国有控股企业中，机构投资者对其负向盈余管理水平无显著影响。

在机构持股对盈余管理影响的研究基础上，徐浩萍（2004）的研究表明：相对于操控性应计利润，注册会计师在对以非操控经营性应计利润为手段的盈余管理的审计中显示出了较好的审计质量；薄仙慧和吴联生（2011）进一步分析了盈余管理与审计意见的关系，研究发现公司当期盈余管理程度对注册会计师出具的非标意见的概率不存在显著影响。

总之，以上研究既证实了较低的盈余管理程度和可操控性应计利润是审计质量较高的一种隐含标志的判断，从而说明盈余操纵会影响审计意见与审计质量。但是这些研究并未直接验证机构投资者中的最主要主体——基金对审计质量的影响，也没有进一步直接分析包括基金在内的机构持股对审计意见的影响。

二、社会信任与审计意见

信任这一概念，一般属于心理学、社会学以及经济学等学科的热点研究问题。然而对于信任的涵义和内在特征，由于每一部著述都是基于自己所研究的视角去解释此问题，因而人们并没有对信任形成统一的界定（文建东、何立华，2011），张勇（2013）第一次选择了产权性质作为信誉型信任、选择地区生产者合法权益保护水平作为制度型信任、选择企业市场地位作为个性特征型信任，分析了审计师出具非标审计意见对其商业信用融资，以及各类信任与非标审计意见在此过程中的交互影响；雷光勇、丘宝印和王文忠（2014）认为社会信任水平较高地区的企业更有可能聘请高质量的审计师，而高质量的审计可以推动企业投资效率的提升；雷宇（2011）发现投资者的投资决策本质上是一种信任决策，而投资的唯一原因就是信任的存在，当一位投资者不相信企业会给自己带来回报时，他一定不会做出相应的投资决策，投资者对代理人越信任，公司的盈余质量会越高。因为良好的制度环境能够提高盈余质量，具体则通过投资者对代理人的信任机制而间接产生效力，按此逻辑，公司的信任水平越高则可能产生更高的盈余质量，从而增加注册会计师出具“清洁”审计意见的概率，陈运森和王玉涛（2010）发现审计质量越好时，交易双方更容易产生彼此之间的信任关系，也会更加倾向于采取那些交易成本较低的商业信用模式，间接说明“清洁”审计意见通过提高信任水平而降低了交易成本，但是该研究并未直接分析社会信任水平对审计质量的影响。总之，以上研究表明公司的信任水平可以提高注册会计师出具“清洁”审计意见的概率和审计质量。

然而中国人的彼此信任不是建立在信仰的“共同体”基础上，而是一种以血缘共同体为基础的信任关系模式，也就是建立在家族、亲戚关系以及准亲戚关系之上的一种机制和制度，因而是一种难以普遍化的特殊信任（韦伯，1995）。一方面，在中国社会，家族亲属关系以及准亲属关系等关系网络所构成的是一种封闭性的网络，而非开放和包容的网络。另一方面，通过此类封闭性网络所建立的特殊信任无法普遍化和普适性（陈福平，2012）。而导致和影响这种封闭式网络的条件是“差序格局”和“拟亲化”的普遍存在，因此中国社会的信任结构体现的是一种关系信任，即亲属关系比非亲属关系更能体现亲密、熟悉和彼此信任的特征，并且亲属间、朋友间、熟人间的信任，会随着彼此关系强度的变化而表现出强弱高低和近亲远疏的差序结构。陈福平（2012）发现我国市场经济发展的水平有助于提高社会成员的普遍信任，但同时也推动了“关系”更广泛的使用，结果导致了中国的市场经济与普遍信任间存在着相反的双向影响。市场经济发展水平越高，会使陌生人的接触机会越大，而“关系圈”与“血缘圈”的信任基础不仅不会削弱，反而会越发牢固，从而使得社会信任环境越不理想。

三、研究假设

自2001年我国证券监管部门提出“超常规发展机构投资者”的发展战略以来，我国基金业的发展呈现井喷式的状态。据统计，在2004年，我国机构持股规模为1923亿元，仅占流通A股总量的17.5%；而到了2010年，机构持股市值高达12.35万亿元，已经占据流通A股总量的64.7%（梅洁、杜亚斌，2011）。并且以基金为主要代表的机构投资者主体能够发挥其对公司治理的特殊影响，例如机构投资者可以充分强化董事会在公司治理过程中的独立性（Gallagher and Kochhar，1996）；而且可以有效提升薪酬契约的质量（Gallagher et al.，2006）；并在一定程度上有助于提高并购的质量与并购业绩（Chen et al.，2007）以及企业的会计盈余质量（Liu and Peng，2006）。在我国各类机构投资者中，基金和券商是两类最大的机构投资者，而相对于券商，基金具有以下突出的优势：首先，基金运作机制更加市场化，而随时赎回的基金交易规则迫使基金经理必须追求业绩，并需要深度介入公司治理而保护自身权益，而证券公司大多是国有企业，缺乏明显的激励机制；其次，基金的持股规模要远高于券商，其巨大的交易成本也促使基金运用其投票权去影响及改变公司治理的面貌，而不是仅仅扮演简单的股票交易者的角色；最后，券商同上市公司之间具有明显业务合作的可能性和利益的趋同性，导致其独立性无法与基金相比，从而使得基金对上市公司的监督作用远强于券商（姚颐、刘志远，2009）；而肖星和王馄（2005）的研究也证实：基金持股的上市公司确实在很多会计业绩和公司治理指标上明显好于其他公司。

基金持股上市公司对于公司治理的影响机制有两个：一方面，通过参与对审计委员会成员和公司运营高管的任免决策，降低代理成本，杨海燕（2012）发现基金等机构投资者持股比例越高，持股时间越长，越有利于降低公司的两类代理成本，而代理成本的降低则进一步提高了公司的信息环境和盈余质量；另一方面，通过参与公司内部控制制度的建设和制定，从而保证企业的财务状况、经营成果和现金流量等指标的质量符合要求，进而有助于注册会计师对被审计单位财务报表是否按照适用的会计准则和相关的会计制度进行编制，以及是否在所有重大方面均公允反映了被审计单位财务状况、经营成果和现金流量的评价等关键程序的开展提供帮助。基金持股比例越高，则说明持股公司的业绩指标更能够与基金经理一致，从而增强基金参与公司治理的积极性，加强对公司高管的监督和对公司经营质量的关心，减少公司舞弊和风险发生的可能性，并有利于提高注册会计师提出“清洁”的无保留意见的概率，而且包括基金在内的机构投资者能够显著影响国有企业聘任高质量注册会计师的相关决策，从而能够获得更加“清洁”的审计意见（张敏、冯虹茜、张雯，2011）。

另外，从持股公司的产权性质看，国有企业一般财务制度比较健全规范，企业的财务决策和程序更加稳健和透明，这一点和追求的价值投资理念、规范化和交易风格透明的基金更容易吻合。陈朝龙、李军辉（2013）认为承担政治与社会责任的国有企业具有政治与薪酬等激励体系并存的特征，因而相对于追求利润最大化的民营企业，国有企业高管刻意操纵会计盈余数字的可能性较低，国有企业盈余管理的动机低于民营企业，而且2007年新会计准则实施后，国有企业的盈余管理动机仍然低于民营企业。而我国数量众多的上市国企，此外，国有上市公司大多占据着垄断行业和高利润行业，因而国有企业更容易吸引基金投资，但是张晨、张宇（2011）研究发现，在竞争性行业，国有企业与民营企业在财务效率和技术效率上并无明显不同，而在垄断行业，国有企业则会显著高于民营企业，从而说明产权性质差异不是两类企业微观效率的差异，因此对于市场信息感知力极强的基金而言，自然会增加对国有企业持股，从而增加了基金介入国有企业的公司治理过程的动机，而良好的公司治理结构将有利于提升公司的内部控制质量，降低公司的会计信息出现差错的概率，从而有利于提高会计信息的质量；王震（2014）发现相对于机构投资者持股的非国有上市企业，持有国有企业股权的机构投资者有助于提高企业的会计稳健性，而且该效应在信息披露较为规范的国有企业中会更加明显，从而表明基金持股国有企业会显著地改善公司治理质量。另外相对于民营企业，国有企业的产权属性隐含了公司存在亏损或破产时，会得到政府的补贴和担保，从而显著降低了事务所签发审计意见的鉴证价值与保险价值，同时也会降低事务所对国有企业出具审计意见的风险敏感度，最终导致国有企业收到更低比例的非标意见（龚启辉、李琦、吴联生，2011）。

相反在基金持股的民营企业里，由于绝大部分民营企业为家族企业，而家族企业控制模式的“壁垒效应”既有可能降低会计信息的可比性，也会使得信息披露质量受到负面影响（Shleifer and Vishny，1997；Francis et al.，

2005)；而郭婧（2012）发现民营企业上市公司的信息披露质量显著低于央企的上市公司和地方国企上市公司，从而说明民营企业的会计信息质量并不一定高于国企。另外，由于大多数控制性家族控制权比例一般都较高，因而当控制权和现金流权偏离程度较大时，家族股东利益侵占动机愈发明显，而更高的控制权预示着控股股东对公司控制力的增强，反而使基金等机构投资者的话语权相对变弱，进一步导致基金发挥公司治理的作用会受到一定的限制（吴从锋、赵卫斌，2011），从而会导致其对中小股东利益的侵害；陈建林和娄朝晖（2009）认为作为民营企业的家族企业，上市家族企业治理机制对代理成本的影响效果要弱于非家族企业，并且家族式管理的“挤出效应”和家族自利行为的“赎买效应”削弱了基金等外部治理机制的效果。这些现实问题的存在，一方面，导致基金不愿降低对家族企业的持股；另一方面，即使基金持股，家族企业特殊的治理结构也会使其治理作用的发挥受到很大的制约，而这些因素都会导致高质量的会计事务所出于风险的顾虑而避免介入民营企业的审计，同时民营企业内部运营和决策变得更加不透明和规范，导致了基金不能有效参与该类企业的公司治理，从而降低了基金对公司管理者的监督效果。杨玲（2013）发现，以基金为代表的机构投资者持股比例越高，公司的审计质量越高，其中一个原因就是其对“内部人控制”发挥了明显的抑制作用，而这一事实必然会被市场感知能力非凡的注册会计师所洞察，比如在此情形下，基金会减少或放弃对民营企业的持股，从而会对注册会计师审计意见的签发产生信号传递效应，进而会降低其获得“无保留”审计意见的概率，基于上述分析，提出如下假设：

假设 H6－1：基金持股会增加上市公司获得“无保留”审计意见的可能性；

假设 H6－1a：相对于基金持股较低的上市公司，基金持股比例越高的公司，则越有可能得到“无保留”类型审计意见；

假设 H6－1b：相对于民营企业，基金持股的国有企业更有可能获得“无保留”审计意见。

社会信任作为一种非正式制度，其对高质量的审计师的选择和要求具有一定的影响（雷光勇、丘宝印、王文忠，2014），因而必然会对审计意见的签发有直接的作用。我国社会信任的供给不仅不充分，而且其具体状况在不同地区之间的差异也非常大（张维迎、柯荣住，2002），并且我国的社会信任是建立在血缘和关系基础之上的，这种信任会随着血缘、关系亲密程度的扩大而逐渐递减，直至达到陌生和不信任的状态，因而一个“关系圈”和“血缘圈”内的人彼此之间会有足够的信任，但在不同的“关系圈”之间及“血缘圈”之间，并不一定存在足够的信任，因而韦伯（1995）认为，“所有到过中国的观察家都能够证实，中国人之间存在相当明显的不信任，这与基督教文化中出现的人们普遍的信任和诚实现象，产生较为鲜明的对比”，进一步 Fukuyama（1995）也发现华人家族企业存在一个显著特点，即对家族以外的其他人表现出极度的不信任，因而同一“关系圈”与“血缘圈”内的人的信任度越高，则对其以外人的信任水平则会越低。基金持股上市公司尽管可以发挥其积极参与公司治理的作用，但该作用的发挥却明显依赖于企业所在地区的社会信任水平，基金作为一个外来的机构投资者，其本质上并不属于企业的“关系圈”之内，如果企业所处经营环境的社会信任水平越高，反而会排斥和抵制基金的监督，或者只做表面的迎合和应付，而使得基金的监督作用较难发挥，其结果会导致企业会计信息的质量显著下降，进而会提高企业财务舞弊和会计差错发生的概率。另外，社会信任对高质量注册会计师的需求可能具有一定的负面效应（雷光勇、丘宝印、王文忠，2014），其原因在于对于社会信任程度高的地区，会计信息需求者对于预期的不确定性会降低，因而会产生对会计信息的低层次要求（Dhananjay and Pter，2013），并且较高的社会信任水平也会减少对会计信息披露管制的干预需求（Aghion，2010），而且高质量的审计需要付出更多的审计费用，而这些因素的影响会降低以“清洁”意见为代表的高质量审计的需求。

基金持股比例的大小代表了其所拥有和具备的对上市公司重大事项的投票权、对审计委员会成员组成以及高管选聘的决策权，从而导致了其对公司会计信息质量的影响具有不同程度的差异。由于以“关系圈”为代表的信任对高质量审计需求的减少，将会使得会计差错和舞弊发生的概率大大增加。在基金持股的国有企业，由于公司的治理制度和治理结构更加规范和完善，“血缘圈”赖以存在的基础极弱，而“关系圈”又由于“科层制”组织结构的存在，其发挥作用的程度非常有限，因而较好地保证了基金持股对公司的监督效力，有利于提高会计信息质量。而在民营企业，张维迎和柯荣住（2002）的研究表明：华人社会或者中国人是最缺乏信任的群体之一，原因是华人社会由于较小的企业规模，并且几乎所有的民营企业都由家族经营，而且他们彼此之间的交易或多或少带有一定程度的人格化色彩；甚至在一些政治领域，“裙带”资本主义也是非常普遍。换言之，以“关系圈”和“血缘圈”为标志的社会信任环境已经进入企业的文化基因，进而会使得公司的财务制度和风险控制丧失独立与客观的特征，导致会计信息披露质量明显下降。基金作为一个外来投资者的监督职能自然也会受到一定的限制，其对民营企业产生的治理作用会受到抑制，这些因素叠加在一起会显著增加会计信息出现错报和漏报的可能性，影响了对会计信息公允的判断和处理，显著降低了审计师签发“无保留”意见的可能性，基于上述分析，提出以下假设：

假设 H6－2：上市公司注册地的社会信任环境会减弱基金持股与其获得“无保留”审计意见之间的正相关；

假设 H6－2a：相对于基金持股比例较高的企业，在基金持股比例较低的企业中社会信任环境会更有可能减弱基金持股与其获得“无保留”审计意见之间的正相关；

假设 H6－2b：相对于基金持股的国有企业，社会信任环境会更有可能减弱基金持股的民营企业与其获得“无保留”审计意见之间的正相关。

第三节 研究设计及实证检验

为了检验假设 H6－1，设计了如下 Logit 多元回归模型：

$$Opinion = \alpha_0 + \alpha_1 \times Fund + \alpha_2 \times Liurast + \alpha_3 \times Mb + \alpha_4 \times Salgrow + \alpha_5 \times Rindir + \alpha_6 \times Roe + \alpha_7 \times Lev + \alpha_8 \times Size + \alpha_9 \times Tobin + \sum Industry + \sum Year + \mu_{it} \qquad (6-1)$$

在模型（6－1）中，被解释变量 Opinion，表示注册会计师出具审计意见的哑变量，如果出具无保留意见，该值为 1，否则为 0；解释变量 Fund，表示基金所持上市公司的股份比例，并在参考已有文献的研究基础上，加入了如下控制变量：Liurast 表示流动资产占总资产的比例，用公司年末流动资产占总资产的比例衡量；MB 表示公司的账面市值比，用公司年末流通股份的市场价值与账面价值之比衡量；Salgrow 表示公司的主营业务的增长潜力，用公司的本年相对于上年的主营增长率之差与上年主营业务增长率之比来度量；Rindir 表示独立董事的比例，用公司独立董事的人数与董事总人数之比来度量；Roe 为公司净资产利润率，用公司本年的净利润与净资产之比来衡量；Lev 为公司的杠杆比例，用年末所有负债总额与年末资产总额之比来衡量；Size 代表公司的规模与大小，具体用公司的资产总额的自然对数来度量；Tobin 表示公司价值，用公司的托宾 Q 值来表示。此外，为了检验假设在国有与民营企业间的差异，本书通过变量 Dum_gy（国有企业取值为 1，否则取值为 0），及 Dum_my（民营企业取值为 1，否则取值为 0）来分组，同时在模型上控制了年度效应和行业效应。为了检验假设 H6－2，在假设 H6－1 的基础上进一步设计了以下 Logit 多元回归模型（6－2）：

$$Opinion = \beta_0 + \beta_1 \times Fund + \beta_2 \times Trust + \beta_3 \times Fund \times Trust + \beta_4 \times Liurast + \beta_5 \times Mb + \beta_6 \times Salgrow + \beta_7 \times Rindir + \beta_8 \times Roe + \beta_9 \times Lev + \beta_{10} \times Size + \beta_{11} \times Tobin + \sum Industry + \sum Year + \xi_{it} \quad (6-2)$$

模型（6－2）是在模型（6－1）的基础上，加入了表示公司注册地的社会信任环境指标（Trust），该指标借鉴了张维迎和柯荣柱（2002）、张敦力和李四海（2012）、戴亦一，潘岳和陈静（2014）等学者的社会信任的测度方法，采用 2002 年的“中国企业家调查系统”所获得的中国大陆企业信任度的调查数据，由于社会信任作为一个重要的社会特征在地区之间存在差异，具有内在的、固化的和变化缓慢的特征（Fukuyama，1995），所以该数据仍然具有一定的价值，在此基础上加进了基金持股（Fund）与社会信任（Trust）两个变量的交互项，如果 β_3 的估计系数小于 0，则说明社会信任环境减弱了基金持股对“清洁”审计意见的正面影响，该模型也控制相应的行业和年度效应。

本书选择了 A 股 2006～2013 年的上市公司，在样本选择过程中，做了以下删除：（1）删除 ST、PT 公司的样本；（2）删除了金融或证券类公司的样本；（3）删除资产负债率大于 1 或小于 0 的公司；（4）删除销售增长率大于 1 或小于 0 的公司；（5）删除发行 B 股、H 股的公司；（6）删除已经退市或当年上市的公司；（7）删除缺失值较多的公司。公司的产权性质划分来自 CCER 数据库，公司的财务数据及公司治理数据来自 CSMAR 数据库，在回归时对所有数据在 1% 水平进行缩尾处理，统计软件使用 Stata11.0。

一、样本的描述性统计

从表6-1可以看出，无保留意见（Opinoin）的平均值为0.32，表明大约32%的公司的审计意见是无保留意见，从而表明大部分公司的会计报表并不符合公允的判断标准，而基金持股（Fund）的比例平均值为9.33%，标准差为13.52，中位数为3.26%，表明一半以上的上市公司被基金持股的比例在3%左右，最小值为0，最大值为19.7，说明基金持股的公司间差异很大，社会信任环境（Trust）的平均值为3.32，最小值为0.1，最大值为22.7，表明我国上市公司注册地所在地区的社会信任环境的差异很大。

表6-1　　　　样本描述性统计

变量	观测值数量	均值	标准差	最小值	中位数	75分位数	最大值
Opinoin	3567	0.320	0.470	0	0	1	1
Fund	3567	9.330	13.52	0	3.260	12.94	19.7
Trust	3567	3.320	5.560	0.100	0.700	1.700	22.70
Liurast	3567	0.520	0.220	0.0200	0.530	0.690	1
Mb	3567	0.700	0.290	0.0700	0.700	0.920	2.520
Salgrow	3567	0.240	0.190	0	0.190	0.330	1
Rindir	3567	0.370	0.0600	0.0900	0.330	0.380	0.800
Roe	3567	0.0500	0.0500	-0.310	0.0400	0.0700	0.400
Lev	3567	0.520	0.180	0.0100	0.530	0.660	1
Size	3567	22.26	1.320	18.83	22.07	23	28.41
Tobin	3567	1.800	1.180	0.400	1.430	2.080	14.91
Big4	3567	0.0900	0.290	0	0	0	1
Dum_my	3567	0.236	0.420	0	0	0	1
Dum_gy	3567	0.720	0.450	0	1	1	1

二、变量的相关性分析

从表6-2的相关系数统计结果可以看出，无保留意见（Opinoin）与基金持股（Fund）的相关系数为0.26并且在1%水平上高度显著，初步说明基金持股可以增加审计师出具无保留意见的概率，支持了假设6-1，而社会信任环境（Trust）与无保留意见（Opinoin）的相关系数为-0.03，尽管小且不显著，但从符号的方向可以得出社会信任环境有可能会降低公司获得“清洁”审计意见的可能性，剩余的其他变量之间的相关系数大部分在0.5以下，从而表明研究变量之间的共线性问题不是很严重。

表6-2　　Pearson相关系数

	Opinoin	Fund	Trust	Liurast	Mb	Salgrow	Rindir
Opinoin	1						
Fund	0.260***	1					
Trust	-0.0300	-0.070***	1				
Liurast	-0.0020	0.129***	-0.0250	1			
Mb	0.049***	-0.139***	-0.0180	-0.078***	1		
Salgrow	0	0.113***	-0.0080	0.101***	-0.044***	1	
Rindir	-0.0190	-0.0020	0.0200	0.060***	0.066***	0.049***	1
Roe	0.134***	0.402***	0.0130	0.080***	-0.234***	0.115***	-0.0120
Lev	-0.086***	-0.037**	-0.038**	0.132***	0.303***	0.095***	0.0220
Size	0.058***	0.194***	0.0090	-0.078***	0.502***	0.091***	0.129***
Tobin	-0.031*	0.148***	0.032**	0.087***	-0.174***	0.035**	-0.030*
Big4	0.0080	0.081***	0.064***	-0.104***	0.194***	-0.0040	0.104***
Dum_my	0.0150	0.0110	-0.0120	0.117***	-0.195***	0.0130	0.0020
Dum_gy	-0.0170	-0.0150	0.0200	-0.090***	0.140***	-0.0230	-0.0070
	Roa	Lev	Size	Tobin	Big4	Dum_my	Dum_gy
Roe	1						
Lev	-0.425***	1					
Size	0.067***	0.337***	1				
Tobin	0.264***	-0.323***	-0.395***	1			
Big4	0.066***	0.050***	0.450***	-0.122***	1		
Dum_my	0.056***	-0.077***	-0.199***	0.177***	-0.113***	1	
Dum_gy	-0.083***	0.113***	0.156***	-0.141***	0.060***	-0.882***	1

注：***表示0.01的显著性水平；**表示0.05的显著性水平；*表示0.1的显著性水平。

三、多元回归结果

表6－3是对假设6－1的回归结果，表6－3的第1列是全样本的回归，可以看出基金持股（Fund）的回归估计系数为0.0678（T＝2.19），说明基金持股可以增加该公司获得“清洁”的无保留意见的可能性，第2列～第3列是按照基金持股的中位数将其分为高持股组与低持股组，尽管两个组别的回归系数都为正，并且都在10%统计水平显著，但是基金高持股组的系数0.565几乎是低持股组估计系数0.0839的7倍，表明基金持股比例越高，持股公司获得“清洁”的无保留意见的概率会更大，第4列～第5列是按照持股公司的产权性质分为国有与民营两组后的回归，国有组的回归系数为0.0841（T＝2.04），而民营组的回归系数为0.0646且不显著，说明基金持股的国有企业更有可能获得无保留审计意见，假设6－1及其子假设得到了支持，具体可见表6－3。

表6－3　　回归结果

变量	（1）全样本	（2）基金低持股	（3）基金高持股	（4）国有	（5）民营
Fund	0.0678** (2.19)	0.0839* (1.79)	0.565* (1.78)	0.0841** (2.04)	0.0646 (1.34)
Liurast	0.929 (1.12)	2.899* (1.85)	0.251 (0.26)	1.034 (1.03)	3.194** (2.47)
Mb	3.444*** (2.73)	5.110** (2.03)	3.068** (1.98)	4.130*** (2.89)	9.146 (1.46)
Salgrow	－0.437 (－0.61)	0.673 (0.48)	－0.983 (－1.13)	－0.520 (－0.62)	－1.529 (－1.20)
Rindir	－4.645** (－1.97)	－7.791* (－1.94)	－3.662 (－1.11)	－7.268*** (－2.94)	13.12 (0.88)
Roe	8.985*** (3.35)	14.25** (2.24)	8.731*** (2.90)	10.01*** (3.29)	7.314 (1.02)
Lev	－5.185*** (－4.61)	－2.520 (－1.10)	－5.411*** (－4.08)	－5.609*** (－4.16)	－6.111** (－2.40)
Size	0.0981 (0.49)	0.0084 (－0.02)	－0.0251 (－0.09)	0.142 (0.61)	－0.0599 (－0.10)
Tobin	0.0292 (0.15)	0.148 (0.50)	－0.0340 (－0.13)	－0.0506 (－0.28)	0.911 (1.35)

续表

变量	（1）全样本	（2）基金低持股	（3）基金高持股	（4）国有	（5）民营
截距项	3.754 (0.96)	15.39 (0.01)	7.147 (1.30)	3.638 (0.82)	8.637 (0.58)
样本量	3567	1735	1832	2725	842
行业	控制	控制	控制	控制	控制
年度	控制	控制	控制	控制	控制
Prob > chi2	0.0000	0.0008	0.0000	0.0000	0.0000
Loglikelihood	-220.8108	-56.3444	-149.6206	-158.6000	-36.0088
Pseudo　R^2	0.211	0.2761	0.2062	0.2519	0.3001

注：括号里面是 Z 值，*** 表示 0.01 的显著性水平；** 表示 0.05 的显著性水平；* 表示 0.1 的显著性水平。

表 6-4 是假设 6-2 的回归结果，第 1 列是全样本的回归结果，可以看出基金持股依然显著为正且在 5% 水平上显著，社会信任环境的回归系数尽管为正但不显著，而二者交互项的回归系数为 -0.148 而且在 5% 水平上显著，说明由于社会信任环境具有的“关系圈”与“血缘圈”等特性的影响，从而降低基金持股公司获得无保留意见的概率，第 2 列～第 3 列是进一步按照基金持股比例的分组，发现低基金持股组由于社会信任环境的交互影响，会更不可能获得无保留审计意见，其回归系数为 -1.144（T = -2.67），而高基金持股组的回归系数尽管为负但不显著，第 4 列～第 5 列是国有与民营两组的回归结果，可看出民营企业组的回归系数为 -0.384（T = -2.73），而国企组的系数为负但不显著，说明相对于国有企业，基金持股的民营企业在社会信任环境的影响下，获得“无保留”审计意见的概率会明显下降，具体见表 6-4。

表 6-4　　　　　　　　　　回归结果

变量	（1）全样本	（2）基金高持股	（3）基金低持股	（4）国有	（5）民营
Fund	0.168** (2.38)	0.167** (1.98)	1.166*** (3.42)	0.148* (1.93)	0.371** (2.36)
Trust	0.518 (1.49)	0.441 (0.54)	0.934 (1.23)	0.215 (0.53)	0.942 (1.29)
Fund * Trust	-0.148** (-2.01)	-0.126 (-1.37)	-1.144*** (-2.67)	-0.106 (-1.25)	-0.384*** (-2.73)

续表

变量	（1）全样本	（2）基金高持股	（3）基金低持股	（4）国有	（5）民营
Liurast	1.007 (1.19)	3.205 *** (2.94)	0.192 (0.19)	1.118 (1.10)	3.044 ** (2.05)
Mb	3.589 *** (2.88)	5.574 ** (2.40)	3.207 ** (2.10)	4.092 *** (2.86)	9.517 (1.52)
Salgrow	-0.459 (-0.64)	0.611 (0.48)	-0.818 (-0.92)	-0.537 (-0.64)	-1.525 (-1.05)
Rindir	-4.642 * (-1.95)	-7.482 * (-1.78)	-3.770 (-1.20)	-7.327 *** (-2.95)	17.10 (1.09)
Roe	8.390 *** (3.13)	13.06 * (1.89)	8.190 ** (2.48)	9.549 *** (3.11)	9.502 (1.25)
Lev	-5.311 *** (-4.63)	-2.849 (-1.35)	-5.742 *** (-3.01)	-5.687 *** (-4.17)	-6.904 ** (-2.48)
Size	0.0763 (0.37)	0.0116 (0.03)	-0.0212 (-0.09)	0.151 (0.64)	-0.106 (-0.16)
Tobin	0.00785 (0.04)	0.194 (0.78)	-0.0704 (-0.37)	-0.0730 (-0.40)	0.881 (1.46)
截距项	3.844 (0.98)	14.29 ** (2.16)	6.626 (1.44)	3.375 (0.76)	8.813 (0.53)
样本量	3567	1735	1832	2427	1140
行业	控制	控制	控制	控制	控制
年度	控制	控制	控制	控制	控制
Prob > chi2	0.0000	0.0000	0.0000	0.0000	0.0000
Loglikelihood	-217.9655	-55.0132	-146.829	-157.680	-33.465
Pseudo R^2	0.2212	0.2932	0.2210	0.2563	0.3495

注：括号里面是Z值，*** 表示0.01的显著性水平；** 表示0.05的显著性水平；* 表示0.1的显著性水平。

四、稳健性检验

为了对假设6-1进行稳健性检验，利用两阶段回归，设计了以下模型（6-3），并通过OLS回归获得剔除自选择效应后的基金持股的预期值（Yhat），进一步将其作为自变量代入模型（6-1）进行回归。

$$Fund = \gamma_0 + \gamma_1 \times \text{Province} + \gamma_2 \times Big4 + \gamma_3 \times Liurast + \gamma_4 \times Mb + \gamma_5 \times Salgrow + \gamma_6 \times Rindir + \gamma_7 \times Roe + \gamma_8 \times Lev + \gamma_9 \times Size + \gamma_{10} \times Tobin + \sum Industry + \sum Year + \nu_{it} \quad (6-3)$$

在模型（6－3）中，加入了工具变量表示省份区域效应的 Province 哑变量，由于我国非正式制度的社会信任不但供给不足，而且作为一个重要的社会特征在地区之间存在差异，具有内在的、固化的和变化缓慢的特征（张维迎、柯荣柱，2002；Fukuyama，1995），由于市场化和法制化水平发展的较大差异，导致各省的信任环境具有明显的个体效应特征，另外也加进了表示较高审计质量的指标 Big4，其他变量的定义同模型（6－1）和模型（6－2）。从表 6－5 的稳健性检验结果可以看出，表示基金持股的估计值的变量（Yhat）的回归系数为 0.0653 且在 5% 水平上显著，假设 6－1 得到了支持。

表 6－5　　两阶段回归结果

变量	第 1 阶段（Logit）	第 2 阶段（OLS）
Liurast	4.364*** (4.12)	1.199 (1.43)
Province	0.0380* (1.66)	
Mb	－14.86*** (－11.49)	2.440* (1.95)
Big4	－1.506** (－2.05)	－1.249** (－2.127)
Salgrow	2.146** (2.17)	－0.280 (－0.39)
Rindir	－3.968 (－1.19)	－4.943** (－2.10)
Roe	84.61*** (18.47)	14.52*** (4.06)
Lev	3.652*** (2.71)	－4.926*** (－4.33)
Size	4.391*** (20.41)	0.380** (1.97)
Tobin	0.584** (2.31)	0.0646 (0.34)

续表

变量	第 1 阶段（Logit）	第 2 阶段（OLS）
Yhat		0.0653 ** (2.14)
截距项	-77.57 *** (-3.78)	-1.121 (-0.30)
行业	控制	控制
年度	控制	控制
样本量	3567	3567
R-squared（Pseudo R^2）	0.33	0.26

注：第 2 列括号里面是 Z 值，第 3 列括号里面是 T 值，*** 表示 0.01 的显著性水平；** 表示 0.05 的显著性水平；* 表示 0.1 的显著性水平。

由于制造业样本已占到回归样本总数的 60% 以上，为了保证结论的稳健性而删除了制造业样本已消除样本的群聚现象，表 6-6 是其相应的回归结果，发现结论基本不变。

表 6-6　　删掉了制造业样本后的回归结果

变量	（1）全样本	（2）高持股	（3）低持股	（4）国有	（5）民营
Fund	0.333 * (1.79)	1.628 (1.30)	0.757 (1.19)	0.339 * (1.70)	0.710 (0.71)
Trust	1.478 (1.48)	6.874 (1.38)	2.619 (1.13)	2.227 (1.26)	1.180 (0.73)
Fund × Trust	-0.342 * (-1.82)	-1.579 (-1.26)	-0.407 ** (-2.20)	-0.351 (-0.69)	-0.693 * (-1.74)
Liurast	-0.877 (-0.87)	-1.026 (-0.61)	-0.783 (-0.59)	-1.273 (-0.95)	1.831 (0.53)
Mb	3.766 * (1.95)	5.865 * (1.82)	3.402 (1.07)	2.320 (0.77)	49.64 (1.53)
Salgrow	-0.381 (-0.32)	0.945 (0.47)	-1.520 (-0.99)	-0.525 (-0.34)	-0.953 (-0.37)
Rindir	-9.870 *** (-2.99)	-10.02 ** (-2.12)	-9.585 * (-1.81)	-16.25 *** (-4.12)	15.40 (0.73)
Roe	14.74 *** (2.98)	26.21 *** (2.76)	12.01 * (1.69)	23.16 *** (3.26)	15.21 (0.98)
Lev	-2.236 (-1.35)	1.806 (0.62)	-5.508 ** (-2.21)	-0.979 (-0.43)	-1.101 (-0.25)

续表

变量	(1) 全样本	(2) 高持股	(3) 低持股	(4) 国有	(5) 民营
Size	0.100 (0.35)	-0.290 (-0.71)	0.716 (1.38)	0.152 (0.42)	-0.940 (-0.76)
Tobin	0.352 (0.78)	0.621 (0.99)	0.605 (0.65)	0.389 (0.39)	5.982 (1.43)
截距项	3.194 (0.58)	0.845 (0.10)	-8.117 (-0.78)	4.715 (0.70)	-6.628 (-0.80)
年度	控制	控制	控制	控制	控制
行业	控制	控制	控制	控制	控制
样本量	1785	893	892	1293	495

注：括号里面是Z值，*** 表示0.01的显著性水平；** 表示0.05的显著性水平；* 表示0.1的显著性水平。

第四节 结论与启示

本章基于我国沪深上市公司2006~2013年的数据，分析了基金持股对公司审计意见的影响，并分析在基金不同持股比例，以及在不同产权性质的条件下，社会信任环境对二者的中介作用机制，研究发现：基金持股会增加公司获得“清洁”的无保留意见的可能性，而且在高持股公司和国有企业中更加显著，进一步的研究发现社会信任环境弱化了基金持股对公司获得“清洁”审计意见的正面作用，而且该效应在基金低持股公司和民营企业中较为显著。

本章的研究表明，基金持股不仅可以改善和提高上市公司治理环境的质量，而且也会显著地改善和优化公司的会计信息质量，从而能够降低上市公司存在的会计差错的概率，以及有效地控制公司的财务风险，进而增加了公司获得“清洁”审计意见的可能性，并在一定程度上为基金持股的“市场稳定”假说提供了经验证据和支持，同时本章的研究也有助于理解我国社会信任环境对公司治理的负面影响，以及其对会计信息质量不利方面的认识，本章的研究结论要求企业、监管者与广大投资者共同努力营造高质量的社会信任环境，增强市场法规和制度建设的紧迫性，并进一步树立以制度和规则与先进资本市场理念管理上市公司的意识。

第七章

转型期会计师事务所的社会信任研究：基于田野调查的证据

第一节

问题的提出及基本概念

经历了30年的改革开放，我国社会在各个方面都实现了程度不同的巨大进步，创造了世界经济奇迹。这30年是我国生机最为旺盛、经济实力增长最快的阶段，社会各个阶层获得了程度不同的实惠，在社会民主进程中的发展也较为明显，人们逐渐认识到，在中国社会的整个发展进程中，从传统到现代的转型已不可避免；同时这些社会转型也给人们的信仰及观念造成了从未有过的冲击，使生活在其中的人们感受到巨大的不稳定感，正如鲍曼将一个转型国家的现代化进程称为“流动的现代性”一样，这种不稳定感体现着一定的社会风险，在整个社会里，人和人及人和组织、组织与组织在发生社会关系时，都表现出对对方行为的警惕、不相信及不能合理预期。于是社会信任这一概念进入人们的生活及政府的决策视野。实际上在社会生活的各个层面都出现了损害社会信任的公众事件：假烟、假酒、假公务员、假领导干部，骗领养老保险、失业保险金等事件，这些现象已对整个社会及国家的正常经济运行秩序和人们的生活造成严重干扰，更关键的是，经济领域发生的负面事件将会对整个社会的经济运行基础产生动摇，从而使整个社会的信用体系发生动摇。也使人们对经济资源的价值判断标准出现不确定性，使得从事商业交易的“物品”价值不能得到客观反映，最终阻碍经济的发展，导致转型社会出现危机。

所以，承担经济交易中“物品”价值鉴定职能的职业会计师及事务所的“信用”水平对整个社会信任的健康存在，发挥着无可替代的关键作用，因此在西方社会，人们普遍将注册会计师称为“经济警察”，由此可见注册会计师及其所在的会计执业机构的社会信任是整个社会信任体系及转型社会协调运行的“一面镜子”，可以说会计执业机构从业人员的信用水平与整个社会的信用程度有某种相关性。社会对注册会计师及其机构的关注程度非常高，给予了很高的期望，前国家总理朱镕基很少提字，唯独给上海国家会计学院写下了“不做假账”四个字。

近年来，在美国及中国相继发生了几件与执业会计机构——会计师事务所（会计公司）相关的经济大案，整个行业发展如履薄冰，我国国内接连不断的上市公司造假背后，注册会计师难辞其责；普华永道公司的审计人员涉嫌持有佛罗里达州一所服务公司的股票，被美国政府罚款200万美元；安达信公司卷入安然造假事件而导致自身解体，更令注册会计师及其机构的发展“雪上加霜”。以上事件尽管只是个案，但对整个行业的信赖程度造成了前所未有的冲击，也就是当人们连“经济警察”都不能信任时，还敢相信谁？但是市场经济的高度发展又离不开注册会计师及其机构，在转型经济条件下，如果以会计师事务所涉嫌造假，进而对其存在的合法性提出质疑，中国的资本市场将要付出极大的代价，会影响市场经济秩序与社会信任体系的重构。

会计师事务所的社会信任是一种社会稀缺资源，但其具有自我再生性，社会其他组织和成员都可以采取许多措施和办法维护和增进会计师事务所的社会信任，增强其合法性的基础。事务所的社会信任对于整个社会的经济增长、政治文明、文化繁荣与社会和谐都有巨大的促进作用，它是推进全社会进步、社会正义、社会文明的重要力量。同时，提高会计师事务所的社会信任更需要社会各个阶层、各个组织共同去努力建设，使整个社会弘扬一股正义、公平、积极向上的浩然之气。

第二节 研究的概念、意义和目的

一、研究的有关概念

在我国，会计师事务所在成立的最初，主要承担政府对企业的财务监督职能，它是政府职能的延伸，在1986年，我国曾将它规定为国家批准依法承办特定业务的事业单位。后来，随着其业务范围的扩大，加之其经费和工资不是来自财政拨款，而是来自事务所在市场竞争中所获得的收费，所以，它与其他一般企业一样，都要以盈利和生存为根本。在1993年，国家又将其规定为依法设立并承办特定业务的机构，去掉了“事业单位”的说法。

会计师事务所作为一种社会中介组织，具有一般企业的共性，但又有其特殊之处：首先，它是智力密集型的企业，不是资本密集型企业，因为其日常之支出，主要是注册会计师的报酬，很少有大额资本项目的支出；其次，是一种职业化的企业，其成员必须通过中国CPA资格考试，在执业过程中应遵守一定的业务指导，确保业务质量合格；再次，投资人数的限制，按照《注册会计师法》的规定，事务所的投资人必须是在事务所执业的注册会计师和其他资格的职业人员，使得所有权与经营权结合在一起；最后，在为客户提供审计或其他服务时，必须以维护社会公共利益为重，不能一味地为满足客户需求，而歪曲某些事实，这与一般企业的“客户就是上帝”的理念有质的区别；此外，事务所提供的“产品”，具有公共物品的性质，具备非竞争性和非排他性。

（一）社会信任

从一般意义上讲，社会信任分为两部分，即狭义和广义，狭义的社会信任即指经济学含义的信用，一般是指商品货币的信贷关系，是有条件的延期支付的流通形式；而广义的社会信任主要站在社会学角度，是指建立在一定社会关系基础上的，由于守约重诺而取得的信任，从这里我们不难看出广义的信任是狭义信任的基础，本书中，我们使用其广义的含义。具体针对会计师事务所的社会信任而言，其内容主要是：事务所及注册会计师能够站在独立、客观、公正的立场上，按照会计准则和审计准则对被服务单位的会计资料审核，提出公允意见，而会计师事务所能够严格按照质量控制要求进行复核，使社会公众足够信任被审计单位的经营状况。

人们说起社会信任时，比如信任、信誉、诚信等词汇随之而来，为了准确理解“信任”和“信用”“诚实”的含义，以下做一简单比较。郑也夫认为：“信用与信任是互为表里；信用是名词，表达静态的属性，即可信任的；信任多为动词，出发点是主体，即判断对方有信用与否。”信任以信用为基础，信任产生于信用；信用和信誉在意义上非常接近，都说明主体一种诚实的属性，但信誉指由于言行诚实守信用而获得的声誉，而信用强调的是能够很好地恪守诺言并因之而获得信任；在信用和诚信的区分中，诚信突出的是诚实，信用强调的是履行诺言，是一种特定的诚实。

在市场经济游戏规则中，投资者与企业管理者之间存在着明显的信息不对称，同时也存在着投资者之间、企业的管理者之间的信息不对称问题，为了消除有关各方的信息不对称，就需要第三方——会计师事务所的鉴证，对企业管理者所管理企业的财务报告按照会计准则和审计准则的要求，对其公允性、合法性进行判断，并提出客观、公正的意见。上述有关利益各方将会依据会计师事务所的意见或信息进行重大投资决策，在此，我们发现会计师事务所所提供的意见或信息要有一定程度的真实性、可靠性，如果会计师事务所和注册会计师不讲诚信，不严格遵守独立、客观、公正的原则，进行虚假审计、出具虚假审计报告、发表不恰当审计意见，就会直接欺骗与企业有关的利益主体，失去社会公信力，其直接结果是相关各方可能造成经济利益的损失。

（二）社会信任与会计师事务所

经济学家诺斯说过："自由市场经济制度本身并不能保证效率，一个有效率的自由市场制度，除了需要一个有效的产权和法律制度相配合之外，还需要在诚实、正直、公正、正义等方面有良好道德的人去操作这个市场。"近年来，我国会计师事务所在发展过程中已经出现了一系列的问题：缺乏有效的公司治理结构、一股独大、"内部人"控制现象突出；事务所的市场资源受权力部门左右，分成、回扣等"设租"行为大行其道，为争抢客户，某些事务所争相压价，形成了罕见的恶性竞争。

经济全球化的推进，使我国会计师事务所面临着前所未有的机遇，同时面临着"四大"国际事务所的挤压，而社会信任是这一行业最重要的生命线，从中央领导到财政部、中国注册会计师协会等部门领导都不断对事务所的社会信任问题做过许多指示，因此，我们对会计师事务所的社会信任问题进行研究，它对于实践科学发展观、加快我国社会信任体系建设、建立具有中国特色的社会主义市场经济体系、构建良好的社会经济秩序等都有非常重要的现实意义和理论价值。

近年来，我国证券市场发展很快，同时证券市场的不成熟和问题也明显暴露出来，上市公司治理结构不完善，会计、审计信息披露等方面的法规滞后，监管措施不到位，这些都导致会计师事务所及其注册会计师的职业环境日益恶化，审计风险加大。著名的“银广夏案”就是一例，该公司自1998～2001年累计虚构销售收入104962.6万元，少计费用4845.34万元，导致虚构利润77156.7万元，两名注册会计师受到刑事处罚；还有麦科特公司一案，其通过伪造进口设备租赁合同，虚构固定资产9074万港元，采用伪造材料和产品购销合同、虚开进出口发票、伪造海关印章，虚构收入30118万港元，虚构成本20798万港元，虚构利润9320万港元，出具审计报告的会计师事务所负责人被抓。

作为连接企业和投资者桥梁的会计师事务所面临着严峻的信任危机，整个市场一度陷入低谷，根据中国证监会2002年的统计数据，由于受上述两件案子的影响，2002年前四个月共有26家公司发行A股，较去年同期下降39.53%；证券市场筹资288.40亿元，同比下降56.55%，股票交易金额达10897.82亿元，同比减少29.48%；投资者缴纳交易印花税51.54亿元，较去年同期下降56.65%。一时间，会计师事务所成为“做假账”的代名词，是上市公司的帮凶，注册会计师的独立性和诚信度在社会公众的心目中大打折扣，最高人民法院在2002年1月15日出台《关于受理证券市场因虚假陈述引发的民事侵权纠纷案件有关问题的通知》，从而把许多会计师事务所和注册会计师推上诉讼的风口浪尖，再加上某些媒体不客观的报道，使会计师事务所的社会信任降到历史最低点。

事务所的社会信任出现问题，不能全部归咎于事务所，其中一个很大的原因是我国整个社会处在社会转型的背景下，社会结构、法律制度、伦理道德、文化观念、社会交往形式以及人们的价值观都处在不稳定状态，在社会的许多层面和环境中都出现了信任缺失的现象，另外我国会计师事务所真正走上市场化的路子，仅仅不过十年时间，事务所的内部管理、制度建设、注册会计师的管理、事务所的发展规划等问题都处在一个探索甚至“试错”的过程和阶段。笔者尝试在社会学的视角下，应用有关理论来对此问题进行讨论，会计师事务所面对的直接客户和市场就是资本市场与广大企业，他们之间的关系就是“鱼水”关系，会计师事务所的社会信任虽然出了点问题，但不能全盘否定，在建设良性的社会经济秩序中还少不了它，同时笔者还试图指出，提高和改善事务所的社会信任水平，不能脱离我国社会传统与目前的社会状况，它要在整个社会系统里，通过有关的社会角色长期反复的社会互动才能达到。

第三节

研究的理论视角、方法与研究设计

一、理论视角

社会转型论：按照郑杭生的观点，社会转型是指从传统型社会向现代型社会的转变，或者说由传统型社会向现代型社会转型的过程，换言之，就是从农业的、乡村的、封闭的半封闭的传统型社会，向工业的、城镇的、开放的现代型社会的转型。任何一个后发展国家都要经历这样一个过程，但是中国社会的转型是在一个二元社会结构下的转型，有其特殊的一面，主要是社会的转型与经济运行机制联系在一起，不仅有社会结构、社会设置、社会机制的转换，更有社会成员的思想、价值观、社会互动模式的转换，由于“路径依赖”的影响，它使部分社会成员或者全部社会成员的行动空间发生了转变，甚至对既有社会秩序产生冲击，影响了社会的协调有序运行，进而形成了诸多社会问题，本书的主题就与此密切相关。

嵌入性理论，这个概念最早由波兰尼提出，但并未在学术界取得多大影响力，1985 年美国新经济社会学家格兰诺维特再次提出“嵌入性问题”，在对待经济与社会的关系上，当时有两种取向，一种认为社会关系对人的理性行为影响为零，而另一种认为经济行为完全受社会关系的制约，不能独立运行，即社会化过度与社会化不足两方面的问题。格兰诺维特对两种观点都予以反对，他认为经济关系嵌入社会关系中，同时，经济关系在运行过程中有它自己的特点，社会行动者的经济行为在具体的人际互动中已经嵌入了人际关系，并进而产生信任感，有效防止了机会主义的发生，所以经济行动始终嵌入在社会结构中。

后来，祖金与迪马乔在格兰诺维特嵌入性概念的基础上，将嵌入进一步分为认知、文化、结构以及政治性嵌入四类，总之，嵌入性观点强调在社会互动中个体与社会结构二者之间的融合，方可避免社会化过度与社会化不足的缺陷。

场域、惯习理论，这个理论是社会学家布迪厄在《实践理论大纲》一书中的核心理论，场域概念所要表达的是：在某一个社会空间中，由特定的行动者相互关系网络所表现的各种社会力量和因素的综合体，它基本上是靠社会关系网络表现出来的社会性力量维持的，同时也由这种社会性力量的不同性质而相互区别。在理解场域概念时，首先，应该将其设想为一个空间，任意一个存在于此空间的对象，都必须按照场域中的关系逻辑来理解，不能仅凭研究对象的性质解释；其次，场域也是各种行动者争夺的空间；最后，场域也包括一些投入，主要是身体和信念的投入。

惯习则是一种生成型结构，它塑造与组织着实践，生产着历史；但惯习自身又是历史的产物，是一种行动者后天所获得的各种生成性图式的系统，个体行动者只有通过惯习的作用，才能产生各种“合乎理性”的常识性社会行动。场域与惯习的关系体现在两方面：一方面，是制约关系，场域型塑着惯习，惯习成为某个场域固有的必然属性体现在身体上的产物；另一方面，则是一种知识的或者说是认知建构的关系，惯习的存在可以使场域充满意义，促使社会行动者积极地投入和实践。

二、研究的方法及研究设计

会计师事务所的社会信任研究既有与其他社会组织相同的共性，又有自身独特的个性，在前面主要概念的解析中，不难看出：社会信任是以集哲学、管理学、经济学、伦理学、社会学于一体的概念，其本身的内涵和外延都比较宽泛，按照涂尔干的观点，社会信任是一个“社会事实”，集中了诚信社会理念所涉及的主体、客体有关内容，最重要的是会计师事务所社会信任的概念，在学术界和实务界还未达成统一的认识，因此其研究方法不能单一化。

（一）研究设计及说明

在本书中，如前面所述，笔者选取西部某市 92 家（陕西省注册会计师协会提供的截至 2008 年 6 月的数据）会计师事务所为研究对象，以发放问卷的形式进行调查。由于 92 家事务所在该市还有分所，于是就多发了 10 份问卷，总的发放问卷数量为 102 分，回收 90 分，有效问卷 84 分，有效问卷的回收率为 83.1%，回收率达到了研究的基本要求。另外，对某些深层次的问题进行了无结构访谈，对于事务所的社会信任的具体研究，可以说所涉及的问题相当杂乱，事务所社会信任具有抽象性与具体性、宏观与微观结合的特点，笔者为了使“会计师事务所的社会信任研究”能客观得以揭示，将社会学研究方法中的定性与定量结合起来，具体就是以问卷调查和深度无结构访谈两种方法为主，再加上文献分析法。问卷调查对象以西部某重点城市的92家会计师事务所为研究总体，由于总体数量不是很大，不采用随机抽样，而采用全部发放问卷对该城市的会计师事务所的社会信任的主要方面予以反映；同时为了弥补问卷调查的缺陷，也为了对一些深层次的问题能更好地了解，所以，笔者以10多个会计师事务所的所长、副所长、主任会计师、项目经理、资深的注册会计师共计15名为访谈对象。

（二）研究的思路

会计师事务所的社会信任是转型期社会信任系统的一个部分，本书以我国会计师事务所的社会信任为研究核心，随着会计师事务所在工业革命的发展中逐渐壮大，其社会信任就成为一个至关重要的部分；我国会计师事务所的社会信任是伴随着社会主义市场经济的发展，在改革开放中逐渐成长的，会计师事务所实际上延续继承了政府和国家管理、监督企业的某些职能。因此，研究会计师事务所的社会信任，必然要涉及国家信任与企业的信任，而且国家信任与企业的信任组成了会计师事务所社会信任的外在环境；在会计师事务所内部，注册会计师的社会信任是其信任的内在部分，内在部分和外在环境共同作用于事务所的社会信任，组成了一个完整的社会信任场域系统，但是，无论从哪个角度讲，事务所社会信任的内涵简单、功能弱小、作用有限，所以，应该从会计师事务所社会信任的内部主体及外部的环境、制度因素入手，进行有效的社会信任治理。

第四节

会计师事务所社会信任的现状及调查分析

在前面，对于会计师事务所社会信任的内容已经有了一个界定，从社会学角度考察事务所的社会信任，主要是研究事务所在与企业、政府从事经济交易时，社会信任是如何调节、制约、促进彼此之间的社会关系，并进而对社会秩序与社会制度产生何种作用。笔者认为事务所的社会信任应该涉及两个角度的内容：第一，事务所按照会计、审计准则的要求与客户企业签订服务契约，注册会计师严格按照事务所的质量控制规则及相应的具体业务准则从事业务，并遵循职业道德的规定，从而出具了独立、公正的审计报告。按照这个程序去做，没有任何人说事务所的信任水平较低，这就是实质意义上的事务所社会信任状况；第二，事务所按照很规范的执业程序去做，由于审计成本、注册会计师的知识能力范围限制及客户企业本身等问题的影响，从而产生了对事务所及注册会计师工作的误解，进而对事务所的社会信任做出了不当的评价，在这个意义上讲，会计师事务所的社会信任既要研究事务所做了什么、怎样做，还要考察其社会行动的评价效果。所以笔者认为，会计师事务所的社会信任的研究不能眼光局限在事务所及注册会计师身上，还要联系其周围的其他社会行动者的状况。如鲍曼所说："行为者的行为基础不是对各种行为进行选择或其相应的后果进行比较评估，而是在特定情形下从可供选择的可能中选择符合某一规范的行为"。

因此，笔者认为，会计师事务所的社会信任是指事务所及注册会计师按照审计准则的要求出具客观、公允的审计报告，社会利益相关者按照自己的理解对这一社会行动过程的规范性、合法性做出社会评价。因而，这个概念的内涵就比较丰富，其一，事务所严格按照审计准则要求去做，与客户公司预期判断一致；其二，事务所严格按照审计准则要求去做，其审计报告与客户公司预期判断不一致，使客户公司有了一些看法；其三，事务所未严格按照审计准则要求去做，甚至草草了事，审计报告与客户公司的判断没有冲突；其四，事务所未严格按照审计准则要求去做，草草了事，放弃了执业的某些规则，最后的审计报告使客户公司对事务所及注册会计师产生了严重的不信任与质疑。由此不难看出，事务所的社会信任已不是简单地遵守承诺这样道德层面的事情，它是具有丰富社会性的"社会事实"。笔者在对西部某市的（SGM）会计师事务所访谈时，就遇到了说明上述判断的案例。

一、会计师事务所的社会信任的特征

刘光明（2003）认为，企业间的信用涉及三个方面的内容：信用关系的主体、信用载体和信用制度规则，在市场交易中，转移信用的一方为授信者，而接受信用转移的一方为受信者，授信者取得一种权利，受信者则承担一种义务，二者之间通过信用载体（既可是内化在交易双方行为中的价值规则，又可是口头承诺或各种信用工具）进行交易，也就是说事务所的社会信任是一种具有公共产品性质的社会制度形式，使企业、政府与事务所在社会互动中有了一个大家普遍遵守的约定或规则，可以使彼此之间的联系成本降低，增强彼此的认同感，提高效率，使整个社会的资源配置达到帕雷托最优，通过以上探讨，我们可看出会计师事务所的社会信任具有以下特征。

其一，会计师事务所的社会信任包含有最朴素的“遵守承诺，诚实守信”的性质，这是事务所社会信任的最低要求。其二，会计师事务所的社会信任体现的是事务所与利益相关者在交易过程的结果及评价。其三，会计师事务所的社会信任揭示了事务所在未来社会互动中的行为状态及其行为质量。其四，会计师事务所的社会信任不同于一般企业之间经济利益的等价交换，它体现的是事务所对国家、社会的信用制度的维护责任。其五，会计师事务所的社会信任与社会系统的信用运作机制有密切的关系，起着传递互动信息，降低社会互动复杂性的作用。

（一）会计师事务所产生的历史背景

会计师事务所起源于英国，在 18 世纪初，随着工业革命的迅猛发展，资本主义社会原始积累效应爆发，英国的商品经济以人类经济发展史上最快的速度前进，所以，工业企业的规模越来越大，这就使得企业的组织形式、投资体制发生根本性的变化，传统的独资与合伙制企业越来越难以适应社会化大生产的需要。于是一种新的聚集企业资本的组织开始诞生——股份制公司便走上了历史的舞台，而股份制的最大特点是经营权与所有权的分离，产生了对社会中介组织的市场需求。1720 年，查尔斯·斯耐尔受大英帝国议会的委托，为著名的南海公司破产案件进行查账，并出具了一份重要的报告，会计中介组织——会计师事务所便从此诞生，至今已有近 300 年的历史。在西方，会计中介行业是一个自由职业，既可由具有资格的注册会计师个人独资开业，也可以合伙的形式开业，甚至可组成专业性的会计公司。

在我国，会计师事务所的历史可追溯到 20 世纪初，1918 年，在谢霖等人的力荐下，北洋政府颁发了我国第一部《会计师暂行条例》，当年谢霖领取了我国第一个会计师证书，在北京创办了我国第一家会计师事务所——正则会计师事务所，标志着我国注册会计师制度正式诞生。到 1947 年，全国有注册会计师 2618 人，但由于国民党垄断资本的干扰，其作用未得到多少发挥。1949

年，主管财经工作的陈云同志大胆使用数千名注册会计师，代表政府依法对工商企业查账，为争取国家经济状况的好转做出很重要的贡献，后来，由于“一五”计划的实施确定我国计划经济模式，注册会计师退出了历史舞台。

改革开放后，财政部在1980年12月31日颁布了《关于成立会计顾问处的暂行规定》，在1982年1月1日，中华人民共和国成立的第一家会计中介机构——上海会计师事务所挂牌成立，随后在北京、广州等地陆续成立了一批会计师事务所，注册会计师审计载入1985年颁布实施的《中华人民共和国会计法》。1986年7月3日，国务院颁布了第一部注册会计师法规——《中华人民共和国注册会计师条例》，确立了注册会计师行业的法律地位，同年，10月29日，财政部发布了《会计师事务所暂行管理办法》。1987年审计署发布了《关于进一步开展社会审计工作若干问题的通知》，要求各地在经过试点、总结经验的基础上，有计划、有步骤地发展社会审计组织，1988年11月，全国性的职业组织——中国注册会计师协会正式成立，当时，注册会计师达到了3000余人，事务所250家，其共同特点是：均由一个或一个以上的国家机关、事业单位或大专院校为发起单位，会计师事务所是“挂靠”在发起单位之下的附属机构或二级单位，事务所性质为国家事业单位，组织人事、工资福利、财务收支甚至业务承揽都挂靠于发起单位，因而事务所受制于发起单位。

1993年10月31日，第一部《中华人民共和国注册会计师法》颁布，此后，随着法规建设的不断完善，我国会计师事务所逐步走上了规范化、法制化的轨道。1996年第一批《独立审计准则》正式实施；1996年5月，中国注册会计师协会与中国注册审计师协会进行联合，实现了行业的统一管理；1999年底，全国4805家会计师事务所与主办单位脱钩，改制成为由注册会计师个人发起设立的合伙制事务所或有限责任制事务所；2000年，财政部、中国注册会计师协会相继发布了关于会计师事务所扩大规模的若干意见和规定，因此，又在全国掀起了大规模的会计师事务所合并浪潮，至此，会计师事务所从原来国家投资变成民间资本出资，改变了原来受制于挂靠单位、多头管理的行政干预模式，成为自主经营、自担风险及自我发展、自我约束的社会中介机构。

从以上对我国会计师事务所发展历程的表述中，可以看出两方面的特征：第一，我国会计事务所的整个发展，呈现出“国家主导”的鲜明特征，这一点，与西方会计师事务所在自由竞争市场经济条件下独立发展壮大的过程截然不同，实际上，我们会发现，我国会计师事务所的背后有政府这只“隐形的手”在作用，会计师事务所对财务报表进行审计的权利就是法律赋予，并由财政部门代表政府进行指导管理和监督，因而事务所的社会信任的性质也就与西方的同行有着明显不同，那就是：在某些政府无力设计或不便于出现的领域行使政府某些职能，其社会信任就与政府有千丝万缕的联系。第二，我国会计事务所的发展历史很短，真正算起来，不到十年时间，事务所从人员数量、管理制度、质量控制、客户数量以及发展理念等方面正在完善，导致事务所的社会信任的软硬件基础就不是很牢固，所以事务所的社会信任质量当然不能和国际上的“四大”比较，只有明白这些，才能使我们对事务所社会信任的整体定位有一个客观评价。

（二）会计师事务所组织结构的分析

从事务所的组成来看，按照从上到下的次序来分，主要有股东、合伙人、所长（经理）、主任会计师、部门经理、项目经理、注册会计师、助理人员及其他辅助岗位的人员。在这些人员之间，主要存在的是委托代理关系，并通过这种关系将整个事务所的所有人员串连在一起。在会计师事务所中所运转的主要是非人力资本，包括知识、信息、无形资产等。而且是一个典型的“科层制”组织，股东、合伙人是真正的老板，根据其注册资本、社会资本的多少，雇用所长（经理），有时所长或经理就是股东或合伙人的一员，雇用一定数量的注册会计师组成相应的业务部门，并由股东、合伙人开始，层层授权，且以权力来指挥下一个级别的人员，彼此都对上负责。按照科斯的观点，就是一种典型的“主仆关系”，即“仆人有义务向主人或代表主人的人提供个人服务，除了所签合约是关于商品出售之类的合约情况；主人必须有权控制仆人的工作，或者亲力亲为或通过其他仆人或代理人”。这种权力、资源结构构成了会计师事务所社会信任组织基础，进而表明了会计师事务所社会信任的构成成分的复杂性。

二、会计师事务所社会信任的相关场域及其分析

布迪厄认为，一个场域由附着于某种权力（或资本）形式的各种位置间的一系列客观历史关系所构成，每个场域都规定了各自特有的价值观。拥有各自特有的调控原则，这些原则界定了一个社会构建的空间，在这样的空间里，

行动者根据他们在空间里所占据的位置进行着争夺，以求改变或力图维持其空间的范围或形式。由于社会信任是一种特殊的场域，因而国家、企业、会计师事务所及注册会计师都会按照自己的利益出发点去建构自己所理解的社会信任观念，而国家必须站在全体公民的角度，而不是某个利益集团的角度去倡导某种信用观念；企业必须以盈利为最终目的，并在生存的基础上去发展；会计师事务所应该按照会计审计准则去执业；建立一种独立、公正的社会信任观；而注册会计师作为理性经济人，只有在满足其生物性需求后，才有可能承担一定的社会责任，打造诚实、守信的社会信任观念。这些场域空间里不同的主体都是围绕在会计师事务所的社会信任场域周围，并进行着社会资源的竞争，因此，研究会计师事务所的社会信任场域，不能脱离其他场域去分析和解释。

三、国家及企业信任的现状

（一）国家信任

在本书中所指的政府及监管机构指的是财政部门、审计部门、证券监管部门及注册会计师协会，会计师事务所作为一个社会中介组织，必然嵌入其所在的具体环境中，会计师事务所的社会信任与这些机构也有密不可分的联系，这类机构的社会信任也影响着事务所的社会信任，它们一方面履行其组织在社会管理中的职能，另一方面也体现了政府信任的具体方面。政府信任是指政府在与组织、个人的互动过程中由于能够履行承诺和提供稳定而健全的制度安排而赢得个人、组织的信任关系。

会计师事务所作为整个社会系统的一员，以监管部门为代表的国家信任对会计师事务所产生着重要的影响。会计师事务所在执业过程中的判断标准和依据——审计准则就是政府制定的。而随着我国社会转型的逐渐加深，企业、经济状况、法律制度及国际上行业标准的变化，审计准则也在不断更新。这就要求会计师事务所要成为一个学习型组织，通过掌握最新的准则内容，保证执业的公正性，维护事务所的社会信任。但是不断变化的审计判断标准，也使会计师事务所在具体执业中遭遇了尴尬，事务所对于同一会计事项前后截然不同的判断，使得客户公司对事务所的执业质量产生了不信任，事务所的社会信任受到了一定程度的负面影响。在本书中，对准则的变动与不同性质事务所之间进行了交互分析，其结果如表 7－1 所示。

表 7－1　　会计审计准则的改革对事务所服务质量的影响

事务所性质		有很大影响	有一般影响	不能确定	无任何影响	总计
独资制	频次	12	3	0	0	15
	百分比	80	20	0	0	100
普通合伙制	频次	16	4	0	0	20
	百分比	80	20	0	0	100
有限责任合伙制	频次	34	8	4	3	49
	百分比	69.4	16.3	8.2	6.1	100
Pearson Chi-Square＝24.812　df＝6，Sig.（2－sided）＝.000						

从二者之间的交互分析中我们可以看出：无论审计准则的变动出于何种动机和目的，都对会计师事务所的服务质量产生了重要的影响。我们从表7－1中发现，会计审计准则的变动对有限责任合伙制的影响要远远小于独资制和普通合伙制，而独资制、普通合伙制“有很大影响”的比重都达到80%，但有限责任合伙制仅为16%，在整个会计师事务所中，前两者的比例都较高。其影响表现为两方面，即积极的方面和消极的方面，积极的方面可以树立事务所在社会和企业中的公信力，并使事务所的发展步伐更快、更大，而消极的方面可能会使事务所变成一个随意表达意见和观点，不具有严肃性和公正性的组织，对会计师事务所的社会信任产生负面影响。其实，笔者在设计完问卷后，意识到这个问题的提问具有一点模糊性，不过这种提问又体现出研究的“价值中立性”，为了进一步了解这个问题的真实状况，又做了一个访谈。

研究者：我国的会计审计准则变动了几次?

GLM 所长：我国的审计准则在加入世界贸易组织前夕，为了和国际接轨，变动频率较大，在 1999～2001 年，每年都有多部新的准则产生，近几年，这种更新和变动的趋势依然持续，只是变动的项目和种类在缩小。

研究者：你怎样看待审计会计准则的频繁变动?

GLM 所长：我国在准则建设方面的步伐落后于发达国家，我们现在基本上是引进，使我们的企业能走出国门，在会计审计的标准逐渐与发达国家一致。但是，目前这种准则的变动有些过于快，其实好多会计审计准则从学习到理解，再到应用到业务中去，是一个比较漫长的过程。而目前这种趋势造成了事务所和注册会计师学习上的压力，往往是一个旧准则还未真正学懂，而新的规定又出现，有时还会有否定以前准则的情况。比如，我们有一家比较大的企业客户，在2008年，年初由于企业资产重组，我们对一项固定资产的折旧是按2005年认定的，在年底，由于新的制度规定，这种固定资产折旧年限延长，我们进行会计事项追溯调整，结果这家企业要补缴企业所得税，大概是上百万元，这个企业的财务总监对我们的做法表示不满意，他说同样的业务，让相同的人在不同的时间来做，结果差距太大。他认为我们工作人员不认真、不严肃，缺乏稳健性，甚至认为我们事务所业务质量不可靠，这就是会计审计准则频繁变动的社会成本，由于这件事情，这个客户差点中止与我们的合作关系，我想，这些事情我们事务所自身是没有办法解决的。

会计审计准则的变动造成了对国家政策的信任危机。任何一项社会政策都要与其周围的社会环境形成良性互动，包括会计审计准则在内的国家政府出台的政策与制度，在保持其权威性、强制性、合法性的同时，都应该对其政策效应进行评价，考虑政府和国家的信任问题，当然，这种变动还与社会转型的速度、广度和深度的全方位发展有关系，快速的社会变迁导致不能很好地考虑社会政策的连续性和稳定性。国家信任不仅体现在政府制定政策过程中，而且体现在会计师事务所的管理机构设置上、日常工作运行中，各个机构在行使自己的权力时，不能形成协调运作的合力，从而使得社会政策在执行中被孤立化、部门化，影响了政府信用，并出现局部的社会失调现象。最终是会计师事务所的社会信任受到明显的影响，我国各级政府机构对于会计师事务所的监管机制和体制的缺陷表现为：

（1）财政部。《注册师会计师法》第五条规定："国务院财政部门和省、自治区、直辖市人民政府财政部门，依法对注册会计师、会计师事务所和注册会计师协会进行监督、指导"。财政监督机构对会计中介机构的监督检查，重点应是会计中介组织的执业质量，2003年进一步做了安排，具体为：财政部监督检查局负责全国注册会计师行业行政监督工作的总体规划、政策研究和监督指导工作，并直接开展或组织开展全国范围内的重点检查和处罚工作；各省、自治区、直辖市财政部门监督检查本行政区域内注册会计师行业的行政监督工作。省级以下财政部门可以根据省级财政部门的授权对会计师事务所开展检查，但对注册会计师行业的处理、处罚权统一由省级以上财政部门行使。会计师事务所跨省执业中存在的问题，由两地省级财政部门协商处理，协商不一致的案件或重大案件，报上级财政部门协调处理；财政部驻各省、自治区、直辖市、计划单列市财政监察专员办事处根据财政部的授权，开展具有全国性、重要性和典型性案件的监督检查工作，提出处罚建议后报财政部实施处罚。

（2）证监会。证监会对会计中介机构及其注册会计师实施局部性监管，也就是证监会对从事证券业务的会计中介机构及其注册会计师的职业资格进行审核，并对取得资格的会计中介机构及其注册会计师执行证券业务进行监督和管理，为了配合独立审计准则的颁布实施，从1996年起，证监会和财政部通过年检方式对从事证券业务的会计师事务所和注册会计师的执业质量进行监管，对没有遵守独立审计准则的事务所取消其证券从业资格，证监会对会计中介机构及其注册会计师的处罚包括警告、罚款、通报批评及撤销证券业务资格。

（3）审计部门。审计机关依照有关法律、行政法规和规章，开展对社会审计组织审计业务质量的监督与检查工作，共分两个层次进行：审计署驻地方特派员办事处，省、自治区、直辖市审计机关根据审计署的统一安排，开展对具有从事证券相关业务许可证的社会审计组织审计业务质量的监督检查工作；省、自治区、直辖市审计机关组织地方各级审计机关开展对本地区不具有从事证券相关业务许可证的社会审计组织业务质量的监督检查工作。

以上机构对会计师事务所的监管营造了较好的社会信任环境，在一定程度上打击和制止了部分会计师事务所的违法违规行为，提高了事务所的公信力和权威性，本书中对不同性质事务所和出现无法避免的审计失败后的影响进行了交互分析，我们可以发现在独资制与有限责任制的事务所中，“接受法律处理”一项的频次分布远远高于“公众道歉”和“处罚注册会计师”两项，这充分说明大多数事务所已经认识到政府监管政策的权威，对于保证事务所社会信任的质量起了监督作用，只有国家从宏观层面构建一种社会信任系统和制度，才能为会计师事务所的社会信任提供良好的土壤，具体见表7－2。

但是各个监管机构在履行职能的过程中，对一般意义上的社会信任的认可和执行不到位，甚至有违背社会诚信原则的社会行动，不管财政部门、还是注册会计师协会在具体社会行动中，在许多方面都损害了国家信任，从而对事务所的社会信任产生了间接影响。

表 7－2　　事务所性质与审计失败处理的交互分析表

如何处理审计失败		事务所性质			总计
		独资制	普通合伙制	有限责任合伙制	
接受法律处理	频次	14	11	40	65
	百分比	21.5	16.9	61.5	100
向公众道歉	频次	1	9	6	16
	百分比	6.2	56.2	37.5	100
处罚注册会计师	频次	0	0	2	2
	百分比	0	0	100	100
Pearson Chi-Square = 12.679　df = 6，Sig.（2 – sided）= .000					

第一，在财政部门就有五个方面的具体表现：（1）行政处罚工作程序缺乏公正合理。财政监管是否公开、透明、公平和有效，直接与处罚程序的合理性有关。正确的做法是，一方面，应该建立健全专设机构的运转机制，包括拟定职责及内部分工，收集整理各项法规、制度并建档立卷；另一方面，应该研究如何规范检查主体的自身行为，建立高效的行政监督运作程序，包括会计师事务所检查规范与程序、行政处罚操作程序、案件移送制度、文件资料调阅与资源共享制度以及财政部门对地方财政部门的案件督办制度等，但现实做法是经办部门拿出意见，报主管部门领导圈定，这种做法明显违背公开、透明、公平和有效的原则。（2）对注册会计师行业行政处罚依据和标准不科学，目前存在法律依据不够清晰、操作性不强和可能出现多重标准等方面的问题，合理界定注册会计师的审计责任，明确行政处罚标准和措施非常关键，而目前，我们在行业处罚时还没有一套科学合理的量化标准。（3）决策者和参与者未建立责任机制。财政部门行使对会计师事务所的行政监督权，依然是行政首长负责制，这可以有效地避免注册会计师协会行使行政监督权时决策者不承担责任的弊端，但是一旦行政不作为，监管效果不佳，他们承担多少责任没有明确，进一步对于其监管效果又由谁来鉴定和再监督，还是一个真空地带。（4）监管的方式和内容不清楚。监管的重点应是审计质量的控制情况，质量控制制度和控制程序是每个会计师事务所必备的，在应付检查中，只要你要什么，他们就会写什么，关键是看实际执行情况。（5）后续教育质量不高，对于事务所的注册会计师，虽然多数事务所按照规定的学时完成了后续教育的任务，但是其培训质量、适用程度、培训效果都不太好。

第二，注册会计师协会的管理中，存在以下的不足：（1）注册会计师协会的权限有限，导致监管效果不理想。注册会计师协会作为一个民间行业组织，其监管权限受到本身特点的限制，只能监管事务所和注册会计师。对制造虚假会计信息的会计人员和会计单位不但不能进行处罚，甚至在查处注册会计师舞弊时，对舞弊单位的调查取证都很困难。这样必然不利于提高会计信息质量和减少会计舞弊的现象，难以通过明确会计责任和审计责任来改变注册会计师的执业环境，使审计人员始终在高风险的环境中执业。（2）注册会计师协会与相关政府部门沟通比较困难。虽然注册会计师协会代政府行使了部分政府职能，但是协会始终是一个民间组织，以协会形式出现的注册会计师自律管理组织缺乏与有关政府部门进行协调的平台和主体资格，其与其他相关政府部门沟通时不可避免地存在一定的困难。这影响到注册会计师协会行使行政职能的质量，特别在跨部门的调查取证方面存在不少的困难。（3）处罚的主观随意性大，责任不明确。对会计师事务所或注册会计师及助理人员的最终处罚结果完全由理事会无记名投票决定，虽然有利于保护投票人免受打击报复，但也会形成投票人责任不清，主观随意性较大，容易产生多重处罚标准。任何投票人都不会对其错误的投票结果负责，这对于受处罚的对象是欠公平和不负责任的。

以上各监管机构的行为代表着政府，同时也表现出政府的信任，社会信任是一个公共产品，提供公共产品是政府的重要职责，政府能否有效提供充分的公共产品，对于社会健康有序发展起着举足轻重的作用，特别是在后发国家，由于其发展模式是政府主导型，政府起着“火车头”的作用，所以公众对政府往往寄予很大的期望，一般说公共产品有两种类型，即：物质性公共产品和制度性产品，社会信任是类制度性公共产品，政府社会信任是通过社会政策的制定，表现出科学性、稳定性和连贯性的性质，这样才能是社会公众确立稳定的预期，为社会重复博弈提供制度性条件，最大限度避免机会主义行为，从而使信用关系的建立成为可能，反之，则会影响政府信任。经验和理论研究表明，高度的政府信任代表着稳定的经济制度环境，有利于交易成本的节约，从而提高经济效益，增加利润。张维迎对我国各省的研究也揭示了相关问题：信任和人均 GDP 的增长关系、企业的规模、私营企业的发展速度、平均规模、外资引进等均有一定的正相关性。对于会计师事务所的社会信任而言，监管机构的社会信任表现制约或者促进了会计师事务所的社会信任，而且这种影响还会持续比较长的时间。

另外一个重要的特点是国有企业或国有控股企业是我国会计师事务所的主要客户，国有企业在一定程度上就代表了国家的信任。国有企业加强内部控制，强化财务监督，既能避免国有资产的流失，又能促使会计师事务所在行使第三者监督时，认真履行准则的要求，从而提高事务所的执业水平，并增强事务所的社会信任质量；反之，国有企业的内部财务管理水平只能停留在计划经济的程度，无法建立与现代企业制度相匹配的财务监督制度，导致我国会计师事务所的业务水平将长期处在低水平。事务所的社会信任无法达到国际上“四大会计师事务所”的认同程度，其主要原因就是审计业务天生依赖性。虽然事务所脱钩改制已经许多年了，但国企与事务所（特别是成立时间较长的事务所）之间的业务联系仍然很密切，在对 BJWL 事务所的所长访谈中，就体现出这种特征。

BJWL 所长：我们所在中注协的全国百家会计师事务所的排名连续五年在前十位，有注册会计师 420 名，在全国有十几家分所，主要是我们所是过去财政部下属的一家会计师事务所，在计划经济时代，我们负责全国的一些大企业的财务检查工作，所以和这些企业有比较深的关系，现在尽管有些企业改制了，但有业务还找我们，就在 X 市，我们一般也不做民营企业，一个是这些企业的财务资料大多可能有问题，怕影响我们事务所的社会信任，另一个是我们在本市的老客户比较多，都是以前挂在财政系统的企业，我们这个分所人员也不多，做好这些业务已经很不错了，没必要再接那么多业务，全国的几个大所的主要业务也是以国有企业为主。在国有企业里，事务所的工作就比较多，企业年终财务审计、某项业务的专项审计、领导人的离任审计等许多业务，可以说，一个会计师事务所总的业务量多少，就是看哪家国有企业客户多，哪家国有企业客户规模大，这些都直接决定着事务所的总的实力，这些方面都是事务所展示其业务能力的方面，同时考验着事务所的社会信任的水平。

（二）企业信任

本书主要研究事务所的社会信任，但是企业本身就是事务所的服务对象，事务所的社会信任就体现在与企业互动的过程中，当然，企业信任是一个非常宏大的研究主题，涉及的学科、知识更加深邃和广泛，不是本书的重点，笔者想通过研究企业在事务所社会互动的过程中，从另一个角度来考察事务所的社会信任状况和信任环境的质量。更好地理解在转型社会的场域下，事务所社会信任发生、发展的社会基础和社会机制是怎样的？既然国家将企业财务会计报表的鉴证、审核权利授予会计师事务所去完成，那与事务所社会互动最多的当然就是数以万计的企业。我国目前的企业状况是：在一般行业内，现在主要是民营企业、股份制企业及部分外资企业；在有关国计民生的、影响国家竞争力的行业，基本上还是以国有企业或国有控股企业为主，民营或外资很少，这些企业就是会计师事务所的主要收入来源，当然现在，随着事务所业务范围的扩大，逐渐也增加其他性质的企业。

企业一直是为古典经济学、新古典经济学、制度经济学的主要研究对象。古典经济学认为企业是专门从事产品生产与经营活动来获得最大化收益的组织；而新古典经济学认为企业是进行稀缺资源投入产出的组织，利用价格机制来组织整个产出活动，契约理论的引入，又将企业的本质问题继续推进。因此，企业是在一定的交易契约下进行生产资源的配置。在现代全球化生产的时代中，企业在参与购买、生产与市场销售的环节中，其互动形式更多的是以契约关系表现出来，以契约来保证彼此的守信，实际上企业的社会信任就是以契约来约定，通过彼此社会行动来体现和证明。而我国企业界，现代企业制度没有在整个转型社会中建立起来，社会个体或组织的契约意识不强，“机会主义”、“强权主义”盛行，许多企业的董事会与管理层成员重合，使受委托的会计师事务所的角色定位和目的模糊，这样可能使事务所迫于一定的压力，出具不适当的审计报告，造成审计失败，不管国企还是私企都是以获取最大利益为重，彼此的信用意识很淡，这也是任何一个转型社会在发展初期难以避免的问题，国内外已有研究表明这种状况还需要持续很长的时间。

（三）我国企业与事务所的互动范围

在我国，事务所和注册会计师的业务范围主要是审计和验资业务及某些大规模公司的上市，对于民营企业来说，目前主要是在银行贷款、营业执照年检时使用，民营企业需要的是事务所的一张官方认可的审核报告，其他作用几乎没有，带有极大的“工具理性”思想，也就是说官方认可的就是注册会计师的签字和事务所的印章的效力，这对事务所和注册会计师的社会信任是一个考验，除以上业务，民营企业与事务所的联系就很少。其实在目前的社会转型期，我国企业的社会信任水平都处在一个低层次的水平，不能有效承担社会责任，为了获得一个满意的审计意见，通过送礼或其他方式来购买“审计意见”

的现象已经很普遍，企业自身的社会信任还差强人意，本书中对客户礼品馈赠或礼节性的招待统计就说明这个社会事实具体见表7－3。

表7－3　　如何对待客户的礼品馈赠或礼节性的招待与事务所性质交互分析

			事务所性质			总计
			独资制	普通合伙制	有限责任合伙制	
如何处理招待或礼品馈赠	从不接受	频次	6	17	34	57
		百分比	10.5	29.8	59.6	100
	接受招待但不接受礼品馈赠	频次	3	0	1	4
		百分比	75	0	25	100
	接受礼品馈赠但不接受招待	频次	0	0	1	1
		百分比	0	0	100	100
	视具体情况而定	频次	6	3	13	22
		百分比	27.3	13.6	59.1	100
Pearson Chi-Square = 14.392　df = 6，Sig.（2－sided）= .000						

从表7－3中，我们可以看出对于礼品或招待的处理，频次从1%到100%都存在，接受招待但不接受礼品馈赠的各有75%与25%两个频次；接受礼品馈赠但不接受招待竟然达到了100%，这些数据总体反映了社会上对事务所的社会信任评价不高的内在原因，同时，也说明我国企业界整体社会信任的低水平，而事务所就是依靠企业而生存，在这种环境下，要让事务所“独善其身”是很不现实的。

在目前转型社会中，特别是民营企业的现代企业管理制度几乎不起作用，有的是名存实亡，企业的运作流程不规范，甚至违法违纪的也不少，民营企业的社会信任就是纯粹的利益导向，当存在利益时，可能表面会讲一些诚信之类的理念，但当缺乏经济基础甚至随时就可能死亡时，不会讲信用，因为还没有完成最基本的资本原始积累，“仓廪食而知礼节”，所以，在这种经济环境下，仅靠事务所和注册会计师讲社会信任，是比较难以坚持的。除以上业务，民营企业与事务所的联系就很少。会计师事务所的职业利益主要是指会计师事务所的从业人员从职业工作中应取得的工资、奖金、荣誉等利益，注册会计师在审计过程中具有“经济人”的一面，有自己独立的经济利益，经济利益的独立性决定了注册会计师在追求自身利益过程中的排他性。特别是目前会计师事务所的审批条件降低以后，新的事务所不断出现，事务所之间为了争取客户已经达到“无所不用”的地步，虽然降低收费标准，使企业节省了成本，并导致事务所增加了一些收入，但审计质量能否合乎要求，对整个社会和投资者的质量保证能有多大，以及事务所的社会信任能否坚守，均值得怀疑。

不可否认，我国的国有企业在企业治理方面的规范程度比民营企业的平均水平要高。对于事务所而言，社会信任的环境要好些，当然这只是相对的，国有企业也存在危害社会信任的方面，主要是制度设置、管理模式、运营机制及领导人等方面，我国国有企业规模都非常大（相对大多数民营企业而言），并且目前不少企业都在搞全球化，而多数事务所的人才结构、知识结构已老化，低水平待遇限制了大量优秀人才的加入。要让事务所在全球化的环境里，完全按照准则的要求、按照执业道德的诚信原则去做，对于事务所和注册会计师而言，是心有余而力不足的，主观上想维护信用原则，客观上有可能会危害它。

对于我国的会计师事务所而言，主要客户群体选择国有企业而不选择民营企业主要有两个原因，第一个原因是，事务所对国有企业的业务依赖性；第二个原因是国有企业的社会信任有政府支撑。事务所脱钩改制已经快十年，当初改制的目的就是事务所业务范围的多元化和市场化，剪断计划经济时代事务所业务对国企的依赖，真正从机制上使事务所成为一个代表社会正义的中间组织，只有这种组织才能具有真实的社会信任和社会公信力，但目前情况是这个目的仍未达到，并还有很长的路走。

费弗（Pfeffer）和沙兰西克（Salancik）1978 年提出的资源依赖理论认为“组织是受外部环境约束的，是因为组织必须照顾到这样一些环境的需求，这些环境提供了对它的可持续生存必须和重要的资源。”所以说组织对环境的依赖使得对组织行为的外部约束和控制既可能又几乎是不可避免的，二人提出了十项条件，笔者认为其中有几项是最重要的，“这些资源是组织运行的关键或重要部分；社会行动者控制资源的分配、取得或者使用，组织无法得到其他可以替代的资源；组织不能控制社会行动者需求的决定、陈述或者表达方式”。这个理论能说明事务所对国企的依赖性，因为通过和国企合作，事务所可以获得使自己生存的足够资源，而这个资源是大量的民营企业所不具有的，有三个因素决定其依赖的程度：“第一，资源的重要性，即组织为了生存需要它的程度；第二，相关利益集团对资源分配和资源使用的决定程度；第三，没有可替代者的程度，或者利益集团对资源的控制程度”。目前，尽管我国民营企业在数量上以绝对优势超过国企，但在整个社会经济资源的控制总量上低于国企，另外，由于发展局限性的约束，民营企业对审计的需求还是比较有限的，在对西部 X 市 ZD 事务所的访谈就可说明。

W 主任会计师：今年 65 岁，现在外界都知道我们的私人企业发展很快，而大量的国有企业凡是能改制的基本已经改完了，现在的县级企业 98% 的都已经民营化，这些企业不太需要事务所的服务，只要老板认为自己企业财务方面没问题，从来不会和事务所有业务往来，所以在我们这一行业，可以说是‘民退国进’，我们所是个小所，业务也不多，每年多数业务都是国企的业务，现在国企数量少了，但规模更大了，审计服务的收费自然就多了，我们所一年只要有十个左右的国企客户，就可以保证基本的吃饭问题，再说民营企业审计收费不多，有时在结账时，还要打折，有的还欠账，加之企业的来历比较复杂，资料的真实性我们不可能确保百分之百能辨认清楚，而国企问题就不太大，真的有问题，由主管部门出面，不会对事务所的社会信任产生多大的伤害，但私人企业出了问题，我们就得承担民事赔偿责任，甚至事务所有可能解体，一个案子赔几十万，像我们这些所是赔不起的。”

现在的国资委系统，对有资格进行国资委管辖企业进行审计的会计师事务所有一个招标审核制度。《破产法》出台后，最高法院就出台了破产管理人招标制度，这些管理人主要是会计师事务所、律师事务所等社会中介机构，都说明了对国企的一种制度上的依存机制，事务所除资源上的依赖外，另外就是对国企的社会信任的依赖，因为国有企业的股东是国家，在中国转型社会里，在社会集体信任不发达的情况下，国家信任或政府信任依然有很大的影响力，虽然现代市场经济体制严格限制政府以普通经济人角色出现，但由于政府职能所必须的原因，政府仍然会以普通经济人的身份参与市场活动。如果政府在经济活动中注重自身信任、自觉遵守市场规则，那其他经济主体就会得到这样的信息：在与政府的交往中，政府的信用是可靠的，这样就会促进其他经济主体对市场规则的遵守。从这个角度讲，事务所重国企是有很深刻的原因，其出发点还是与国企合作可以很好地维护自己社会信任，给事务所的合法性提供支撑，这是任何一个具有理性的组织所选择的行为。

总之，对于会计师事务所而言，选择何种性质的客户，就选择了事务所社会信任水平。

四、会计师事务所社会信任的产生及表现

事务所未摆脱“粗放型”的增长阶段，事务所之间存在着争抢业务、竞相降价的恶性局面，有些事务所为了迎合企业经营者的需要，降低了执业的要求，监督无力，甚至指使或受益注册会计师回避问题和矛盾，对重大问题不做披露，出具不真实的审计报告。另外，随着部分企业会计人员作假的手段越来越高明，使得审计成本直线上升，某些事务所考虑到成本效益原则，就出现了“偷工减料”，或者对重大问题简化处理；我国的事务所处在发展的初期，注册会计师的数量还比较少，所以对于一些基础性实际工作，或者是最重要的工作，却普遍性地让没有职业资格的助理人员参与，这些都难以保证质量，使事务所的社会信任处在一个危险的境地。而且，大多数事务所将注册会计师的收入与业务量挂钩，对于质量往往挂在嘴边，实际很难落实下去，无形中使得注册会计师会重数量、轻质量。

在社会转型期，社会转型的目标从传统型社会向现代型社会转变，而目前，这种转型的速度逐渐在加快。所以导致了社会建构、社会运行机制、社会价值观念等在进行全方位的转变，而作为社会信任在各个社会组织、社会行动者那里进行着不知不觉的变化，传统的“以诚待人”的社会信任观正在进行着变迁，会计师事务所既不能只追求经济利益而放松社会诚信责任的底线，又不能为了“高大全”的形象而做一个囊中羞涩的中间人，维护社会信任也是需要付出和成本的，要有一系列的软硬件来支持，按照经济学的观念，事务所的社会信任就是在自身与企业、政府三者之间维持一个均衡状态，也就是说要探讨会计师事务所的社会信任，显然不能脱离开其他二者之间的社会信任场域的制约。

（一）会计师事务所的社会信任的具体特征

（1）我国会计师事务所的社会信任带有明显的人情味。这种社会信任与西方传统社会的契约型社会信任观念有所不同，在对不同事务所获得业务的方式中就能看出，具体见表7－4。

表 7－4　　获得客户方式与事务所性质

			事务所性质			总计
			独资制	普通合伙制	有限责任合伙制	
获得客户方式	客户主动上门	频次	9	17	27	53
		百分比	16.7	31.5	51.9	100
	熟人介绍	频次	6	3	19	28
		百分比	21.4	10.7	67.9	100
	事务所业务人员争取	频次	0	0	1	1
		百分比	0	0	100	100
	其他方式	频次	0	0	2	2
		百分比	0	0	100	100
Pearson Chi-Square = 15.847　df = 4，Sig.（2－sided）=.000						

会计师事务所从本质上讲，也是一个追求利润的“经济人”，只有获得一定数量的优质客户资源，才会有更多的收入。随着会计师事务所的数量不断增加，但市场份额并未增加，因此，各所之间为抢占市场难免会展开竞争，从表7－4中的数据可看出，事务所获得客户的主要方式就是“熟人介绍”和“客户主动上门”，其中在有限责任合伙制事务所中，二者之间的比例分别达到51.9%和67.9%。客户主动上门的原因主要是事务所业务的不完全垄断性，就本书选择的城市而言，事务所的人员数量过百人只有屈指可数的几家，也只有这些事务所的业务种类比较齐全，比如像证券期货审计业务等特殊业务，所以，遇到特殊业务，大型事务所不必出去找业务，企业自然会上门，客户主动上门的比例就明显增加，至于事务所的业务质量是否合乎要求，由于专业技术的复杂性，客户自己很难做出判断，当然也较难评价其信用的状况。

事务所社会信任的获得，本来是要靠自己的信誉和质量，在严格的契约规定下，通过自己业务的质量和对审计准则的遵守来获得。而在表7－4中，我们会发现“熟人介绍”的比重竟达到67.9%，可看出，依靠“私人关系”的比例竟然超过一半，中国这个人情社会，假如说对一个企业财务状况的评价中，加入主观因素，那么“客观公允”的审计报告是不容易甚至不可能产生的，嵌入性理论认为经济交易会嵌入在一定的社会关系中，并且会被这种关系影响和制约，在讲究理性、契约的西方社会也不可避免，那在我们的国家当然会更加明显，实际上就是“社会化过度”。按照嵌入性理论的发展过程讲，当社会关系嵌入到经济交易中时，会增加彼此的社会信任，增加社会资本，保护交易的安全性。格兰诺维特曾对此说道："我已论证了社会关系而非制度安排或普遍化的道德对经济生活中的信任是重要的。但这样我就冒了一种乐观的功能主义代替另一种风险"。实际上说明，信任并非绝对的就是好的，它还有不利的一面，格兰诺维特讲了三个原因："首先，由人际关系产生的信任，由于其存在，提高了不法行为的机会。其次，强制和欺骗在集体行动时最有效，而这些集体的结构需要一定水平的内部信任，这种信任通常是随先前存在的关系而产生的。最后，由强制和欺骗导致的无序的程度取决于社会关系网络是怎样构成的。……更大程度和范围的无序是由争斗者的联盟导致的，没有先前的关系，这种联盟是不可能的。"靠人情关系获得业务，也没有实证数据断定这些业务是否有问题，但笔者认为存在着以人际关系所代表价值去和审计准则的合法权威进行讨价还价的博弈是有可能的，因此如果会计师事务所业务的获得依靠关系，那么该事务所的社会信任，是值得考虑的。

（2）审计收费不能严格按照规定的标准收取，购买审计意见的现象突出。事务所和企业客户构成明显的市场买卖主体，对于收费问题，可以按照市场交易的规则进行价格博弈，但是，会计中介行业有其特殊性，事务所执行和担当了一部分政府对经济管制的职能，带有公共产品的性质，需要公正、公平的交易制度，促使整个行业健康发展，通过提高事务所的社会信任而承担必要的社会责任。本书中对不同注册资本的事务所和审计收费进行了交互分析，具体见表7－5。

表7－5　　注册资本与如何处理客户对服务收费的讨价还价

注册资本		按照物价部门标准执行	适当调整收费标准	放弃此客户	其他	累计
30	频次	3	2	2	0	7
	百分比	42.8	28.6	28.6	0	100
40	频次	2	2	2	0	6
	百分比	33.3	33.3	33.3	0	100
50	频次	3	5	0	0	8
	百分比	37.5	62.5	0	0	100
60	频次	1	5	1	0	7
	百分比	14.3	71.4	14.3	0	100

续表

注册资本		按照物价部门标准执行	适当调整收费标准	放弃此客户	其他	累计
70	频次	1	2	1	0	4
	百分比	25	50	25	0	100
80	频次	2	4	0	2	8
	百分比	25	50	0	25	100
100	频次	4	20	0	2	26
	百分比	15.4	76.9	0	7.7	100
120	频次	0	5	0	0	5
	百分比	0	100	0	0	100
130	频次	0	1	0	0	1
	百分比	0	100	0	0	100
200	频次	1	7	1	0	9
	百分比	11.1	77.8	11.1	0	100
400	频次	1	0	0	0	1
	百分比	100	0	0	0	100
Pearson Chi-Square = 26.695 df = 20，Sig. （2 - sided）= .000						

通过交互分析可看出，“按照物价部门标准收取的”的事务所所占比例远远小于“适当调整收费”的比例，在四种类型的注册资本标准中，同一注册资本中，前者大于后者的只有两项：在注册资本为 30 万元下，前者为 42.8%，后者为 28.6%；在注册资本为 130 万元下，前者为 100%，后者为 0%。而更多的事务所在面对收费的争议时，选择让步而降低收费标准，其结果就是对审计、会计准则的部分放弃，有效监管的目的不能真正实现，使会计师事务所的权威性受到质疑。由于审计买方市场的现实，导致有些企业认为通过和事务所在收费问题上的讨价还价，可以迫使事务所降低审计准则的要求，让企业的某些违规违纪行为不被揭露。这种做法既纵容了企业的不轨行为，也使事务所的社会信任受到损害，影响了整个社会信任的质量。同时，我们也发现面对审计收费的讨价还价，能坚持原则，不为利诱的事务所还很少，只有注册资本分别是 30 万、40 万、60 万、200 万的共 7 家事务所选择了放弃客户，《中国注册会计师独立审计准则》规定：对于审计风险过大，企业情况复杂的，可以及时中止审计服务，解除服务合约，以保证会计师事务所的社会信誉不受损害。而在本书中，这类事务所所占的比例太低。

（3）同行业的互相模仿有助于会计师事务所社会信任水平的提高。

迪马乔和鲍威尔提出现代社会组织趋同性的观点，有三种机制促成了其趋同性：第一个机制是强迫机制，即制度环境通过政府法令或法律制度强迫各个组织接受有关制度和管制；第二个机制是模仿机制，即各个组织模仿同领域中成功组织的行为和做法；第三个机制是社会规范机制，即社会规范对组织或个人所扮演的角色或行为规范的约束作用。任何一家事务所只有建立与同行业类似的制度，才能在企业客户面前，表现出一定的合法性，建立值得信赖的社会基础，其社会信任才有存在的基础，否则，会被客户认为是另类而无法信任。

本章对会计师事务所建立各种规范性制度的动机和原因做了分析，经过对不同规模的事务所的统计表明具体见表7－6，由于国家要求，事务所建立各种制度的比例远小于同行业所要求的比例，分别是71.4%、83.3%、62.5%、42.8%、50%、50%、48.1%、60%、44.4%，其平均比例超过所调查事务所数量的50%。同时也发现，这种制度建立的原因与事务所的规模（以注册资本的金额大小为标准）有关，越是规模达大事务所，建立制度的动机，越趋向于保证业务质量和国家监管的要求两个标准，规模越小的会计师事务所则偏重于同业的模仿，其原因可能在于小的事务所还处在维持基本生存的地步，没有实力和能力从制度上去提高其社会信任，那些大的事务所则可以真正提高业务质量，建立最牢固的信任基础和防线。所以，要在短期内提高我国整个会计中介机构的社会信任水平，应该从一些大的事务所着手，树立一些成功的典型和范例，让具有较高社会信任的大型会计师事务所带动中小事务所，发挥社会信任的组织模仿效应。

表7－6　　注册资本与建立制度原因

注册资本	分布	国家监管	他所也这样做	保证业务质量	提高管理水平	总计
30	频次	1	5	1	0	7
	百分比	14.3	71.4	14.3	0	100
40	频次	1	5	0	0	6
	百分比	16.7	83.3	0	0	100
50	频次	1	5	2	0	8
	百分比	12.5	62.5	25	0	100

续表

注册资本	分布	国家监管	他所也这样做	保证业务质量	提高管理水平	总计
60	频次	2	3	0	2	7
	百分比	28.6	42.8	0	28.6	100
70	频次	2	2	0	0	4
	百分比	50	50	0	0	100
80	频次	2	4	2	0	8
	百分比	25	50	25	0	100
100	频次	8	13	6	0	27
	百分比	29.6	48.1	22.2	0	100
120	频次	2	3	0	0	5
	百分比	40	60	0	0	100
130	频次	1	0	0	0	1
	百分比	100	0	0	0	100
200	频次	2	4	3	0	9
	百分比	22.2	44.4	33.3	0	100
400	频次	0	0	1	0	1
	百分比	0	0	100	0	100
Pearson Chi-Square = 20.491　df = 20，Sig.（2 - sided）= .000						

在对 ZD 会计师事务所的所长进行访谈时，他也表达了这方面的观点。

"事务所建立各项制度不仅仅是注册会计师协会的要求，也是事务所获得客户认可的一项重要条件。现在，有一些大的企业客户在选择一家会计师事务所时，首先要了解事务所成立的时间、注册会计师的人数、注册资本的大小。其次，就要了解事务所的内部管理水平，控制制度是否完善，与其他事务所相比，有哪些不同之处。正如有的客户讲了，各项制度不管其发挥的作用有多大，只要建立了，心里就有底了，才会很放心地让事务所去干；如果没有，某些客户可能就认为事务所的执业质量不可靠，社会信任的基础不稳固，比如对客户商业秘密的严格保护，事务所就会丢失客户。越是大的客户，对这方面越看重。"

会计师事务所的社会信任是在转型期普遍的社会信任体系尚未建立起来的现实状况背景下提出来的。国家信任具有主体地位不对等、不可选择、影响因素复杂等特点；由于产权制度尚未真正建立起来，现代企业管理制度还在建立的过程中，企业的社会信任处在“经济人”与“社会人”的二难选择中。使得会计师事务所社会信任的生存环境较恶劣，事务所的股东和合伙人之间的权力结构、利益分配制度都有矛盾和冲突；事务所的职业道德规范体系仍然停留在表面上。以上因素导致了会计师事务所的社会信任，带有明显的人情味；通过收费标准的调整而购买审计意见；事务所的管理制度中，具有明显的模仿和趋同现象。现实中，会计师事务所作为一个组织，其真正的实体是以注册会计师和合伙人为主体的人的集合，具有特定的社会资本和资源，通过注册会计师有效的应用，可以变成有实体价值的资本，注册会计师和其他从业人员依靠这个组织而生存和发展，因而事务所的社会信任状况会直接影响注册会计师和合伙人的社会信任。

(二) 注册会计师的个人信任

按照现代组织理论的要求，一个组织的构成要素包括目标、技术、参与者和制度的分析。在社会转型阶段，会计师事务所是以获取一定的服务收费为目的；其参与者不仅包括注册会计师，还有股东、合伙人等；技术要素既有现代化的机器、工具，也有无形的技术知识和智力技巧，分别构成了事务所发展的物质条件和理性基础；事务所必须依靠制度来维系和支持，既包括正规制约(人类设定的规则)，又包括非正规的制约。会计师事务所的创立既受制于既定的制度，又体现既定的制度，而且在其内部存在具体的制度，而一个事务所的存在和发展受到各种制度的影响，反过来，事务所也影响制度。会计师事务所虽然不是完全意义上的企业，但仍然存在权威，韦伯认为，权威来源于不同的基础，有法理型权威、传统型权威和魅力型权威，而在本书所考察的会计师事务所中，主要以前两者为主，既有基于正式的、抽象的、远离个人利益而存在的法律秩序，也有服从过去的经验，服从于某个个人（如所长、主任会计师、有经验的注册会计师)。注册会计师在事务所中的角色与一般企业的员工没有区别，事务所为其提供了生存的环境，要想做下去，就必须按照事务所的要求去做，接受事务所的管理文化。因此事务所的社会信任是注册会计师的个人信用的基础和条件，这种明显雇用和被雇佣性质的劳资关系，导致注册会计师不可能做到超然独立，注册会计师的社会信任基础很薄弱。

注册会计师社会信任的内涵非常大，所考察的维度比较广泛，既有专业技术标准方面的，也有伦理道德层面的，而且其又是与事务所的社会信任交织在一起，因此，在本书中，笔者想研究在会计师事务所这一特定场域下影响注册会计师社会信任的社会机制。

为了更好地分析注册会计师的社会信任，首先选取了两对变量，及“注册会计师的待遇水平”与“注册会计师在事务所的人员流动”，按照一般的人力资源流动规律，一家事务所的待遇水平较高，管理人性化，能应用有效的激励机制，使注册会计师具有使命感和自豪感，注册会计师越会遵守执业规则和事务所的管理制度，具体工作中会一丝不苟的认真对待，尽最大能力降低审计风险，提高审计质量，确保事务所的社会信任不受影响，更主要的是注册会计师不会产生“跳槽”的想法，保证了事务所人员的稳定，避免了重新招聘的管理成本的发生。相反，如果待遇低，事务所的各项管理制度很难真正有效落实下去，注册会计师整天为未来的去处操心，自然对工作会怠慢和不认真，甚至敷衍了事，尽管有三级复核制度，但现实中，这种制度的监督效果也有一定的管理成本，不可能发现所有工作中的错误，这就给事务所埋下了“随时引爆的炸弹”，即使经过辛苦打拼下的“金字招牌”，其优良的社会信任也会随时丧失，安达信就是最好的例证。

通过对“注册会计师在本地区的待遇水平”与“如何看待事务所的人员流动”进行交互分析，我们可以发现注册会计师收入水平居于“社会平均水平”的占到48%，收入水平居于“中等水平”的占到40.3%，尽管其比例未达到或超过一半，但明确显示出：注册会计师的收入水平与其工作的稳定性具有相关性，具体见表7－6。注册会计师收入水平低，则他有可能会选择跳槽，那在离职前的工作中，他会有可能放弃必要的职业操守和谨慎，大大提高了审计失败的机率，既会给该注册会计师以后的职业生涯产生影响，影响其在整个行业内的社会信任，更会对会计师事务所的社会信任产生潜在危害，具体见表7－7。

表7－7　注册会计师在本地区的待遇水平与如何看待事务所的人员流动

内容	分布	可以自由流动	不能流动	一定年限后可流动	其他	总计
社会平均水平	频次	12	7	2	4	25
	百分比	48	28	8	16	100
中等水平	频次	25	13	23	1	62
	百分比	40.3	21	37.1	1.6	100

续表

内容	分布	可以自由流动	不能流动	一定年限后可流动	其他	总计
中等偏上	频次	1	0	0	0	1
	百分比	100	0	0	0	100
较高水平	频次	0	0	1	0	1
	百分比	0	0	100	1	100
Pearson Chi-Square = 16. 151　df = 9，Sig.（2 – sided）= . 000						

张维迎（2001）认为人们在市场上的交换是一种承诺的交换，信誉就是一种承诺，产权是一个社会的道德基础，“无恒产者无恒心，无恒心者无信用”。会计师事务所是一个典型的“科层制”组织结构的组织，事务所的产权都是比较清楚的，股东、合伙人的股权结构都是写在合同上的，是事务所产权的所有者，也是事务所收益的主要分配者，而广大注册会计师则是这个组织的主要劳动者，没有剩余收益的分配权，按照张维迎的观点，自然不会有动机关心事务所的社会信任，对自己的要求也会不断降低，提高自己的执业责任心，只会增加工作量和工作难度，个人的收入却不会提高，就像在计划经济时代，干得越多，其出现问题的概率就会增加，反而影响自己的声誉和实际收入。本书中，笔者将注册会计师的待遇与处理明显违法行为的态度进行了交互分析，具体见表 7 – 8。

表 7 – 8　注册会计师在本地区的待遇水平与客户单位的明显违法行为的处理态度

内容	分布	停止服务	向有关部门反映	按照准则处理	帮客户解决	总计
平均水平	频次	9	0	15	1	25
	百分比	36	0	60	4	100
中等水平	频次	12	10	40	0	62
	百分比	19. 4	16. 1	64. 5	0	100
中等偏上	频次	0	0	1	0	1
	百分比	0	0	100	0	100
较高水平	频次	0	0	1	0	1
	百分比	0	0	100	0	100
Pearson Chi-Square = 9. 959　df = 9，Sig.（2 – sided）= . 000						

通过表 7 – 8，我们可以看出，注册会计师对于被审计单位的违法违纪行

为，能够直接向有关部门反映很少，在整个调查的事务所中，仅仅为10家，所占比例为16.1%，而且仅仅在收入水平为“中等水平”的等级中存在，“中等偏上”“较高水平”的等级没有一家，其原因可能是收入水平越高的注册会计师，为了自己以后的考虑，如果去揭发和举报，等于断了自己以后的收入来源，反而会对某些客户企业的违纪违法行为予以纵容；而收入水平为“平均”或“中等”的则会更为谨慎，不愿为讨好客户企业而自己承担客户违法违纪的风险，因此，他会很“理性”地去举报，如不去，将来企业出了问题，自己还是要承担一定的责任。我们也可发现，针对客户的违规行为，绝大多数注册会计师还是会按照执业准则去处理，但主要集中在前两个层次。作为注册会计师，其获得的收入比较有限，当然不大可能去承担无限的责任，按照执业准则去处理，即使将来出事，他也会最大化地减轻自己的责任和义务，而客户和社会公众未必会认同这种做法，可能也会认为注册会计师欺骗了他们。

注册会计师与企业是一种生态系统中的“鱼水关系”，表面上看，会计师事务所是给注册会计师发工资的组织，但其收入的真正来源是企业。注册会计师的社会信任也离不开企业的社会信任，彼此存在制约与反制约的关系，只有企业能遵纪守法，按照市场经济的运作规律去运营，构建诚实守信的社会信任环境，会计师事务所和注册会计师的社会信任才会有根本的改观，而现实是，我们目前处在一个社会急剧转型的变革期，是一个低信任度社会，人们（包括企业之间）之间进行社会交往的成本很高，相互之间在培养信任关系方面存在较大的难度和风险，信任关系建立在彼此利益博弈的基础上，脱离了这种现实来讲彼此的社会信任是片面的，笔者的一个访谈就说明这种观点。

“S所长，是HX事务所的业务所长，中国注册会计师、中国注册税务师、中国注册资产评估师，在我们审计时，对于银行账户的函证，是非常重要的一项程序，原则上所有账户都要函证，但是，有时对于一些企业不太常用的账户，企业的高层在我们审计现场就委婉地说，这个账户你们灵活处理一下，就不要函证了，你们也知道，企业现在也不容易，有些事情你们也清楚，企业也应该有些自己的秘密，当然，我们就不好再追问了，就通知企业财务提供此账户的其他信息，注协和财政部的规定要真正执行下去，全国也没几个事务所符合要求。在合适的机会，我们也会部分协助企业做好某些事情，毕竟有合作关系，我们一般要让财务人员提供较有利资料，再让客户单位出一份管理当局申明书，说明有关情况，也就是说，真的出事了，我们只能以无法获取有关证据为说辞，至于事务所的信任，只要我们能说明与事务所和注会没有责任，按照准则上的规定，事务所没有失信，还有可能证明事务所是严格按程序执行的，可以提高我们的社会信任”。

注册会计师到企业去审计，是代表着会计师事务所，而不是以个人名义，注册会计师的每一个行为的责任承担者，都是会计师事务所。对于注册会计师的社会信任，是不能离开会计师事务所的社会信任，这个特殊的场域指导着注册会计师的实践行为，这种指导并不是被动的。会计师事务所的社会信任的最终承担者和实践者是注册会计师，在一定程度上，注册会计师的社会信任成为事务所社会信任的主要部分。布迪厄提出，“对置身于一定场域中的行动者产生影响的外在决定因素，从来也不直接作用在他们身上，而是只有通过场域特有的形式和力量的中介环节，预先经历了一次重新形塑的过程，才能对它们产生影响。”因此，注册会计师的社会信任与会计师事务所的社会信任很难说清楚谁决定谁，至少我们可以知道，只有从提高注册会计师的社会信任入手，才是提高整个会计师事务所社会信任的真正出路。因此对于某些业务，作为会计师事务所必须守住底线，特别是对于审计风险极大的企业验资业务，许多事务所由于在验资业务中出了问题，社会信任全面丧失，甚至事务所被退出市场，只要注册会计师明白社会信任对其至关重要的作用，这些问题还是可能避免。

L 女士，注册会计师、注册税务师“现在的企业，没有几家的注册资本是实的，一般事务所特别像大所，现在都不做验资业务，原因是验资的收费标准低，事务所拿不到多少钱，最主要的是企业的银行进账单，事务所没有办法去验证，现在社会上就有公司专门做这样的业务，注册公司的资金由别人提供，并按月支付高于银行贷款利息 1 倍的成本，等拿到营业执照，资金也就转走，这种注册资本为虚的公司，就是让事务所去验资，即使经过函证等手段，也发现不了问题，因为现在这种公司和银行里面的某些部门达成协议，所以，验资从程序上，一点问题都没有，但是，如果这个公司将来出了问题，事务所不但要进行巨额的赔偿，事务所和注册会计师还要受到严厉的处罚。”

笔者主要是从注册会计师的角度分析了会计师事务所的社会信任，在这里应该有这样一个假设：即所调查的注册会计师里面没有包括合伙人，因为一个事务所的合伙人大多处于事务所的高级管理层，不大会涉及太多的具体业务，他们真正有权力分配事务所剩余收益，掌握各项收费标准的制定权，最有可能在审计收费和审计成本之间进行复杂的博弈。所调查的注册会计师在事务所中所处的角色仍然为“打工者”，也就是在考察会计师事务所的社会信任的质量时，不能仅仅局限在注册会计师自身，一个事务所的“话语权”还是在合伙人手里。因此对于合伙人诚信的研究很有必要，以往的研究中大多都是从注册会计师对客户诚信角度开始，以至于当被服务企业出现重大审计问题时，社会公众、媒体及监管机构都将责任推到了注册会计师身上，这实际上是极为不公平和不客观的。

（三）合伙人信任

（1）合伙人信任的内涵。

合伙人信任包括合伙人对审计委托人的诚信、一合伙人对另一合伙人的诚信及合伙人对非合伙人的诚信。合伙人对事务所非合伙人的诚信和对另一合伙人的诚信主要包括：①在签订合伙协议时，不虚夸自己的财产。私人财产是成为合伙人的注册会计师进行合伙谈判的要件之一，这源于合伙人本身就意味着彼此用自己的私人财产为自己、对方和事务所的其他人员的审计行为进行恰当性担保。虚夸私人财产的合伙人，更容易在独立审计活动中失去必要的“职业谨慎”，在未发生审计失败时，虚夸私人财产就意味着对其他合伙人私人财产潜在的侵害，在事务所发生严重的审计失败时，虚夸私人财产的合伙人可能连累并损害其他合伙人的利益，因此，虚夸私人财产是对合伙制度危害最大的不诚实行为之一。②不虚报自己在独立审计技术、技能、开拓市场或管理协调等方面的能力。③在审计过程中，“不偷懒”（完全执行必要的审计程序），“不说谎”（不隐瞒审计风险及其严重性）和不欺诈（不与客户公司合谋，出具虚假审计报告）。④客观、公正地评价非合伙人的业绩，给非合伙人一个稳定的工作环境，信守与其达成的各种合约，不损害他们的利益。

合伙人对审计委托人的诚信包括以下四个方面：①不虚报自己的私人财产和专业胜任能力。②独立。这主要是从合伙人与企业客户的关系角度来考虑的，合伙人越独立，越能公正地出具审计报告。③严格地遵守独立审计准则，这是会计师事务所及注册会计师最能接受的标准，司法界及社会公众认为这是最基本的诚信要求，不能成为免责的理由，遵守独立审计准则并不一定就能保证事务所和注册会计师不会遭受诉讼和承担经济赔偿责任。④及时地、全面地、公正地查实并披露客户公司的财务状况和盈利能力信息，如果独立审计准则是科学的，那么，若严格地遵守了独立审计准则，基本上就可以在审计报告中“说实话”，也就实现了合伙人对审计委托人的诚信。

张维迎（2001）提出了信誉机制正常发挥的条件：首先，博弈必须是可重复的，或者说，交易关系必须以足够高的概率持续下去；其次，当事人必须有足够的耐心，一个只顾眼前不问长远利益的人是不可信赖的；再次，当事人的不诚实行为能被及时观察到并被高效率地传递；最后，当事人必须有足够的积极性和可能性去惩罚不诚实的交易者。如果没有长期的、能增加的社会福利约束，注册会计师就不会自发地信守诺言，这就要合伙人用诚信去保证，而合伙人诚信的产生也不会自发产生，需要一系列的外在条件来约束。

（2）合伙人信任实现的条件。

首先，企业投资人必须有足够的耐心来信任合伙人会信守合约。企业投资人不能因为某一审计失败而放弃对合伙人、进而对注册会计师审计的信任，否则，合伙人更容易在审计中“做一锤子买卖”，不能因为某一事务所或某一注册会计师发生了审计失败而怀疑所有事务所、所有合伙人和所有注册会计师的可信性。

其次，社会能及时发现注册会计师的不诚实行为，并高效率地传递此信息。在一个次级群体所在的传统社会里，很少有欺骗发生，如果甲欺骗了乙，这一消息会很快在此社会群落里传递开来，这样谁也不会与甲打交道，但是在一个市民化社会里，信息不对称极为显著，企业的经营状况对于事务所和注册会计师而言都是一个“黑箱”，公众也并不清楚注册会计师在报告里面说真话的程度，所以要求事务所承担无限经济赔偿责任。但无论怎样的赔偿，一些审计失败对社会经济和人们信心的打击已经非常严重了，这就要求对事务所和注册会计师的行为严加监管。

再次，企业或客户公司要有积极性和可能性去惩罚不诚实、不守信的注册会计师和会计师事务所。企业要有一定的维权意识，对于违背“游戏规则”的事务所和注册会计师要勇于拿起法律武器维护自己的利益，当然，一个必要条件就是诉讼的成本与收益的配比要比较合理，而且胜诉的机率大、能兑现。

最后，社会对高质量的审计行为有强烈的需求。如果没有高质量的独立审计的强烈需求，审计市场就会出现“劣币驱除良币”的现象，更无人去惩罚失信者。

总之，合伙人诚信是决定事务所审计诚信的关键所在，一方面社会需要审计报告真实、充分与及时，这是审计诚信与否的最终表现；另一方面合伙人的态度与能力是决定审计报告诚实性的主要力量，有的项目，合伙人直接执行，有的虽不能直接执行，但可以挑选合适的注册会计师执行，可以通过安排良好的激励与约束制度来鼓励或制约其他注册会计师的审计行为。

国家信任、企业信任、会计师事务所及注册会计师的社会信任，按照种群生态理论的观点，这是一个典型的组织生态系统，在这个生态系统中，有一个或一个以上的主体充当核心，它领导着和影响着整个生态系统的发展与运动方向，与这个系统的其他主体建立和形成了一种互补的互惠关系，通过合作——竞争走向共同繁荣。而维系这个组织生态系统的是由相互利益一致性而形成的价值网，价值网是组织生态系统得以建立的基础，社会信任作为这个生态系统的共享资源和社会资本，只有这个系统共同发展、共同进化，社会信任的基础才会更为牢固，整个系统才会变得更为强壮。

第五节

会计师事务所的社会信任的治理与建设

郑杭生（2005）认为，处在转型社会背景下的组织结构表现为三个特点：第一，与“农业向工业社会”转型联系，组织结构受到初级关系畸型发展的影响，非正式结构冲击干扰正式结构；第二，与传统社会向现代社会转型相联系，组织结构的转变会表现出曲折性和反复性；第三，与“产品经济向市场经济”的转型相联系。因此导致了社会结构被概念化为在一个破碎的、异质的社会空间中制度的结构和关系结构动态的、分散的形构结果，会计师事务所作为我国社会转型视域下的产物，其社会信任带有这个社会结构的“明显痕迹”，前面的研究更多的是从事务所的微观角度（注册会计师、合伙人及具体的业务行为）来研究，正如前面所言，会计师事务所的社会信任更多地受到宏观因素的影响。

刘祖云（2006）认为，转型社会组织的结构具有两方面的含义：一是从组织外在联系和内在结构来看，组织分化与不分化并存；二是指组织从外显结构和内在运行机制来看，现代表层结构与传统的浅层结构并存。所谓表层结构，是指组织建构时明文规定了的制度体系，是与现代组织建构与发展要求相适应的一套组织原则；而浅层结构指潜存于表层结构之后，为组织成员所默认的、规范组织成员行为的、非正式的一套组织原则（李金，1991）。

我国的会计师事务所具有现代组织的某些结构特征，如普遍主义的价值观、成就取向的评价机制、非人格化的组织关系、专业分工、分权管理。然而，在事务所的运行中，上述原则往往并不能发挥其应有的功能，甚至只起到“装门面”的作用，实际起作用的是会计师事务所里为大家所默认的一套非正式组织机制，笔者对西部某市的调查问卷的问题“在审计期间，是否有接受客户公司的礼品馈赠或宴请的情况?”，此问题回答“是”的问卷比例达到80%。这些因素是与现代因素格格不入的传统因素，无法“浮出水面”，只能以潜存方式发挥作用，而会计师事务所为了与“四大”和国际同行接轨，又不得不在具体的形式上建立以“科层制”为基础的一套表层结构，倡导“理性至上”的原则。对于中国的企业客户来讲，一家会计师事务所的社会信任水平如何，主要由客户的口碑来决定，如果一家事务所严格按照“契约”来做业务，不和客户进行其他互动，客户就会认为这家事务所不近人情，很难与企业“心与心的交流”，企业就会认为事务所不值得信任，所以在下次业务中，即使事务所没有做任何违背职业规范的事情，百分之百地按照诚信原则来做，也会以事务所审计质量不高、社会信任较低为理由，被炒掉。这个研究结果再次证实了在我国的特殊国情下，会计师事务所的社会信任的评价标准中，“关系”和“感情”的比重占有非常大的比例。

会计师事务所是现代社会“科层制”的典型代表。“科层制”是一种以目的合理性为取向，讲究效率与功利的管理形式，它从公务中排除各种纯粹的个人感情，以及无法计算的、非理性的感情；它并不要求每个注册会计师出于自己的责任做出决定，它要求注册会计师与事务所的规则与目标一致，注册会计师的责任是由事务所来担负，“科层制”要求注册会计师屈从和听从某种规则和接受命令，也就是说事务所的社会信任不由注册会计师的个人道德水准所改变，所以，笔者认为，对于转型社会中事务所出现一些负面的案例，不能把问题简单地归为注册会计师不讲诚信、没有社会责任等，改善和提高会计师事务所社会信任的质量与水平是一个社会系统工程，需要通过制度建设、业务监管及提高合伙人诚信水平来实现。

第六节 事务所的社会信任的治理

一、强化业务行为的规范

会计师事务所全体成员（包括合伙人）只有严格遵守各项专业标准和职业道德守则的要求，执业时保持认真与谨慎，一般才不会发生过失，至少不是重大过失，才能确保事务所社会信任的“金字招牌”不会动摇，并将它贯穿于注册会计师在执业的每个环节中，丝丝相扣且不可分离。

在业务承接方面，对于将要签约的公司客户，事务所应当对客户品格进行了解，只与那些正直的客户打交道，当发现某个客户缺乏正直的品格时，就应拒绝委托，对于陷入财务困境的客户应高度注意，因为接受这类客户的委托，会计师事务所承担着很大的风险，历史上绝大部分涉及会计师事务所及注册会计师的诉讼案，都集中在此类客户，某些周转失灵或面临破产的股东或债权人总想为他们的损失寻找“替罪羊”；对于继续接受事务所服务的公司客户，应考虑以往与其交往的情况，了解其经营的业务是否发生较大变化，行业的基本情况有无重大变化。无论新老公司客户，会计师事务所的社会信任都必须考虑其独立性，是否有能力完成审计委托，事务所必须保证能按时按质地完成业务，严格恪守业务约定书中的各项约定。

在工作委派方面，会计师事务所应当将审计工作分派给那些已经达到完成该项工作各项要求的执业人员，事务所的高级管理者应负责尽可能多地审计项目，促使高级管理者强化其业务监管和控制职能，避免过多参与具体审计活动，而一般的项目经理应尽可能连贯地在单个审计项目中从事与其级别相当或略高层次的具体操作，以便获得更多的实务经验。因此，在人员委派时，要考虑下面几个因素：①人员组合的合理性，每个项目组成人员以事务所的合伙人或主任会计师为首，包括项目经理、项目现场负责人和一般工作人员四个级别，保证每一级别的人员都有上一级人员的指导和监督，有利于审计质量的提高和审计风险的降低；②职责分工的合理性，这是保证审计工作效率及质量的关键，应该按照级别对等原则处理；③时间分配的合理性，任何一家事务所最大的成本支出就是人工成本，因此合理安排审计人员的工作时间就能在保持一定的审计成本的前提下降低审计风险，让高级管理或审计人员将时间和精力放在重点问题上，关注其他项目的进行及事务所的内部管理和对外业务拓展上，同时让低级人员更多参与具体审计项目，增加锻炼审计技巧的机会。

二、健全法律制度

既然人情化社会是我国的特有属性，在这种特殊场域下，要提高事务所的社会信任质量，难度非常大。正如上面谈到的，中国传统社会的社会信任主要是从社会和个人的伦理道德层面来规范人的行为，而西方社会则强调契约伦理和契约文化，并实现了从道德规范向法律规范的转变，社会信任是具有法律意义的概念，直接作用于人、组织的生活和运行当中，国外“四大”会计师事务所就是在这种观念下，发展到了现在的规模，我国会计师事务所的社会信任水平低，笔者认为缺乏严格而有效的法律和制度规范来约束事务所的行为是主要原因，所以提高会计师事务所的社会信任，完善制度和立法是必须走的路。

（1）健全法律规范。

通过健全业务法律规范，便于注册会计师、监管者和其他利益相关方对行业的职业质量，对诚信执业执行的具体状况予以考察，全面评价事务所社会信任的高低。我国目前的法律中，如《注册会计师法》《证券法》《独立审计准则》等法律，都较为详细地规定了事务所和注册会计师的职业要求、法律责任，以及判断其执业行为是否有过失的具体标准，侧重于从程序判断其行为的合法性，而《公司法》《刑法》则强调结果的合法性，对于注册会计师和事务所的行政责任规定较多，民事责任的相关条款太笼统，缺乏可操作性，不同法律条文之间会出现分歧与矛盾，因而不利于保护相关方的合法利益，损害了事务所的社会信任，加大了执业的风险。所以，首先应尽快修订《注册会计师法》，明确无过失、一般过失、重大过失与欺诈的界限，在法律上给予定性，从而使追究法律责任体现一定的操作性；并明确追究行政责任、民事责任与刑事责任的具体标准和依据；同时在注册会计师行业建立举证责任倒置制度，既避免了利害关系人无法举证而无法成功诉讼的局面，又能促进注册会计师严格遵循《独立审计准则》。

有很多的事务所和注册会计师之所以敢做假和欺骗公众，一个重要原因就是民事责任赔偿制度没有真正建立和被落实，通过完善民事责任赔偿制度，使造假的注册会计师和事务所得不到任何好处，并受到应有的处罚。要强调遵循经济损失的因果原则和责任相称原则。民事赔偿主张人的赔偿金额应严格限制在直接因果关系导致的直接损失限度内，非审计报告利害关系人的经济损失不应归因于会计师事务所和注册会计师；而且对于公司客户应承担自己有意造假部分的责任。

另外，对于《独立审计准则》的法律地位和作用应明确，它是注册会计师的行为规范，是评价事务所执业质量的唯一标准，是为客户提供全面和真实信息的合理保证，但由于认识的局限性和准则实际执行中存在问题，《独立审计准则》的法律地位始终未得到社会有关方面的认同，在某些审计诉讼案子中，其作为判断会计师事务所执业质量的唯一标准的地位被动摇，甚至被否定。因此，目前要以法律的形式确定《独立审计准则》的合法地位，要发挥它在界定注册会计师和事务所审计责任，使之取信于社会公众，提高事务所整体社会信任的重要作用。

（2）完善监管法律制度。

由于我国发育中的市场机制尚不能为会计监管提供高效市场约束的支持，所以完善法律责任制度的法律法规体系的建立就显得尤为重要。我国注册会计师行业监管法律体系的缺陷表现在：相关法律不完善且相互间有矛盾；对监管者授权不明，监管体系及变更的法律程序规定不清；政府监管与行业监督职能交叉，分工不清；缺乏对监管者权力具有制约功能的法律责任规定。在会计师事务所审计工作的监管体系中，尤其需要完善审计信用制度体系，出台对注册会计师个人的民事责任追究制度，从而使其权力与责任对等。而加强监管法律制度体系，应重点考虑以下几方面：一要明确规定监管机构的法定职责权限，二要明确规定监管主体的具体工作程序，三要明确规定监管结果的处理和责任追究办法，四要完善审计市场监管的事后救济机制。

“社会转型，是一个建立新的生活方式的过程，必然导致旧的生活方式的巨大变动甚至摧毁（郑杭生，2005）。”会计师事务所社会信任在这种大趋势的考验下，也发生着深刻的变化，笔者认为，目前对于社会信任更多的是从一个局外人的角度、从整体上讨论，实际上，社会信任更多的内涵体现在事务所内部，表现为平等、沟通、互信、团结等理念，这些因素实际上就是合伙文化的内容，只有建立和塑造良好的合伙文化，进而内化到每一个事务所成员的行为中，互相理解，互相信任，彼此达到高度认同，才能为构建强大的信任基础打造坚实的平台。

三、打造政府信任，提高政府公信力

改革开放以来，经济主体多元化和经济信息商品化使得会计师事务所等中介行业的出现成为必然。多数事务所白手起家，政府出资、政府扶持成为其原始积累的唯一方式，同时由于事务所的部分公益性质，政府对会计师事务所格外关注。在计划经济时代，政府的公共权力无法成为商品进行交易，而在目前的经济市场条件下，各级政府手中的公共权力能够容易在市场变现，极大地诱发了其“寻租”“设租”的热情，不少事务所成为公共权力的经纪人，当会计师事务所没有自己社会信任的经济基础时，只能出现在政府信任的“影子”里，具体表现在：①当政府部门成为会计师事务所的保护人以后，事务所对自己的市场声誉普遍缺乏敏感性，因为客户公司由政府强拉，犯了事也由政府部门挡驾，自己当然没有动力去提高服务质量；②当客户市场被人为分割以后，资源无法在二级市场自由流动，某些会计师事务所可以坐收高额垄断利润，另一些事务所由于“吃不饱”，只能削价竞争，这两种情况下的服务质量都无法保证；③客户市场被不同的部门所把持，而且部门之间的利益经常有冲突，这样使得会计师事务所普遍具有短期行为，使得未来前景很难预测，不少事务所感到碗里的饭随时有可能被别人抢走，甚至连饭碗都可能被端掉，所以“捞一把再说”自然成为他们的理性选择；④注册会计师协会被政府控制，不同会计师事务所普遍缺乏亲和力，无法有效合作，以便保护共同利益。相反，这种情势迫使事务所采取各种办法“寻租”，谋求政府的庇护，“暗箱操作”盛行，不正当竞争比比皆是，事务所之间无法建立有效信任。

会计师事务所本来是将原来由政府承担的大量日常生活服务职能解放出来，借助它对经济生活进行间接管理，促进第三产业的发展，增加就业机会。而我们对会计师事务所的管理表面上看是市场化，而实际上仍然还用“无形之手”控制着，还没有形成“有限政府”的理念，按理说会计师事务所是一个自我发展、自我完善的独立经济组织，只要它按照市场基本游戏规则来运作，其社会信任的高低不会与政府信任发生关系。可实际上由于“官本位”理念的长期存在，会计师事务所的不少业务是政府职能的延伸，现实生活中，各级政府都有自己的部门利益、单位利益，通过会计师事务所可以向不法企业收取“保护费”，或者对守法企业设置障碍、制造麻烦，会计师事务所对于此类事情也没有任何办法，也就是说事务所社会信任直接受制于政府信任，离不开政府信任。

政府、会计师事务所、注册会计师处在整个社会同一个信任链条上，可谓一荣俱荣、一损俱损，最终会影响到经济社会的良性运行和协调发展，面对社会信任体系的薄弱，政府可立足于制度建设，重新恢复人们的信心，在健全市场经济条件下的社会信任体系方面发挥重要作用，汤巴克在分析研究了波兰社会变革前后社会信任的急剧下降和逐步恢复的过程之后指出，一个社会建立在历史和文化基础上的信任会由于社会的急剧变革而受到侵蚀，但是当稳定、透明和可预测的制度和结构不断建立以后，一种新的关于制度的信任就能产生、形成，并且最终导致原有的人与人之间的信任重新恢复和增强。

具体来讲，财政部作为注册会计师和会计师事务所的“看门人”，依法履行对设立会计师事务所及其分支机构的核查、批准权，中注协依法拟定的注册会计师执业准则、规则，最终须报国务院财政部门批准后施行。首先要解决准入制度，把好行业资格准入这一关，而且行业准入制度必须得到有效执行，确保行业秩序，提高会计师事务所的社会信任的合法性。另外，有进必有退，进一步建立行业退出机制，合理规范和约束行业退出行为，严格执行行业退出机制的规定，对性质严重的会计师事务所及有关注册会计师处以“极刑”。其次要搞好社会协调，在对会计师事务所的管理中，政府主管部门很有必要加强对注册会计师行业的社会宣传，推进社会公众对注册会计师行业的了解，增进注册会计师行业与其他有关行业及社会公众之间的相互沟通，特别是在注册会计师行业的特点、审计业务的性质、审计质量的判断标准、审计报告的效用、审计的局限性等方面，继续加强与审计利害关系人和其他社会公众的沟通，增进注册会计师与事务所和客户的了解，消除障碍，通过理解和认同建立事务所社会信任的意识基础。最后，严格监督检查。利用现代信息网络技术，逐步建立和完善日常监控系统，实现对注册会计师行业执业质量的实时监控和跟踪分析，促进监督检查工作点与面的有机结合；财政部要与地方财政部门合理分工，各司其职，在履行处理出发职责时，结合该行业的特点，注意听取被检查事务所及注册会计师的意见，建立审理制度和专家论证制度，合理界定会计责任与审计责任；应该选派、吸引熟悉注册会计师业务的专业人才，加入行业监管队伍，并引入独立第三方，以便对监管者形成有效的监督，保证监管的客观公正。

四、建构最佳利益均衡点

事务所在执业过程中，同时面对着许多利益主体，包括社会利益、客户利益、注册会计师个人利益及整个行业的利益，要在社会互动中维护和提高事务所的社会信任，必须处理好相关利益关系。从心理学角度讲，事务所和其他利益主体能否真正达到互信，特别是事务所自身能否在广大社会公众的心目中占有重要的地位，调节和处理好正确的利益关系，建立良性的利益格局，是非常有必要的。

（1）事务所利益与社会利益。

亚当·斯密在《国富论》中首次提出“经济人”这个概念后，约翰·穆勒提出了“经济人”假设，核心内容是自利的理性人，力图以最小的经济代价去追逐和获得自身的最大经济利益，其包含有两层意思：其一，人是理性的，在决策时，总是做出自己认为最好的选择；其二，人是自利的，在进行经济行为时，人是以利己为目标的。在市场活动中，会计师事务所有其独立的经济利益，这就决定了事务所在追求自身利益的过程中的排他性。在市场行为中，人们以盈利、利益最大化为目标选择，“经济人”的自利行为有其价值合理性，这是一个定律，但是一个协调、稳健的社会经济体系必须达到“经济人”与“道德人”的辩证统一，这个社会才能正常运转。

而在现实审计和其他服务中，会存在审计期望差，也就是公众对审计人员的期望与审计人员对自身职业水平和业绩认识之间的差距，而社会公众是风险厌恶者，他们相信通过付出一定的费用来转嫁风险，可以保护自己的利益，但会计师事务所和注册会计师并非万能者，市场信息存在不对称，而且并不是每一个会计师事务所的工作都能达到社会公众的要求，如果不能达到要求，公司客户和公众会认为会计师事务所不遵守社会信任的规范要求，不值得信任，这也说明在一定程度上，事务所利益和社会利益是有冲突的。从形式上看，会计师事务所是以商品或劳务交换者的身份出现在市场上，付出商品或劳务，获取收益，这实际上是人们的一种误解；从本质上看，会计师事务所的这种商品或劳务不具有纯粹的私人性，而具有外部公共产品的特征。

注册会计师的职业从产生的那一天起，事务所的利益与社会利益就紧密相连，如果不能实现社会公众的利益，就不会实现会计师事务所自身的利益，社会公众利益是注册会计师职业产生和发展的前提，也只有实现社会利益，会计师事务所社会信任的认可度才会更高，如果不能做到这一点，会计师事务所是一个纯粹经济理性组织，社会信任永远都不会提升。

（2）事务所利益与客户利益。

会计师事务所的服务对象是客户公司的会计及其他信息所反映的经济活动，客户公司既是事务所的“衣食父母”，也是会计师事务所监督的对象。事务所的总目标就是对公司客户会计报表的合法性与公允性发表意见，考虑审计风险和审计质量，而公司客户的目标则是会计师事务所出具的报表能否被有关方面所接受。两者由于目标的不一致会出现利益上的冲突，事实上，任何审计都有其固有的限制，就难免会有甚至某些重要的反映失实可能依然未被发现的风险。而公司客户在某些情况下，缺乏对高质量审计报告的需求，会计师事务所也会迎合其雇主的需要，使审计违背独立、客观、公正的要求，真正想得到真实审计报告的广大股民或其他人，却不能达到目的。所以，事务所必须严加自律，在处理与客户的意见分歧和利益冲突时，绝不能为了一时利益而一味向客户妥协，更不能为了争取客户而放弃审计的原则和尊严，应以事实为依据，以法律法规和准则为准绳，客观公正地做出审计判断和审计评价，摆正和处理好客户利益、事务所利益与社会公众的关系。

（3）会计师事务所利益与行业的利益。

中国注册会计师协会是一个非营利性组织，并不是一个政府机构，而是由本行业成员自愿组成的中介组织，是会计师事务所的“直接婆婆”。中国注册会计师协会自产生的那一天起，在独立性上就存在问题，对注册会计师行业来讲，政府、社会公众及注册会计师对中注协的合法性与权威性不是十分认可，注册会计师协会不同于一般意义上的如“老年协会”等组织，由于注册会计师职业是一个公众职业，社会公众是注册会计师的终极委托者，只有切实维护好公众利益，整个职业才能有长久的利益。如果行业放弃了公众利益，追求职业的成功利益，必然会遭到社会公众的抛弃，导致其自身的利益也会断送，从这个意义上讲，会计师事务所的社会信任问题不是个别事务所的小问题，而是一个行业性的大问题，当个别事务所不珍惜社会公众对其的高度信任，践踏社会信任的价值，漠视社会信任的重大意义时，这将会产生明显的“烂苹果效应”，进而威胁到所有会计师事务所及注册会计师的生存与发展，因此，注册会计师协会应以维护会员利益为重，保护行业利益，不做有损行业利益的事情，进而促进整个行业的发展。

第七节　结论与展望

本章对转型期会计师事务所的社会信任问题进行了初步的探讨，对会计师事务所的社会信任的研究背景、意义及研究价值做了分析，并利用西部某市对于会计师事务所社会信任调查的资料为研究工具，从微观、细节到宏观、整体，从个体到组织，从组织到整个行业与会计师事务所有关的部门都进行了粗浅的分析，会计师事务所社会信任表面上看是个别注册会计师和某些会计师事务所的事情，而实际上是整个审计行业的宏观性问题，因此，在研究的过程中，笔者并未局限在会计师事务所这个单一的组织来分析问题，而是跳出事务所来看其社会信任问题，所以笔者对会计师事务所的社会信任问题，经过分析，获得以下结论。

一、研究结论

（1）本章获得会计师事务所社会信任的概念内涵。第一，事务所按照会计、审计准则的要求与客户企业签订服务契约，注册会计师严格按照事务所的质量控制规则及相应的具体业务准则从事业务，遵循职业道德的规定，出具了独立、公正的审计报告。按照这个程序去做，没有任何人说事务所的信任水平较低，这就是实质意义上的事务所社会信任状况；第二，事务所按照很规范的执业程序去做，由于审计成本、注册会计师的知识能力范围限制及客户企业本身问题的影响，从而产生了对事务所及注册会计师工作的误解，进而对事物所的社会信任做出了不当的评价，在这个意义上讲，会计师事务所的社会信任既要研究事务所做了什么、怎样做，还要考察其社会行动的评价效果。

（2）会计师事务所社会信任的特征。其一，会计师事务所的社会信任包含有最朴素的“遵守承诺，诚实守信”的性质，这是事务所社会信任的最低要求。其二，会计师事务所的社会信任体现的是事务所与利益相关者在交易过程的结果及评价。其三，会计师事务所的社会信任揭示了事务所在未来社会互动中行为状态及其行为质量。其四，会计师事务所的社会信任不同于一般企业之间的经济利益的等价交换，它体现的是事务所对国家、社会的信任制度的维护责任。其五，会计师事务所的社会信任与社会系统的信任运作机制有密切的关系，起着传递互动信息，以及降低社会互动复杂性的作用。

（3）会计师事务所的社会信任具有空间上的“葡萄串效应”。会计师事务所的社会信任是个既涉及具体社会互动行为，又是一个观念、意识形态、道德层面的事物，既依靠事务所及注册会计师高尚诚实、恪尽职守的职业情操，又需要社会公众的理解和支持，更需要政府监管部门的严格管理，制定严厉、规范的法律与制度，正确处理好不同利益主体之间的平衡关系，只有有关的因素都能为打造良好的社会信任做好自己环节的事情，事务所社会信任环境的建立才会有一个适宜的土壤和环境。

（4）事务所的社会信任的关键在于合伙人诚信的建立。在研究中，我们不难发现，会计师事务所的社会信任的提升最终要靠事务所自己，而在事务所的管理与决策中，最具有影响力的就是广大合伙人，因为，再好的监管制度，最终要靠合伙人的日常管理及投票解决，也只有合伙人的诚信，才会促使注册会计师遵守诚信原则，强化自律意识，提高道德修养和水平，事务所的社会信任质量才会不断提高。

二、研究展望

郑杭生（2005）提出，中国社会的转型包括三个方面：社会结构、社会运行机制、价值观念等，中国社会的社会结构目前仍处在社会结构振荡期，一种新的平衡结构还未完整产生。另外，我国社会运行机制的转换将是渐进的，传统权威、感召权威与法理权威在一段时间内还会并存，控制机制在某些时期会出现结构紊乱、功能失调；同时，这种转型过程中还有文化、价值观念的转化，西方的理念会逐渐深入，传统的封建思想、小农主义不会立刻消失，这些不确定因素和变化对会计师事务所社会信任的内涵进行着不断的解构和建构。所以，笔者认为：

（1）目前，我国部分会计师事务所不讲社会信任的现象在一段时间内还会存在，并且有局部恶化的可能，未来可以从不断出现的事务所违背社会信任原则事件出发，来研究对整个社会经济交易秩序的具体影响。

（2）事务所社会信任的治理是一个宏大的社会工程，需要整个社会信任体系的支持，在短时间不会很快出现明显改善，需要非常漫长的时间，需要会计师事务所所有人员的个人道德水平的提高，未来可以从实证角度研究不同道德水平对社会信任的影响程度。

（3）由于社会信任是一个涉及心理、思想、行为、法律等许多方面的较为复杂的事物，由于研究水平、研究能力和调查成本的限制，笔者在本书中不能拿出一个具有操作化的研究方案，使得研究的推广性和实证力度不强，研究的结果不具体，期望未来能有研究者在对会计师事务所社会信任研究方面，通过建构定量化研究模型的方法，使研究更深入、具体，为构建和谐的社会信任秩序做出自己的贡献。

第八章

结论及其启示

第一节

结　　论

本书利用我国 A 股市场上市公司的数据以及对事务所的田野调查资料，研究检验了公司利益相关者治理理论框架下的社会信任与公司的经营决策行为之间的关系，同时也考虑了社会信任与各类正式制度的交互作用，从而检验在利益相关者的背景中，社会信任与正式制度如何有效交融，才能提高公司的治理水平和公司价值，具体检验包括公司高管、股东、机构投资者、监管机构、注册会计师及会计师事务所等利益相关者要素，并分析了社会信任与公司的全要素生产率、股价崩盘风险、审计意见的确定、机构投资者的持股及会计师事务所的执业行为等五个方面之间的关系，同时也检验了社会信任与有关正式制度之间的交融机制，经过综合分析，本书获得以下初步的研究结论和证据。

第一，公司的股东与关键高管彼此作为重要的利益相关者，在公司的治理中，利用必要的内部控制程序是必要的，从而能够保证生产效率的提高及公司价值的增加，但由于制度的局限和“刚性”问题，同时也要注意强化社会信任等软性及非正式制度因素的作用，从而增强二者之间的关系，并发挥有效的调节作用。另外，也要注意区分企业的不同产权，以及企业所在地市场化水平等宏观制度因素差异。

第二，除股东以外，公司的证券监管机构和中小股东也是公司的重要利益相关者，追求个人私利和财富的最大化及降低管理风险，尽管是公司高管的必然选择，但也要注意在信息的披露和报告过程中，应该考虑中小股东信息不对称的现实问题，不仅利用真实的信息披露机制，而且还要利用社会信任等非正式制度的作用，从而降低由于信息披露过程中的不当行为而带来的股价崩盘风险，特别是该影响在不同产权企业、业绩状况、“牛熊”市不同行情时的差异，另外还需关注企业所在地政府质量，因为政府质量直接影响政府的社会信任质量，从而会对企业所在地的社会信任水平具有导向性作用。

第三，机构投资者、公司的管理层、股东、注册会计师四者之间作为重要的利益相关者同盟，彼此之间也会发生影响，本书说明了机构投资者与审计师会由于公司的中介作用而发生必要的关系，例如基金持股会增加公司获得“清洁”的无保留意见的可能性，而且在基金高持股公司和国有企业中更加显著，就充分说明了这一点。同时，不能忽视社会信任的功能，因为社会信任可能会弱化基金持股对公司获得“清洁”审计意见的正面作用，且该效应在基金底持股公司和民营企业中较为显著，本书也表明社会信任在某些环境下，可能具有一些消极作用。

第四，公司的慈善性捐赠作为公司履行企业公民义务的一项行为，会导致重要的机构投资者——基金的决策行为的变化，本书发现公司的慈善性捐赠行为会导致基金增加对企业的投资，这无疑说明慈善性捐赠具有典型的社会信任的“信号”揭示效应，表明企业的捐赠会间接强化利益相关者对企业的内在信任，从而增加其对企业的资本投资，本书也说明，这些影响还需要考虑企业未来业绩，以及企业代理成本等其他因素。

第五，会计师事务所是企业利益相关者中的一个重要部分，以往的管理学、会计学等研究忽视了这一主体的影响，本书进一步通过实地调查与访谈的方式，进一步揭示了会计师事务所在执业过程中，只有充分利用社会信任等非正式制度，才能保证合伙人、注册会计师、主任会计师、监管机构等的决策行为，从而保证企业、投资者等利益相关者的需求和期盼。同时本书也揭示出，需要利用和分析会计师事务所在执业过程中相关的正式制度所形成的“场域”的影响，并要利用社会信任等非正式制度对有关正式制度进行互补和强化，从而保证会计师事务所在其他利益相关者心目中的声誉和影响。

第二节　启　示

通过本书的分析，笔者也逐渐认识到，在共享经济时代，公司经营中

“股东至上”的观点虽然并未完全过时，但是在新经济时代，需要更加考虑与其进行交易，或者有间接影响关系的利益相关者的评价和感受，同时也要发挥社会信任的独特作用，从而实现在股东价值与企业价值最大化的基础上，保证各有关利益相关者的利益均衡机制的构建，具体而言，有以下几点。

首先，利益相关者的理论虽然在学术界的研究话题中不可谓不热，然而在具体的公司经营决策中的落实，还有很长的路要走，唯“股东至上”的传统理念已经非常的根深蒂固，特别在一些大型企业中尤为明显，这就要求学术界加强对该理论和理念进行正确而又务实地解读和宣传，增强对利益相关者理论的认识，从而使得这一理念能够真正扎根和落地。

其次，任何新的观点和理解的落实，都需要必要的制度保证和支持，目前我国整体的公司治理水平处于较低层次，尤其要加强正式制度的建设，建立必要的利益相关者的利益共享的激励实施机制。然而由于各地区和各企业的差异，在正式制度还不能完全发挥作用时，也要考虑社会信任等非正式制度的互补作用。

最后，本书的一个核心假设是，所有的利益相关者（包括未来需要研究的证券分析师、券商、税务部门）的行为和互动过程，都是围绕上市公司和企业而展开，因为实体企业是整个社会财富与 GDP 创造的重要核心，所以，未来的研究可以以企业作为中介，分析不同利益相关者之间的互动行为，从而能够将利益相关者的理论研究更加深入而细致地推进。

参考文献

[1] 安东尼·吉登斯．社会的构成（中译本）．北京：生活·读书·新知三联书店，1998.

[2] 安东尼．吉登斯．社会的构成（中译本）．北京：生活·读书·新知三联书店，1998.

[3] 北京师范大学中国慈善事业研究中心．2003~2011年中国慈善发展指数报告．北京：北京师范大学出版社，2012.

[4] 薄仙慧，吴联生．国有控股与机构投资者的治理效应：盈余管理视角．经济研究，2009（2）：81-91.

[5] 薄仙慧，吴联生．国有控股与机构投资者的治理效应：盈余管理视角．经济研究，2009（2）：81-91.

[6] 薄仙慧，吴联生．盈余管理、信息风险与审计意见．审计研究，2011（1）：90-97.

[7] 布迪厄，华康德著，李康，李猛译．实践与反思．北京：中央编译出版社，1998.

[8] 蔡地，罗进辉．CEO类型影响家族企业的税收激进程度吗？经济管理，2015（9）：63-72.

[9] 蔡宏标，饶品贵．机构投资者、税收征管与企业避税．会计研究，2015（10）：59-65.

[10] 曹春方，傅超，官员任期与地方国企捐赠：官员会追求"慈善"吗．财经研究，2015（4）：122-133.

[11] 曹春方，周大伟，吴澄澄．信任环境、公司治理与民营上市公司投资——现金流敏感性．世界经济，2015，25（5）：125-147.

[12] 曹春方，周大伟，吴澄澄．信任环境、公司治理与民营上市公司投资—现金流敏感．世界经济，2015（5）：125-147.

［13］曹丰，鲁冰，李争光，徐凯．机构投资者降低了股价崩盘风险吗．会计研究，2015（11）：55－62.

［14］曹书军，刘星，张婉君．财政分权、地方政府竞争与上市公司实际税负．世界经济，2004（4）：69－81.

［15］常志安．我国上市公司审计风险成因及防范研究．北京：中国财政经济出版社，2004.

［16］陈朝龙，李军辉．会计事务所规模对上市公司审计质量的影响——基于国有企业与非国有企业盈余管理视角．软科学，2013（1）：116－122.

［17］陈德球，李思飞，钟昀珈．政府质量、投资与资本配置效率．世界经济，2012（3）：89－110.

［18］陈冬，唐建新．机构投资者持股、避税寻租与企业价值．经济评论，2013（6）：133－143.

［19］陈福平．市场社会中社会参与的路径问题关系信任还是普遍信任．社会学研究，2012（2）：84－104.

［20］陈福平．市场社会中社会参与的路径问题关系信任还是普遍信任．社会学研究，2012（2）：84－104.

［21］陈汉文，程智荣．内部控制、股权成本与企业生命周期．厦门大学学报（哲学社会科学版），2015（2）：40－49.

［22］陈汉文，周中胜．内部控制质量与企业债务融资成本．南开管理评论，2014（3）：103－111.

［23］陈宏辉，贾生华．企业利益相关者三维分类的实证分析．经济研究，2004（4）：80－90.

［24］陈宏辉，贾生华．企业社会责任观的演进与发展：基于综合性社会契约的理解．中国工业经济，2003（12）：85－92.

［25］陈宏辉，贾生华．企业社会责任观的演进与发展：基于综合性社会契约的理解．中国工业经济，2003（12）：85－92.

［26］陈建林，娄朝晖．上市公司控制权类型、治理机制与代理成本——家族企业与非家族企业的比较分析，财经论丛，2009（6）：95－101.

［27］陈骏，徐玉德．内部控制与企业避税行为．审计研究，2015（3）：100－107.

［28］陈伟民．经济转轨时期诚信制度的变迁方式．贵州社会科学，2007

(1): 44 – 49.

[29] 陈运森，王玉涛. 审计质量、交易成本与商业信用模式. 审计研究，2010 (6): 77 – 85.

[30] 程福平. 市场社会中社会参与的路径问题关系信任还是普遍信任. 社会，2012 (2): 84 – 104.

[31] 程书强. 机构投资者持股与上市公司会计盈余信息关系实证研究. 管理世界，2006 (9): 129 – 136.

[32] 程书强. 机构投资者持股与上市公司会计盈余信息关系实证研究. 管理世界，2006 (9): 129 – 136.

[33] 程新生. 内部控制理论与实务. 北京：清华大学出版社，北京交通大学出版社，2008.

[34] 戴亦一，潘岳，陈静. 双重保荐声誉、社会诚信与 IPO 过会. 金融研究，2014 (6): 146 – 161.

[35] 戴亦一，潘越，冯舒. 中国企业的慈善捐赠是一种"政治献金"吗？——来自市委书记更替的证据. 经济研究，2014 (2): 74 – 86.

[36] 戴亦一，潘越，刘新宇. 社会资本、政治关系与我国私募股权基金投融资行为. 南开管理评论，2014 (4): 88 – 97.

[37] 邓汉慧，赵曼. 企业核心利益相关者利益要求实证分析. 中南财经政法大学学报，2007 (3): 41 – 46.

[38] 邓汉慧. 企业核心利益相关者利益要求与利益取向研究. 武汉：华中科技大学，2005.

[39] 董才生. 中西社会信任的制度比较. 学习与探索，2005 (1): 114 – 117.

[40] 多纳德逊，邓非著，赵月瑟译. 有约束力的关系——对企业伦理学的一种社会契约论的研究. 上海：上海社会科学院出版社，2011.

[41] 樊纲，王小鲁，朱恒鹏. 中国市场化指数：各地区市场化相对进程 2011 年报告. 北京：经济科学出版社，2011.

[42] 范子英，田彬彬. 税收竞争——税收执法与企业避税. 经济研究，2013，2 (9): 99 – 111.

[43] 方红星，金玉娜. 高质量内部控制能抑制盈余管理吗——基于自愿性内部控制鉴证报告的经验研究. 会计研究，2011 (8): 53 – 60.

[44] 方军雄．我国上市公司高管的薪酬存在粘性吗．经济研究，2009 (3)：110－124.

[45] 弗朗西斯·福山．信任——社会美德与创造经济繁荣（中译本）．海口：海南出版社，2001.

[46] 高帆，汪亚楠，方晏荷．慈善捐赠：企业增加融资的有效渠道——基于中国私营企业调查数据的实证研究．学术研究，2014 (10)：70－78.

[47] 高凤莲，王志强．“董秘”社会资本对信息披露质量的影响研究．南开管理评论，2015 (4)：60－71.

[48] 高凤莲，王志强．“董秘”社会资本对信息披露质量的影响研究．南开管理评论，2015 (4)：60－71.

[49] 高雷，张杰．公司治理，机构投资者与盈余管理．会计研究，2008 (9)：64－72.

[50] 高雷，张杰．公司治理——机构投资者与盈余管理．会计研究，2008 (9)：64－72.

[51] 龚启辉，李琦，吴联生．政府控制对审计质量的双重影响．会计研究，2011 (8)：68－76.

[52] 龚天平．利益相关者理论的经济伦理意蕴．上海财经大学学报，2011 (12)：19－27.

[53] 古志辉．全球化情境中的儒家伦理与代理成本．管理世界，2015 (3)：113－123.

[54] 顾锋娟，金德环．投资者过度反应与牛熊市波动非对称性．数理统计与管理，2013 (5)：533－544.

[55] 官峰，靳庆鲁，张佩佩．机构投资者与分析师行为——基于定向增发解禁背景．财经研究，2015 (6)：132－144.

[56] 郭婧．中国上市公司终极控制人与信息披露质量关系研究，华南理工大学硕士论文，2012.

[57] 何显明．信用政府的逻辑——转型期地方政府信用缺失现象的制度分析．上海：学林出版社，2007.

[58] 胡安宁，周怡．再议儒家文化对一般信任的负效应——一项基于年中国居民调查数据的考察，社会学研究，2013 (2)：28－56.

[59] 胡志勇，魏明海．财务信息解释能力对价格发现机制的影响：基于

封闭式证券投资基金的研究．金融研究，2005（7）：67－75.

［60］黄宏斌．法律制度，社会信任与会计舞弊．北京工商大学学报：社会科学版，2012（2）：62－68.

［61］贾生华，陈宏辉．利益相关者的界定方法述评．外国经济与管理，2002，24（5）：13－18.

［62］江轩宇，许年行．企业过度投资与股价崩盘风险．金融研究，2015（8）：141－158.

［63］姜付秀，石贝贝，李行天．“诚信”的企业诚信吗？会计研究，2015（8）：24－32.

［64］姜付秀，朱冰，王运通．国有企业的经理激励契约更不看重绩效吗．管理世界，2014（9）：143－159.

［65］姜付秀，朱冰，王运通．国有企业的经理激励契约更不看重绩效吗．管理世界，2014（9）：143－169.

［66］姜广东．信任研究：理论演进．财经问题研究，2004（10）：4－10.

［67］科尔曼．社会理论的基础（中译本）．北京：中国社会科学出版社，1999.

［68］科尔曼．社会理论的基础（中译本）．北京：中国社会科学出版社，1999.

［69］雷丁．海外华人企业家的管理思想——文化背景与风格．上海：上海三联书店，1993.

［70］雷光勇，丘宝印，王文忠．社会信任、审计师选择与企业投资效率．审计研究，2014（4）：72－80.

［71］雷光勇，邱保印，姜彭．社会信任、法律执行与股权制衡效果．证券市场导报，2015（1）：19－31.

［72］雷光勇，邱保印，王文忠．社会信任、审计师选择与企业投资效率，审计研究，2014（4）：72－75.

［73］雷宇．诚信、盈余管理与公众评价——对声誉机制公众基础的一个检验，当代会计评论，2014（6）：145－167.

［74］雷宇．慈善、“伪善”与公众评价．管理评论，2015（3）：122－132.

［75］李超，蔡庆丰，陈娇．机构投资者能改进上市公司高管的薪酬激励吗．证券市场导报，2012（1）：31－36.

［76］李培功，沈艺峰．社会规范、资本市场与环境治理：基于机构投资者视角的经验证据．世界经济，2011（6）：126－146.

［77］李胜楠，刘一璇、陈靖涵．基金在中国上市公司中发挥治理作用了吗——基于影响高管非自愿变更与业绩之间敏感性的分析．南开管理评论，2015（2）：4－14.

［78］李万福，林斌，林东杰．内部控制能有效规避财务困境吗．财经研究，2012（1）：124－134.

［79］李万福，林斌，宋璐．内部控制在公司投资中的角色：效率促进还是抑制．管理世界，2011（2）：81－99.

［80］李维安，徐业坤．政治身份的避税效应，金融研究，2013（3）：114－129.

［81］李翔，树成琳，陈丽花，倪丹悦，毛烨文．内部控制缺陷与信息不确定性——西方内部控制研究文献导读及中国制度背景下的展望（二）．会计研究，2015（7），84－91.

［82］李小荣，刘行．CEO vs CFO：性别与股价崩盘风险．世界经济，2012（12）：102－129.

［83］李心合．面向可持续发展的利益相关者管理．当代财经，2001（1）：66－73.

［84］李新春．信任、忠诚与家族主义困境，管理世界，2002（6）：87－95.

［85］李学峰，符林杰，苏伟．QFII 与国内开放式证券投资基金的“羊群行为”比较研究．世界经济与政治论坛，2008（4）：7－14.

［86］李延喜，杜瑞，高锐．机构投资者比例与上市公司盈余管理的实证研究．经济与金融，2009（9）：39－45.

［87］李勇．经济鉴证类社会中介服务行业发展理论研究．北京：中国财政经济出版社，2001.

［88］李志斌．市场化进程、实际控制人与内部控制有效性——来自我国上市公司的经验证据．财经科学，2013（6）：63－70.

［89］理查德·斯威德伯格．经济学与社会学（中译本）．北京：商务印

书馆，2003.

［90］林南．社会资本——关于社会结构与行动的理论．世纪出版社集团，上海：上海人民出版社，2005.

［91］林志平．我国资本市场稳定性问题探讨．证券市场导报，2011（3）：25－28.

［92］林钟高，陈曦．社会信任，内部控制重大缺陷及其修复与财务风险．当代财经，2016（6）：118－129.

［93］刘宝华，罗宏，周微，杨行．社会信任与股价崩盘风险．财贸经济，2016，37（9）：53－66.

［94］刘成彦，胡枫，王皓．QFII 也存在羊群行为吗？金融研究，2007（10）：111－122.

［95］刘丹．利益相关者与公司治理法律制度研究．北京：中国人民公安大学出版社，2005.

［96］刘光明．企业信用．北京：经济管理出版社，2003.

［97］刘浩，许楠，时淑慧．内部控制的“双刃剑”作用——基于预算执行与预算松弛的研究．管理世界，2015（12）：130－145.

［98］刘启亮，罗乐，何威风，陈汉文．产权性质、制度环境与内部控制．会计研究，2012（3）：52－62.

［99］刘圣尧，李怡宗，杨云红．中国股市的崩盘系统性风险与投资者行为偏好．金融研究，2016（2）：55－70.

［100］刘行，叶康涛．金融发展、产权与企业税负．管理世界，2013（4）：41－52.

［101］刘延平．多维审视下的组织理论．北京：清华大学出版社，北京交通大学出版社，2007.

［102］刘颖，王玉宝．机构投资者改善公司治理的经验教训及其启示——对美国和捷克共和国的实证．人文杂志，2009（2）：82－88.

［103］刘永泽，唐大鹏，丛中岳．社保基金持股对上市公司盈余管理的治理效应．财政研究，2011（11）：65－68.

［104］刘祖云．发展社会学．北京：高等教育出版社，2006.

［105］柳建华，魏明海，郑国坚．大股东控制下的关联投资：“效率促进”抑或“转移资源”．管理世界，2008（3）：133－141.

[106] 鲁晓东，连玉君. 中国工业企业全要素生产率估计：1999～2007. 经济学季刊，2012（1）：541－558.

[107] 陆瑶，胡江燕. CEO与董事间的“老乡”关系对我国上市公司风险水平的影响. 管理世界，2014（3）：131－138.

[108] 罗党论，魏翥. 政治关联与民营企业避税行为研究——来自中国上市公司的经验证据. 南方经济，2012（11）：29－39.

[109] 罗德里克·M. 克雷默，汤姆·R. 泰勒. 组织中的信任（中译本）. 北京：中国城市出版社，2003.

[110] 罗家德. 中国人的信任游戏. 北京：社会科学文献出版社，2007.

[111] 罗进辉，杜兴强. 媒体报道、制度环境与股价崩盘风险. 会计研究，2014（9）：53－60.

[112] 罗进辉，罗劲博，王笑竹. 政治联系与股价崩盘风险. 当代会计评论，2014（4）：116－140.

[113] 罗劲博. 基金持股、社会信任环境与审计意见的确定. 当代会计评论，2015（12）：138－154.

[114] 马光荣，李力行. 政府规模、地方治理与企业逃税. 世界经济，2012（6）：93－114.

[115] 马克斯·韦伯. 经济与社会（中译本）（上、下卷）. 北京：商务印书馆，1998.

[116] 马克斯·韦伯. 新教伦理与资本主义精神（中译本）. 北京：北京三联书店，1987.

[117] 马曙光，黄志忠，薛云奎. 股权分置，资金侵占与上市公司现金股利政策. 会计研究，2005（9）：44－50.

[118] 毛程连，吉黎. 税率对外资企业逃避税行为影响的研究. 世界经济，2014（6）：73－89.

[119] 毛新述，孟杰. 内部控制与诉讼风险. 管理世界，2013（11）：155－165.

[120] 梅洁，杜亚斌. 机构投资者改善信息披露质量的异质性行为研究——来自2004～2010年深市A股的经验证据究. 证券市场导报，2011（6）：31－37.

[121] 牟韶红，李启航，陈汉文. 内部控制，产权性质与超额在职消

费——基于2007～2014年非金融上市公司的经验研究．审计研究，2016（4）：90－98.

［122］南京大学会计与财务研究院内部控制课题组．内部控制：融入现代企业制度引发的思考，会计研究，2011（11）：47－51.

［123］潘越，戴亦一，吴超鹏，刘建亮．社会资本，政治关系与公司投资决策．经济研究，2009（11）：82－94.

［124］彭镇，戴亦一．企业慈善捐赠与融资约束．当代财经，2015（4）：76－84.

［125］平新乔．微观经济学十八讲．北京：北京大学出版社，2005.

［126］权小峰，吴世农，尹洪英．企业社会责任与股价崩盘风险："价值利器"或"令利工具"？经济研究，2015（11）：49－64.

［127］饶育蕾，许军林，梅立兴，刘敏．QFII持股对我国股市股价同步性的影响研究．管理学报，2013（2）：202－208.

［128］沈艺峰，林志扬．相关利益者理论评析．经济管理·新管理，2001（5）：19－26.

［129］盛洪．现代制度经济学．北京：北京大学出版社，2003.

［130］孙丽，杨丽萍．所有权性质与高管薪酬业绩粘性．华东师范大学学报（哲学社会科学版），2013（6）：123－132.

［131］孙晓华，王昀．企业性质、研发效率与全要素生产率——基于中国工业企业微观数据的实证检验．大连理工大学学报（社会科学版），2014（1）：35－41.

［132］孙智英．信用问题的经济学分析．北京：中国城市出版社，2002.

［133］谭雪，杜兴强．国际化董事会、审计师行业专长与税收规避．山西财经大学学报，2015（11）：113－125.

［134］唐跃军，李维安．公司和谐、利益相关者治理与公司业绩．中国工业经济，2008（6）：88－100.

［135］唐跃军，左晶晶，李汇东．制度环境变迁对公司慈善行为的影响机制研究．经济研究，2014（2）：61－72.

［136］田国双，刘晓光．会计中介机构监管问题研究．哈尔滨：东北林业大学出版社，2005.

［137］万东灿．审计收费与股价崩盘风险．审计研究，2015（6）：

85－93.

［138］万建华，戴志望，陈建．利益相关者管理．深圳：海天出版社，1998.

［139］王斌，刘有贵，曾楚宏．信任对企业控制权配置的影响．经济学家，2011（1）：49－56.

［140］王飞雪，山岸俊男．信任的中、日、美比较研究．社会学研究，1999（2）：67－82.

［141］王华，姜虹．会计师事务所审计质量保证机制研究．大连：东北财经大学出版社，2007.

［142］王化成，曹丰，高升好，李争光．投资者保护与股崩盘风险？财贸经济，2014（10）：73－82.

［143］王化成，曹丰，叶康涛．监督还是掏空：大股东持股比例与股价崩盘风险．管理世界，2015（2）：45－58.

［144］王化成，佟岩．控股股东与盈余质量——基于盈余反应系数的考察．会计研究，2006（2）：66－74.

［145］王琨，肖星．机构投资者持股与关联方占用的实证研究．南开管理评论，2005（2）：27－33.

［146］王静，张天西，郝东洋．公司纳税筹划影响权益资本成本吗？——基于代理理论框架的检验．经济科学，2015（3）：89－102.

［147］王鹏，周黎安．控股股东的控制权，所有权与公司绩效：基于中国上市公司的证据．金融研究，2006（2）：88－98.

［148］王善平．独立审计权责结构研究．北京：中国财政经济出版社，2006.

［149］王小鲁，樊纲，余静文，中国分省份市场化指数报告——2016. 北京：社会科学出版社，2017.

［150］王小鲁，余静文，樊纲．中国分省企业经营环境指数2013年报告．北京：中信出版社，2013.

［151］王震．机构投资者持股与会计稳健性．证券市场导报，2014（5）：14－19.

［152］韦伯，王荣芬译．儒教与道．北京：商务印书馆，1995.

［153］魏纪泳．多元利益主体共同治理机制研究．安徽：中国科学技术大

学，2006.

[154] 文建东，何立华．中国“信任之谜”及其解释．经济科学，2011 (3)：73－83.

[155] 吴从锋，赵卫斌．家族上市公司与机构投资者持股内因：权限抑或公司价值．改革，2011 (7)：138－143.

[156] 吴玲．中国企业利益相关者管理策略实证研究．成都：四川大学，2006.

[157] 吴卫华，万迪昉，蔡地．合格境外机构投资者：投资者还是投机者？证券市场导报，2011 (12)：17－22.

[158] 肖华，张国清．内部控制质量、盈余持续性与公司价值．会计研究，2013 (5)：73－81.

[159] 谢坚钢．嵌入的信任：社会信任的发生机制分析．华东师范大学学报（哲学社会科学版），2009 (1)：102－107.

[160] 熊家财．产权性质、股票流动性与股价崩盘风险．当代经济科学，2015 (1)：67－79.

[161] 徐贵宏，贾志永，王晓燕．“经济人”利他行为的经济分析．经济学家，2008 (1)：10－17.

[162] 徐浩萍．会计盈余管理与独立审计质量．会计研究，2004 (1)：44－50.

[163] 徐虹，林钟高，王鑫．关系型交易，内部控制与盈余管理——基于应计与真实盈余管理的经验证据．会计与经济研究，2015 (3)：57－77.

[164] 徐莉萍，辛宇，陈工孟．控股股东的性质与公司经营绩效．世界经济，2006 (10)：78－89.

[165] 徐少强，金强．QFII在中国A股市场交易策略的实证研究．上海金融，2012 (4)：79－82.

[166] 许年行，江轩宇，伊志宏，徐信忠．分析师利益冲突、乐观偏差与股价崩盘风险．经济研究，2012 (7)：127－140.

[167] 杨海燕，孙健，韦德洪．机构投资者独立性对代理成本的影响．证券市场导报，2012 (1)：25－30.

[168] 杨海燕．机构投资者持股稳定性对代理成本的影响．证券市场导报，2013 (9)：40－46.

[169] 杨玲，机构投资者持股对独立审计师选择影响的实证研究——基于中国A股市场的经验证据．西南财经大学硕士论文，2013.

[170] 杨七中，马蓓丽．权力强度——内部控制与大股东掏空行为抑制．山西财经大学学报，2015（7）：47－59.

[171] 杨瑞龙，杨其静．企业理论：现代观点．北京：中国人民大学出版社，2005.

[172] 杨瑞龙，周业安．企业的利益相关者理论及其应用．北京：经济科学出版社，2000.

[173] 杨瑞龙，周业安．企业共同治理的经济学分析．北京：经济科学出版社，2001.

[174] 杨善华，谢立中．西方社会学理论（下卷）．北京：北京大学出版社，2007.

[175] 杨团．中国慈善发展报告（2009）．北京：社会科学文献出版社，2009.

[176] 杨团．中国慈善发展报告（2013）．北京：社会科学文献出版社，2013.

[177] 杨忠智．公司内部控制的价值分析．北京：经济管理，2007（9）：15－19.

[178] 姚颐刘，刘志远．机构投资者具有监督作用吗．金融研究，2009（6）：128－143.

[179] 叶康涛，曹丰，王化成．内部控制信息披露能够降低股价崩盘风险吗．金融研究，2015（2）：192－206.

[180] 叶康涛，陆正飞，张志华．独立董事能否抑制大股东的“掏空”？经济研究，2007（4）：101－111.

[181] 于伟，尹敬东．我国股票市场量价关系的实证研究——基于牛市、熊市和盘整市不同情况下的比较研究．南京财经大学学报，2006（1）：64－69.

[182] 俞震，冯巧根，朱晓怀．机构投资者持股与公司盈余管理手段选择．南京社会科学，2010（3）：36－40.

[183] 袁春生．监督抑或跟随：机构投资者治理角色研究——来自舞弊公司机构持股行为的经验证据．财经理论与实践，2012（3）：54－60.

[184] 翟胜宝，李行天，徐亚琴．企业文化与商业信用：“诚信”起作用吗？当代财经，2015（6）：115－129.

[185] 翟淑萍，顾群，霍欣欣．慈善捐赠、融资约束与股权再融——基于A股上市公司面板数据的经验分析．中南财经政法大学学报，2015（2）：134－143.

[186] 翟学伟．人情、面子与权力的再生产．北京：北京大学出版社，2005.

[187] 张晨，张宇，国有企业是低效率的吗．经济学家，2011（2）：16－25.

[188] 张敦力，李四海．社会信任、政治关系与民营企业银行贷款，会计研究，2012（8）：17－25.

[189] 张国清，赵景文，田五星．内控质量与公司绩效：基于内部代理和信号传递理论的视角．世界经济，2015（1）：126－153.

[190] 张洪辉，章琳一，张蕊．内部控制与关联交易：基于效率促进观和掏空观分析．审计研究，2016（05）：89－97.

[191] 张会丽，吴有红．内部控制、现金持有及经济后果．会计研究，2014（3）：71－79.

[192] 张娟，黄志忠．内部控制，技术创新和公司业绩——基于我国制造业上市公司的实证分析．经济管理，2016（9）：120－134.

[193] 张俊民，韩传模．会计师事务所的诚信评价．北京：经济科学出版社，2005.

[194] 张俊民，韩传模．会计师事务所的诚信评价．北京：经济科学出版社，2005.

[195] 张连起．鸣哨笔记——一个职业的诚信与专业．上海：上海财经大学出版社，2004.

[196] 张玲，朱婷婷．税收征管、企业避税与企业投资效率．审计与经济研究，2014（2）：83－92.

[197] 张美红，董秀琴，熊楚熊．我国注册会计师职业环境问题研究——改善注册会计师作业环境的理论分析．上海：上海三联书店，2007.

[198] 张敏，冯虹茜，张雯．机构持股、审计师选择与审计意见．审计研究，2011（6）：82－88.

[199] 张敏，马黎珺，张雯. 企业慈善捐赠的政企纽带效应——基于我国上市公司的经验证据. 管理世界，2013 (7)：163 - 171.

[200] 张维迎，柯荣住. 信任及其解释：来自中国的跨省调查分析. 经济研究，2002 (10)：59 - 71.

[201] 张维迎. 产权、政府与信任. 北京：生活·读书·新知三联书店，2001.

[202] 张维迎. 产权、政府与信誉. 上海：三联书店，2001.

[203] 张缨. 信任，契约与规则——转型期中国企业间信任关系及结构重组研究. 北京：经济管理出版社，2004.

[204] 张永宏. 组织社会学的新制度主义学派. 上海：世纪出版集团. 上海人民出版社，2007.

[205] 张勇. 信任、审计意见与商业信用融资. 审计研究，2013 (5)：72 - 79.

[206] 章延杰. 政府信用论. 上海：上海人民出版社，2007.

[207] 赵晶，王明. 利益相关者、非正式参与和公司治理——基于雷士照明的案例研究. 管理世界，2016 (4)：138 - 151.

[208] 赵静梅，傅立立，申宇. 风险投资与企业生产效率：助力还是阻力. 金融研究，2015 (11)：159 - 174.

[209] 赵文龙. 社会信任——一种经济社会学的初步分析. 西安：西安交通大学出版社，2006.

[210] 郑海东. 企业社会责任行为表现：测量维度、影响因素及对企业绩效的影响. 杭州：浙江大学，2007.

[211] 郑杭生（主编）. 社会学概论新修（第三版）. 北京：中国人民大学出版社，2003.

[212] 郑杭生. 中国特色社会学理论的探索. 北京：中国人民大学出版社，2005.

[213] 郑石桥，郑卓如. 核心文化价值观和内部控制执行：一个制度协调理论架构. 会计研究，2013 (10)：28 - 35.

[214] 郑筱婷，钱艳萍. 理性人为何捐赠？——关于慈善理论和实验研究的一个综述. 世界经济文汇，2014 (1)：70 - 91.

[215] 郑也夫，彭四清. 中国社会中的信任. 北京：中国城市经济出版

社，2003.

［216］郑也夫，杨玉明，皮子林．信任：合作关系的建立与破坏．北京：中国城市经济出版社，2003.

［217］郑也夫．信任论．北京：中国广播电视出版社，2006.

［218］郑志刚，李东旭，许荣．国企高管的政治晋升与形象工程——基于N省A公司的案例研究．管理世界，2012（10）：146－156.

［219］中国注册会计师协会．年度会计师事务所综合评价前百家信息．中国注册会计师，2007（3）：41－44.

［220］中国注册会计师协会发布．中国注册会计师职业道德规范指导意见．北京：中国财政经济出版社，2002.

［221］周美华，林斌，林东杰．管理层权力，内部控制与腐败治理．会计研究，2016（3）：56－63.

［222］周鹏，张宏志．利益相关者间的谈判与企业治理结构．经济研究，2002（6）：55－62.

［223］周学光．组织社会学十讲．北京：社会科学文献出版社，2003.

［224］周泽将，余中华．股权结构、董事会特征与QFII持股的实证分析．云南财经大学学报，2007（4）：82－86.

［225］周泽将、王清．谁吸引了外国投资者的眼光——基于中国上市公司QFII持股的经验证据．投资研究，2013（3）：123－137.

［226］朱国宏，桂勇．经济社会学导论．上海：复旦大学出版社，2005.

［227］朱虹．转型时期社会信任的状况与特征——一项实证研究．贵州社会科学，2011（10）：118－123.

［228］朱星文．论我国会计师事务所运行机制的创新．当代财经．2004（9）：104－106.

［229］邹怿，李凯，艾宝俊．终极控制权、现金流权与公司全要素生产率．管理科学，2009（10）：2－11.

［230］（法）皮埃尔·布迪厄；李康译．实践与反思——反思社会学导引．北京：中央编译出版社，1998.

［231］Ackerberg，D.，K. Caves，G. Frazer. Structural Identification of Production Functions. Mimeo：University of California at Los Angeles，2006.

［232］Ackerberg，D.，L. Benkard，S. Berry，A. Pakes. Econometric Tools for Analyzing Market Outcomes. Handbook of Econometrics, 2007 (6): 4171 - 4276.

[233] Aghion P., Algan Y., Cahuc P., Shleifer A. Regulation and Distrust. Quarterly Journal of Economics, 2010 (125): 1015 - 1049.

[234] Alexander, C., S. Bauguess, G. Bernile, Y - H. Lee, and J. Marietta-Westberg. Economic Effects of SOX Section 404 Compliance: A Corporate Jnsider Perspective. Journal of Accounting and Economics, 2013 (56): 267 - 290.

[235] Allen F., Qian J., Qian M. Law, Finance, and Economic Growth in China. Journal of Financial Economics, 2005, 77 (1): 57 - 116.

[236] Alm, James B. R. J., B. Torgler. Culture Difference and Tax Morale in the United States and Europe. Journal Of Econonomic Psychology, 2006 (27): 224 - 246.

[237] Altamuro, J., A. Beatty. How does Internal Control Regulation Affect Financial Reporting? Journal of Accounting and Economics, 2010 (49): 58 - 74.

[238] An H., Zhang T. Stock Price Synchronicity, Crash Risk, and Institutional Investors. Journal of Corporate Finance, 2013 (21): 1 - 15.

[239] Ang, J., Cheng, Y., and Wu, C. Investing with Stranger: Do Business with Whom You Can Trust. SSRN, 2012.

[240] Annuar. H. A., I. A. Salihu, S. N. S. Obid. Corporate ownership, governance and tax avoidance: Aninteractive effects. Procedia-Social and Behavioral Sciences, 2014 (164): 150 - 160.

[241] Ansoff I. Corporate Strategy. New York: McGraw—Hill, 1965.

[242] Armstrong C., J. L. Blouin, A. D. Jagolinzer. Corporate governance, incentives, and tax avoidance. Journal of Accounting and Economics, 2015 (60): 1 - 17.

[243] Armstrong C., Jagolinzer, A., Larcker, D. Chief executive officer equity incentives and accounting irregularities. Journal of Accounting Research, 2014 (48): 225 - 271.

[244] Ashbaugh-Skaife, H., D. W. Collins, W. Kinney and R. La Fond. The Effect of SOX Internal Control Deficiencies and Their Remediation on Accrual Quality. The Accounting Review, 2008 (83): 217 - 250.

[245] Atwood. T. J., M. S. Drake, J. N. Myers, L. A. Myers. Home Country Tax System Characteristics and Corporate Tax Avoidance: International Evidence, The Accounting Review 2012, 87 (6): 1831 - 1860.

[246] Ball R. Market and Political/Regulatory Perspectives on the Recent Accounting Scandals. Journal of Accounting Research, 2009 (47): 277 - 323.

[247] Bekaert, G., and Harvey, C. R., Foreign speculators and emerging equity markets, Journalof Finance, 2000 (55): 566 - 613.

[248] Berman S. L., A. C. Wicks, Kottha & T. M. Jones. Does Stakeholder Orientation Matter? The Relationshi between Stakeholder Management Models and Firm Finaneial Performance. Academy of Management Journal, 1999 (42): 488 - 506.

[249] Berman S. L., Wicks A. C., Kotha S., T. M. Jones. Does Stakeholder Orientation Matter? The Relationship between Stakeholder Management Models and Firm Performance. Academy of Management Journal, 1992, 42 (5): 488 - 506.

[250] Bernard, V. L., and Jacob K. T. Post-Earnings-Announcement Drift: Delayed Price Response or Risk Premium, Journal of Accounting Research, 1989 (27): 1 - 36.

[251] Bhattacharyya, S., and Vikram, N. Portfolio. Pumping, Trading Activity and Fund Performance Working paper, University of Michigan, 2009.

[252] Blair M. M. & Lynn A. S. A Team Produetion Theory of Coporate Law. Thejoumal of Coporation Law, 1999 (4): 751 - 806.

[253] Blair M. M. Ownership and Control: Rethinking Corporate Governance for the Twenty first Century Washington D. C.: The Brooking Institute, 1995.

[254] Blair M. M. Wealth Creation and Wealth Sharing: A Colloquiumon Corporate Govenance and Investments in Human Capital. Washington D. C.: The Brooking Instilute, 1996.

[255] Blau, P. Exchange and Power in Social Life. John Wiley & Sons Inc. NewYork, 1964.

[256] Bourdieu, Pierre. Distinction: A Social Critique of the Judgement of Test, Combridge: Harvard University Press, 1984.

[257] Bridges S., Marcum W., Harrison J. K. The Relation between Employ-

ee Perceptions of Stakeholder Balance and Corporate Financial Performance. SAM Advanced Management Journal, 2003, 68 (2): 50 - 55.

[258] Brown, W., E. Helland, and J. Smith. Corporate Philanthropic Practices. Journal of Corporate Finance, 2006, 12 (5): 855 - 877.

[259] Bushee, B. The Influence of Institutional Investors on Myopic R&D Investment Behavior, The Accounting Review, 1998 (73): 305 - 333.

[260] Callen J., Fang XH. Institutionalinvestor Stability and Crash Risk: Monitoring versus Short-Termism? Journal of Banking & Finance, 2013 (37): 3047 - 3063.

[261] Callen J., Fang XH. Religion and Stock Price Crash Risk. Journal of Financial and Quantitative Analysis, 2015, 50 (1 - 2): 169 - 195.

[262] Carroll. A. B. A Reflection S on Stakeholder Theory. Businessand Soeiety, 1994, 33 (1): 12.

[263] Carroll. A. B. A. Three-Dimensional Conceptual Model of Corporate Social performance. Academy of Management Review, 1979 (4): 497 - 505.

[264] Chan L. H., Chen K. C. W., Chen T. Y., Yu Y. X. The Effects of Firm-initiated Clawback Provisions on Earnings Quality and Auditor Behavior. Journal of Accounting and Economics, 2012 (54): 180 - 196.

[265] Chance D., Cicon J., Ferris SP. Poor Performance and the Value of Corporate Honesty. Journal of Corporate Finance, 2015 (33): 1 - 18.

[266] Chang X., Chen Y., Zolotoy L. Stock Liquidity and Stock Price Crash Risk. Journal of Financial and Quantitative Analysis. forthcoming, 2016.

[267] Chen J., Hong H., Stein J. C. Forecasting Crashes, Trading Volume, Past Returns, and Conditional Skewness in Stock Prices, Journal of Financial Economics, 2001 (61): 345 - 381.

[268] Chen X., Harford J., LiK. Monitoring: Which Institutions Matter? Journal of Financial Economics, 2007 (86): 279 - 305.

[269] Chen Y. H., Smith A. L., Cao J., Xia W. D. Information Technology Capability, Internal Control Effectiveness, and Audit Feesand Delays. Journal of Information Systems, 2014, 28 (2): 149 - 180.

[270] Chen, S., Chen, X., Cheng, Q., Shevlin, T. Are Family Firms

more Tax Aggressive than Non-Family Firms? Journal of Financial Economics, 2012 (95): 41 –61.

[271] Chen, Y. F., Wang, C. Y., and Lin, F. L. Do Qualified Foreign Institutional Investors Herd in Taiwan's Securities Market? Emerging Markets Finance &Trade, 2008, 44 (4): 62 –74.

[272] Chung R., Firth M. and Kim J. Institutional Monitoring and Opportunistic Earnings Management. Journal of Corporate Finance, 2002 (8): 29 –48.

[273] Clarkson M. A. Stakeholder Framework for Analyzing and Evaluating Corporate Social Performance. Academy of Management Review, 1995, 20 (1): 92 –111.

[274] Coleman, J. S. Foundation of Social Theory. Cambridge: Cambridge University Press, 1990.

[275] David, P., Kochhar, R., and Levitas, E. The Effect or Institutional Investors on the Level and Mix of CEO Compensation, Academy of Management Journal, 1998, 41 (2): 200 –208.

[276] De Fond ML, Hung M., Li S. Q., Li YH. Doesmandatory IFRS Adoption Affect Crash Risk? The Accounting Review, 2015, 90 (1): 265 –299.

[277] Desai, M., Dharmapala, D., Corporate Tax Avoidance and High-Powered Incentives. Journal of Financial Economics, 2006 (79): 145 –179.

[278] Desai, M., Dharmapala, D., Fung, W. Taxation and the Evolution of Aggregate Corporate Ownership Concentration. In: Auerbach, A., Hines, J., Slemrod, J. (Eds.), Taxing Corporate Income in the 21st Century. Cambridge University Press, New York, 2007.

[279] Dhaliwal, D. S., Radhakrishnan, A. Tsang, and Y. G. Yang. Nonfinancial Disclosure and analyst Forecast Accuracy: International Evidence on Corporate Social Responsibility Disclosure. The Accounting Review, 2012, 87 (3): 723 –759.

[280] Dikolli, S. S., Kulp, S. L., and Sedatole, K. L. Transient Institutional Ownership and CEO Contracting, The Accounting Review, 2009, 84 (3): 737 –770.

[281] Donaldson & Dunfee. Integrative Social Contracts Theory: A Cornmuni-

tarian Conception of Economic Ethics. Eeonomics and Philosophy, 1995, 11 (1): 85 - 112.

[282] Donaldson T. & Dunfee T. W. Toward a Unified Conception of Business Ethics: Integrative Social Contracts Theory. Academy of Management Review, 1994, 19 (2): 252 - 284.

[283] Donaldson T. & Preston L. E. The Stakeholder Theory of the Coporation: Coneepts, Evidence and Implications Aeademy of Management Review, 1995, 20 (1): 65 - 93.

[284] Doyle, J., W. Ge., and S. McVay. Accruals Quality and Internal Control over Financial Reporting. The Accounting Review, 2007 (5): 1141 - 1170.

[285] Drucker, P. F., Dyson, E., Handy, C., Saffo, P., and Senge, P. M. Looking Ahead: Implications of the Present. Harvard Business Review, 1997, 75 (5): 18 - 32.

[286] Duarte, J., S. Siegel, L. Young. Trust and credit: the Role Ofappearance in Peer-to-Peer Lending, Review of Financial Studies, 2012 (25): 2455 - 2484.

[287] Dyreng, S., Hanlon, M., Maydew, E., The Effects of Executives on Corporate Tax Avoidance. The Accounting Review, 2010 (85): 1163 - 1189.

[288] Edmans, A. Does the Stock Market Fully Value Intangibles? Employee Satisfaction and Equity Prices. Journal of Financial Economics, 2011, 101 (3): 621 - 640.

[289] Erica H., C. M. Petrovits and M. H. Yetman, The Effect of Nonprofit Governance on Donations: Evidence from the Revised Form 990. The Accounting Review, 2015, 90 (2): 579 - 611.

[290] Evan W. M. & Freeman R. E. A Stakeholder Theory of the Modern Coporation: Kantian Capitalism (1993) [A] in Beaueham P, Tom L. and Bowie N. (Eds.). Ethical Theory and Business, 5sth Ed. Englewood Clilffs: Prentice Hall, 1997.

[291] Fang, L.. Investment Bank Reputation and the Price and Quality of Underwriting Services. Journal of Finance, 2005 (60): 272 - 2761.

[292] Faulkner, Robert E. Music on Demand: Composers and Careers in the

Hollywood Film Industry. Transaction Books, 1987.

[293] Ferreira, M. A. , and Matos, P. The Colors of Investors, Money: The Role of Institutional Investors around the World, Journal of Financial Economics, 2008, 88 (3): 499 – 533.

[294] Francis, J. , D. Philbrick and K. Schipper, Shareholder Litigation and Corporate Discloures. Journal of Accouting Reaearch, 1994 (32): 137 – 164.

[295] Freeman R. E. & Evan W. M. Coporate Govemance: A Stakeholder Intepretation. Journal of Behavioral Eeonomics, 1990 (19): 337 – 353.

[296] Freeman R. E. Strategie Management: A Stakeholder Approaeh. Boston, MA: pitman, 1984.

[297] Fukuyama F. Trust: The Social Virtues and Creation of Prosperity. New York: Simon & Schuster, 1995.

[298] Fukuyama F. Trust: The Social Virtues and Creation of Prosperity. Simon & Schuster, NewYork, NY, 1995.

[299] Fukuyama, F. Trust: Social Virtues and the Creation of Prosperity, Free Press, New York, 1995.

[300] Gallagher PD, Kochhar R. Barriers to Corporate Governance by Institutional Investors: Implications for Theory and Practice. European Management Journal. 1996 (14): 457 – 466.

[301] Gallagher PD, Smith G. , Swan P. Do Institutional Investors really Monitor Executive Compensation? Working Paper, 2006.

[302] Garrett. J. . R. Hoitash. D. F. Prawitt. Trust and Financial Reporting Quality. Journal of Accounting Research, 2014, 52 (5): 1087 – 1125.

[303] Giddens, A. The Constitution of Society, Cambridge, England: Polity Press, 1984.

[304] Glaeser, E. L. The Governance of Not-For-Profit Organizations. Chicago, IL: The University of Chicago Press, 2003.

[305] Goss, A. , and G. Roberts. The Impact of Corporate Social Responsibility on the Cost of Bank Loans. Working paper, York University, 2009.

[306] Goyal V. K. , and C. W. Park. Board Leader-ship Structure and CEO Turnover. Journal of Corporate Finance, 2002 (8): 49 – 66.

[307] Grace, C., Hsu, M., and Ping, S. K. Does the Presence of Institutional Investors Influence Accruals Management? Evidence from Australia, Corporate Goverance, 2005 (6): 809 - 822.

[308] Grant T S, Timothy W N., Carlton J. W. & J. D. Blair. Strategy for Assessing and Managing Organizational Stakeholders Academy of Management Exeeutive, 1991, 5 (2): 192 - 217.

[309] Greaves, S., and Waddock, S. Institutional Ownership and Control: Implications for Long-term Corporate Strategy. Academy of Management Executives, 1990 (4): 75 - 83.

[310] Greif A. Culturalbeliefs and the Organization of Society: A Historical and Theoretical Reflection on Collectivist and Individualist Societies. Journal of Political Economy, 1994, 102 (5): 912 - 950.

[311] Grossman, S. J. and O. D. Hart. The Costs and Benefits of Ownership: A Theory of Vertical and Lateral Integration. Journal of Political Economy, 1986, 94 (4): 691 - 719.

[312] Gu Z. Y., Li Z. Q., Yang Y. G., et al. Friends in Need is Friends indeend. Working Paper, 2014.

[313] Guiso, L., P. Sapienza, L. Zingales, Does Culture Affecteconomic Outcomes? Journal of Economic Perspectives, 2006 (20): 23 - 48.

[314] Guiso, L., P. Sapienza, L. Zingales. Cultural biases ineconomic exchange, Quarterly Journal of Economics, 2009 (124): 1095 - 1131.

[315] Guiso, L. Sapienza P., Zingales, L. Trusting the Stock Market. Journal of Finance, 2008 (63): 2557 - 2600.

[316] Habib A., Hasan M. A., Jiang H. Stock Price Crash Risk: Review of the Empirical Literature, Accounting and Finance, forthcoming, 2017.

[317] Hammer, M. and Champy, J. Reengineering the Corporation: Manifesto for Business Revolution, Zondervan, 2009.

[318] Hammersley J. S., Myers L. A., Zhou J. The Failure to Remediate Previously Disclosed Material Weaknesses in Internal Controls. Auditing: A Journal of Practice & Theory, 2012, 31 (3): 73 - 111.

[319] Hart, O. D. and J. Moore. Property Rights and The Nature of The

Firm. Journal of Political Economy, 1990, 98 (6): 1119 – 1158.

[320] Hoag M. L., Hollingsworth C. W. An Intertemporal Analysis of Audit Fees and Section 404 Material Weaknesses. Auditing: A Journal of Practice & Theory, 2011 (30): 173 - 200.

[321] Hoitash R., Hoitash U., Johnstone K. M. Internal Control Material Weaknesses and CFO Compensation. Contemporary Accounting Research, 2012, 29 (3): 768 – 803.

[322] Hsu A. W., Liao C. H. Do Compensation Committees Pay Attention to Section 404 Opinions of the Sarbanes-Oxley Act? . Journal of Business Finance & Accounting, 2012, 39 (10): 124 – 1271.

[323] Hutton AP, Marcus AJ, Tehranian H. Opaquefinancial Reports, R2, and Crashrisk. Journal of Financial Economics, 2009, 94 (1): 67 – 86.

[324] Jensen M., Murphy K. Corporateperformance and Managerial Remuneration: An Empirical Analysis. Journal of Accounting Economics, 1985, 7 (1 – 3): 11 – 42.

[325] Jensen, M. C., and W. H. Meckling. Theory of the Firm: Managerial Behavior, Agency Costs, and Ownership Structure. Journal of Financial Economics, 1976, 3 (4): 305 – 360.

[326] Jin L., Myers CS. R2 around the World: New Theory and New Tests. Journal of Financial Economics, 2006, 79 (2): 257 – 292.

[327] Kaplan R. S., Norton D. P. The Balanced Scorecard: Translating Strategy into Action. Harvard Business Press, 1996.

[328] Khan, R., Dharwadkar, R., and Brandes, P. Institutional Ownership and CEO Compensation: A Longitudinal Examination, Journal of Business Research, 2005 (58): 1078 – 1088.

[329] Khurana I. K. and W. J. Moser. Institutional Ownership and Tax Aggressiveness, University of Missouri Working Paper, 2009.

[330] Kim JB, Li L., Lu LY, Yu Y. X. Financial Statement Comparability and Expected Crash Risk. Journal of Accounting and Economics, 2016 (61): 294 – 312.

[331] Kim JB, Li Y., Zhang L. Corporatetax Avoidance and Stock Price

Crash Risk: Firm-Level Analysis. Journal of Financial Economics, 2011, 100 (3): 639 -662.

[332] Kim JB, Zhang L. Financial Reporting Opacity and Expected Crash Risk: Evidence from Implied Volatility Smirks. Contemporary Accounting Research, 2014, 31 (3): 851 -875.

[333] Kim, J. B. , B. Y. Song, and L. Zhang. Internal Control Weakness and Bank Loan Contracting: Evidence from Sox Section 404 Disclosures. The Accounting Review, 2011, 86 (4): 1157 -1188.

[334] Kitching, K. Audit Value and Charitable Organizations. Journal of Accounting and Public Policy 2009, 28 (6): 510 -524.

[335] Knack. S. Social Capital and the Quality of Government: Evidence from the U. S. States, The World Bank, 2000.

[336] Koh PS. Institutional Investor Type, Earnings Management and Benchmark Beaters. Journal of Accounting and Public Policy, 2007 (26): 267 -299.

[337] Koh, P. S. Institutional Investor Type, Earnings Management and Benchmark Beaters, Journal of Accounting and Public Policy, 2007 (26): 267 -299.

[338] Kothari SP, Shu S. , Wysocki P. D. Do Managers Withhold Bad News? Journal of Accounting Research, 2009, 47 (1): 241 -276.

[339] La Porta, R. , F. Lopez-de-Silanes, A. Shleifer, R. Vishny. Trust in large organizations, American Economic Review, 1997 (87): 333 -338.

[340] Lang, M. H. , and McNichols, M. F. Institutional Trading and Corporate Earnings and Returns. Working paper, Stanford University, 1998.

[341] Leuz, C. , Lins, K. V. , and Warnock, F. E. Do Foreigners Invest Lees in Poorly Governed Firms, Rivew of Financial Studies, 2009, 22 (8): 3245 -3285.

[342] Levinsohn, J. , and A. Petrin, Estimating Production Functions Using Inputs to Control for Unobservable. Review of Economi Studies, 2003, 70 (2): 317 -341.

[343] Li XR, Chan K. C. Communist Party Control and Stock Price Crash Risk: Evidence from China, Economics Letters, 2016 (141): 5 -7.

[344] Li XR, Wang X. Socialcapital and Stock Price Crash Risk: Evidence

from China, Working Paper, 2015.

[345] Liu L. and Peng E. Institutional Ownership Composition and Accruals Quality. Working Paper, 2006.

[346] Liu, N. Y., Bredin, D., Wang, L. M., and Yi, Z. H., Domesticand Foreign Institutional Investor Behavior in China, SSRN Working Paper Series, 2011.

[347] MacMillan I. & Jones P. E. Strategy Formulation: Power and Polities. Minnesota: West, 1986.

[348] Martinez-Vazquez, Jorge and B. Torgler. The Evolution of Tax Morale in Modern Spain. Working Paper, 2007.

[349] Mei C., Dan Dhaliwal., Y. Zhang. Does Investment Efficiency Improve after the Disclosure of Material Weaknesses in Internal Control over Financial Reporting. Journal of Accounting and Economics, 2013 (56): 1 – 18.

[350] Mei F., C. Li, S. E. McVay, H. Skaife. Does Ineffective Internal Control over Financial Reporting Affect a Firm's Operations? Evidence from Firms' Inventory Management. The Accounting Review, 2015, 90 (2): 529 – 557.

[351] Michael J. J., M. H. F. Wong and X. F. Zhang. Analyst Interest as an Early Indicator of Firm Fundamental Changes and Stock Returns, The Accounting Review, 2015, 90 (3): 1049 – 1079.

[352] Mikhail, P., F. Xie, X. G. Xin. When Firms Talk, Doinvestors Listen? The Role of Trust in Stock Market Reactions to Corporateearnings Announcements, Journal of Financial Economics, 2013 (2): 1 – 34.

[353] Miller D. & Friesen P. H. Momentum and Revolution in Orgnizational Adaptation. Academy of Management Journal, 1980 (23): 591 – 614.

[354] Minnick. K., T. Noga. Do Corporate Governance Characteristics Influence Tax Management? Journal of Corporate Finance, 2010 (16): 703 – 718.

[355] Mitchell A. & Wood D. Toward a Theory of Stakeholder Identification and Salience: Defining the PrinciPle of Who and what Really Counts. Aeademyof Management Review, 1997, 22 (4): 853 – 886.

[356] Nanda D., Wysock P. Trust, External Capital and Financial Transparence [R], working Paper, 2013.

[357] Nicola, F. S., and Nobert, F. Stock market Liberations: Financial and Macroeconomic Implications, IMF Workering Paper, 2001.

[358] North, D. C. Institutions, Institutional Change and Economic Performance, Cambridge University Press, 1990.

[359] Ogneva, M., K. R. Subramanyam and K. Raghunandan. Internal Control Weakness and Cost of Equity: Evidence from SOX Section 404 Disclosures. The Accounting Review, 2007 (82): 1255 – 1297.

[360] Olley, S., A. Pakes. The Dynamics of Productivity in The Telecommunications Equipment Industry. Econometrica, 1996, 64 (6): 1263 – 1297.

[361] Olson, D. E. Agency Theory in the Not-For-Profit sector: Its Role at Independent colleges. Nonprofit and Voluntary Sector Quarterly, 2000 (29): 280 – 296.

[362] Peng, M. W. Institutional Transitions and Strategic Choices, Academy of Management Review, 2003 (28): 275 – 296.

[363] Petrovits C., Bhakespeare C., Shih A. The Causes and Consequences of Internal Control Problems in Nonprofit Organizations. The Accounting Review, 2011, 86 (1): 325 – 357.

[364] Pevzner M., F. Xie, X. Xin. When Firms Talk, do Investors Listen? The Role of Trust in Stock Market Reactions to Corporate Earnings Announcements. Journal of Financial Economics, 2015 (117): 190 – 223.

[365] Pevzner M., Xie F., Xin X. When Firms Talk, do Investors Listen? therole of Trust in Stock Market Reactions to Corporate Earnings Announcements. Journal of Financial Economics, 2015, 117 (1): 190 – 223.

[366] Pfeffer, J., & Salancik, G. The External Control of Organizations: A Resource-Dependence Perspective. New York: Harper & Row. 1978.

[367] Piotroski JD, Wong TJ, Zhang TY. Politicalincentives to Suppress Negative Enformation: Evidence from Chinese Listed Firms. Journal of Accounting Research, 2015, 53 (2): 405 – 460.

[368] Porter M. E., Kramer M. R. The Competitive Advantage of Corporate Philanthropy [J]. Harvard Business Review, 2002, 12 (1): 5 – 16.

[369] Putnam RD. Making Democracy Work: Civic Traditions in Modern Italy. Princeton, NJ: Princeton University Press, 1993.

[370] Rego, S., Tax Avoidance Activities of U. S. Multinational Corporations. Contemporary Accounting Research, 2003 (20): 805-833.

[371] Reynolds S. J., Sehultz F. C. & Hekinan D. R. Stakeholder Theory and Managerial Decision-Making: Constraints and Implications of Balaneing Stakeholder Interests. Journal of Business Ethies, 2006 (64): 285-306.

[372] Ribstein L. E. Market vs Regulatory Responses to Corporate Fraud: A Critique of the Sarbanes-Oxley Act of 2002. Journal of Corporation Law, 2002, 28 (1): 1-16.

[373] Richardson. G, G. Taylor, R. Lanis. The Impact of Board of Director over Sight Characteristics on Corporate Tax Aggressiveness: An Empirical Analysis. Journal Account Public Policy, 2013 (32): 68-88.

[374] Roberts, P. W., and G. R. Dowling. Corporate Reputation and Sustained Superior Financial Performance. Strategic Management Journal, 2002, 23 (12): 1077-1093.

[375] Rothstein B., Eek D. The Causal Mechanism between Trust in Authorities and Trust in Others: An Experimental Approach. Rationality and Society, 2009, 21 (1): 81-112.

[376] Rotter, J. B., A New Scale for the Measurement of Interpersonal Trust, Journal of Personality, 1967 (35): 651-665.

[377] Rousseau DM, Sitkin SB, Burt RS, Camerer C. Not so Different after All: Across-Discipline View of Trust. Academy of Management Review, 1998, 23 (3): 393-404.

[378] Rousseau, D., Assessing Psychological Contracts: Issues, Alternatives and Measures. Journal of Organizational Behavior, 1998 (19): 679-695.

[379] Sabel CF. Studied Trust: Building New Forms of Cooperation in a Volatile Economy. Human Relations, 1993, 46 (9): 104-144.

[380] Sabel, C., Studied Trust: Building New Forms of Cooperation in a Volatile Society. In R. Swedborg (Ed) Explorations in Economic Sociology, Thousand Oaks, CA: Sage, 1993.

[381] Saienza, P., Toldra, A., Zingales, L. Understanding Trust, The Economic Journal, forthcoming, 2014.

[382] Sauerwald, S. and Peng, M. W. Informal Institutions, Shareholder Coalitions and Principal-Principal Conflicts, Asia Pacific Journal of Management, 2013 (30): 853 - 870.

[383] Scott, W. R. Organizations. Englewood Cliffs: Prentice hall. 1987.

[384] Seligson MA. The Impact of Corruption on Regime Legitimacy: Acomparative Study of Four Latin American Countries. Journal of Politics, 2002, 64 (2): 408 - 433.

[385] Shleifer A., Vishny R. W. A Survey of Corporate Governance. The Journal of Finance, 1997, 52 (2): 737 - 783.

[386] Shleifer, A., Vishny, R. W. Large Shareholders and Corporate Control, Journal of Political Economy, 1986 (94): 461 - 488.

[387] Simons R. Control in An Age of Empowerment. Harvard Business Review, 1995, 73 (2): 80 - 88.

[388] Starik M. Should Trees Have Managenal Standing? Toward Stakeholder status for Non-human Nature. Journal of Business Ethics, 1995, 14 (1): 207 - 217.

[389] Stevens, Mark. The Big Eight. Collier. The Accounting Wars. Mcmillan, 1995.

[390] Su, J. and J. He. Does Giving Lead to Getting? Evidence from Chinese Private Enterprises. Journal of Business Ethics, 2010 (93): 73 - 90.

[391] Thomas Lys, James P. Naughton, Clare W, Signaling through Corporate Accountability Reporting. Journal of Accounting and Economics, 2015 (60): 56 - 72.

[392] Waddock, S. A., and S. B. Graves. The Corporate Social Performance-Financial Performance Link. Strategic Management Journal, 1997, 18 (4): 303 - 319.

[393] Wahal, S., and McConnell, J. J. Do Institutional Investors Exacerbate Managerial Myopia? Journal of Accounting and Economics, 2000, 6 (3): 307 - 329.

[394] Xu NH, Li X., Yuan QB, Chan KC. Excess Perks and Stock Price Crash Risk: Evidence from China. Journal of Corporate Finance, 2014 (25): 419 - 434.

[395] You JS. Corruption and Inequality as Correlates of Social Trust: Fairness Matters more than Similarity. Working Paper, 2005.

[396] Zak, P., S. Knack. Trust and Growth, Economic Journal, 2001 (111): 295-321.

[397] Zhang Ivy Xiying. Economic Consequences of the Sarbanes-Oxley Act of 2002. Journal of Accounting and Economics, 2007, 44 (1): 74-115.

[398] Zhu W. Accruals and Price Crashes. Review of Accounting Studies, 2016 (21): 349-399.

附录

会计师事务所的社会信任研究调查问卷

尊敬的先生（女士）：

您好！非常感谢您在百忙中填写这份问卷。

本问卷是关于我国会计师事务所的社会信任的调查，通过对会计师事务所在整个执业过程有关事项的了解，来客观地掌握我国会计师事务所目前的社会信任现状，真诚希望大家按照各自的情况和想法填写问卷，并积极提出宝贵意见和建议。

本次调查资料仅为学术研究而服务，本问卷为无记名问卷，对于有关信息，调查者将为您保密，以尊重和保护您的有关权益。

再次感谢您的支持！祝您万事如意！

调查开始时间：2008 年　月　日调查结束时间：2008 年　月　日

1. 当您和一位新客户将要签订业务约定书时，这个业务主要是以何种方式而获得的

A. 客户主动上门；B. 事务所业务人员争取的；C. 熟人介绍的；D. 其他方式（　　）

2. 当您选择第一个问题的第一个选项时，请选择可能的原因

A. 看到事务所的有关资料；B. 别的企业推荐的；C. 政府部门介绍的；D. 其他方式（　　）

3. 目前事务所都建立完备的业务质量监督检查制度，你认为这样做的主要原因是

A. 国家相关监管机构的要求；B. 其他事务所也这样做；C. 为了真正保证职业质量；D. 让客户相信本所的管理水平；E. 其他方式（　　）

4. 当前有少数会计师事务所由于与某些企业的关系，卷入了涉及公众利益的经济违规案件，产生了重要的社会影响；你认为主要原因有

A. 国家监管政策有漏洞；B. 事务所追求经济利益，遵守法规意识淡漠；C. 事务所在执业中的客观过失造成的；D. 受某些违法而未被处罚的事务所的负面“示范效应”的影响；E. 企业自身的问题，无形将事务所牵涉进去；F. 其他（　　）

5. 现在社会上对会计师事务所产生了各种不同的看法，你认为原因是

A. 会计师事务所没有严格遵守国家法律和执业规范；B. 社会公众对会计师事务所的实际缺乏了解；C. 个别事务所过于追求经济利益；D. 事务所管理混乱；E. 受社会大环境影响；F. 某些大的事务所的负面形象拖累了整个行业（　　）

6. 我国对会计师事务所等中介行业的脱钩改制而形成了目前的管理体制，你怎样评价？

A. 追求事务所的经济收入，很难真正坚守执业规范；B. 带动了行业的快速发展；C. 改革现行的管理体制；D. 全面引入发达国家此类行业的管理体制（　　）

7. 在我国现行管理体制下，会计师事务所存在的主要意义有

A. 为企业提供审计咨询或鉴证服务；B. 为高级财务人才提供就业岗位；C. 发挥“经济警察”的功能；D. 做好政府部门所无法做好的事情（　　）

8. 您目前所在的会计师事务所的注册会计师的待遇在本地区出于何种水平？

A. 社会平均水平；B. 中等水平；C. 中等偏上；D. 较高水平（　　）

9. 在和客户业务洽谈过程中，当遇到客户和事务所对服务收费问题上过分讨价还价时，您一般怎样处理？

A. 按注册会计师协会和国家物价部门要求执行；B. 事务所尽量让步，不丢失这个客户；C. 坚决放弃这个客户；D. 其他办法（　　）

10. 您对注册会计师在事务所之间的人员流动状况怎样评价？

A. 可以自由流动；B. 不能流动；C. 在某一个事务所服务一定期限后才可跳槽；D. 其他（　　）

11. 在对某一单位的服务过程中，发现存在明显违法行为时，如何处理？

A. 立即停止服务；B. 向有关部门报告；C. 按照执业准则的要求执行；

D. 帮助客户解决问题；其他（　　）

12. 在客户单位的业务合作过程中，是否接受客户礼节性的招待或礼品馈赠？

A. 从来不接受；B. 偶尔接受招待但不接受礼品馈赠；C. 接受礼品馈赠，但不接受招待；D. 其他（　　）

13. 在您所服务过的客户中，新客户与老客户的分布情况为

A. 新客户数量大；B. 老客户数量大；C. 两者数量相当；D. 不好判断（　　）

14. 当您对第13问题的答案是第二项时，请回答其原因

A. 服务质量高，得到客户认可；B. 合作时间长，建立了感情；C. 新客户风险较大；D. 是由于某个政府部门的介入（　　）

15. 您所在的事务所在平常的培训时，一般主要的内容是

A. 国家规定的执业规则与法律知识；B. 事务所的文化与价值理念；C. 执业技能训练；D. 介绍其他事务所的先进经验；E. 事务所的纪律规定及领导的讲话（　　）

16. 当某个企业目前经济很困难，并且涉及一桩经济案件中，需要会计师事务所提供服务帮助时，如何处理？

A. 根据服务报酬决定去或不去；B. 不考虑报酬问题，应帮助这家企业；C. 可能影响事务所的声誉，无论报酬多与少，都不参与；D. 如政府出面要求提供帮助，一定要去（　　）

17. 在以下社会活动中，您所在的事务所主要参与哪些？

A. 客户的开业或庆典；B. 所在社区的社会公益活动；C. 事务所对某些项目提供某些公益赞助；D. 参与政府部门牵头某些决策的制定；E. 参加由注协组织的业务活动；F. 其他（　　）

18. 当被服务过的客户单位因为某项案件，而与会计师事务所有一定关系时，一般情况下是怎样处理的？

A. 与司法机构沟通，说明自己的责任范围；B. 帮助被服务企业解决困难；C. 复核对该单位做过的业务底稿；D. 通过媒体向社会公众澄清自己的责任；E. 保持沉默（　　）

19. 当会计师事务所的行为被社会公众误解时，您所在的所如何应对？

A. 举办新闻发布会，说明真相；B. 动用法律手段维护自己的合法权益；

C. 与有关各方进行良好沟通；D. 保持沉默（　　）

20. 您所在的事务所是否有固定办公用场所？

A. 有；B. 无；C. 对此还不清楚（　　）

21. 如果有固定办公用场所，其性质如何？

A. 租用某政府机关的；B. 某客户单位有偿提供的；C. 事务所自己买的；D. 租用某企业单位的（　　）

22. 您所在的事务所成立的时间年限为

A. 1 年之内；B. 2～5 年；C. 6～10 年；D. 10 年以上（　　）

23. 在您所在的会计师事务所，持有注册会计师执业资格证的人员占所有员工的比例为

A. 10%左右；B. 20%～40%；C. 50%～70%；D. 80%～100%（　　）

24. 您所在的会计师事务所如何评价与考核一位注册会计师的业绩？

A. 依据其完成的业务量确定；B. 依据其带给事务所的业务收入而定；C. 是否很好的遵守职业准则和国家法律；D. 依据其掌握的社会关系资源状况而定；E. 是否遵循事务所领导的指示（　　）

25. 在与客户审计座谈时，除过讨论有关业务内容外，还和客户讨论哪方面的内容？

A. 事务所的规模、历史及同行业情况；B. 事务所人员的结构、素质；C. 事务所管理方式、规章制度；D. 事务所的文化价值观念；E. 法律、法规及执业准则；F. 其他（　　）

26. 您认为为了提高会计师事务的社会形象，在日常的工作中，应从哪些方面做起？

A. 提高事务所的审计或服务质量；B. 与政府有关媒体保持联系；C. 多参加有关学术活动；D. 积极参与政府组织的有关社会活动；E. 业务与政策上多和政府部门保持联系。（　　）

27. 您所在的事务所注册资本金的数额大约为

A. 大于或等于 100 万元；B. 大于 50 万元小于 99 万元；C. 大于 30 万元小于 49 万元；D. 小于 30 万元（　　）

28. 您所在的事务所的性质为

A. 个人独资；B. 合伙制；C. 有限责任制；D. 股份有限公司制（　　）

29. 尽管事务所在执业过程中恪守执业准则与法律规定，但还是出现了一

些审计或服务失败的业务，您和所在的事务所如何处理这些事情？

A. 接受监管部门和国家法律的处理；B. 通过公开的渠道向社会公众道歉；C. 找关系，将负面影响最小化；D. 按事务所的规范对相关人员处罚，并公开通报（　　）

您作为一位这方面的理论与实践都丰富的专业人士，对于我国会计师事务所在社会信任方面还有哪些方面本研究没有考虑和涉及，请补充：

您已完成了本问卷的调查，再次感谢您的帮助！

后　记

社会信任作为我攻读硕士学位时候的研究选题，我一直关注其研究进展和最新的成果，期间欣喜地看到这一来自经济学和伦理学的传统研究话题在会计与公司财务研究领域取得的新的研究成果。近年来伴随管理学、金融学等学科的发展，该研究也获得了长足的发展，尤其是在公司金融和资本市场会计中，社会信任与很多重要的研究问题，如财务分析师的预测效率、审计师的审计意见、公司的投资效率，以及更加微观的大股东投票和其他公司治理环节中，都有不少的应用，这更加坚定了我将社会信任与很多重要研究话题进行“大胆联系”的信心和冲动。

然而理想非常丰满，而现实却尤其骨感，其原因是：第一，直至现在，基于中国制度环境，对于社会信任的度量指标尽管非常之多，但诸多指标总是存在这样或者那样的问题，导致每次投稿时，总会担心被问起此类“软肋”；第二，社会信任概念本身具有多维度性，跨越管理学、哲学、社会学、经济学等不同学科，对社会信任的理解都有不同的语言体系和概念框架，导致对于这一跨学科的话题在不同学科背景之间对话难度的加大，久而久之，形成了学者之间“自立门户”的局面，显然不利于推动整个社会科学的繁荣发展，尽管如此，社会信任这一重要的话题依然成为各个学科的热点研究问题。

利益相关者理论组作为公司战略管理领域的重要研究问题，日益引起诸多学者的高度重视。企业是追求股东价值最大化，还是维护利益相关者之间的利益均衡？这是学界一个争议很大的话题，实际上无论是该理论自身，抑或是在学者的研究中，彼此都缺少非常重要的伦理品德——社会信任，这就进一步引发了提高社会信任是否能够实现企业股东、管理者与其他利益相关者真正的利益均衡等问题。综合本书的研究，笔者可以发现：无论企业高管与股东、机构投资者、市场监管机构、会计师事务所，抑或是注册会计师，只要在彼此互动中，加入社会信任这一要素，无疑会使不同利益相关者之间的利益分配变得更加有效率，最终实现彼此的共赢和共享的局面。笔者预计，随着互联网经济和各类社交平台的发展，以及随着经济交易的复杂性的提高，社会信任在解决上市公司的代理成本、投资决策、股东投票等很多方面将会有更大的作为，这也为未来的公司金融与资本市场会计领域该类问题的研究提供了很好的机会。

作　者

2017 年 11 月